2007-09년 금융위기

공감개론신서 4

2007-09년 금융위기

윤소영 지음

공감

공감개론신서 4

2007-09년 금융위기

윤 소 영 지음

인쇄일 2009년 11월 25일
발행일 2009년 11월 30일

도서출판 공감
발행인 이범수
출판등록 22-1006 (1996. 5. 14.)
서울시 마포구 망원2동 436-40 플러스타운 101-1호
전화 323-8124 / 팩스 323-8126
전자우편 alba21@naver.com

ISBN 978-89-86939-42-2 03320
값 12,000원

서문

노동자들의 투쟁의 진정한 결과는
[임금 인상이라는] 직접적 성과가 아니라
점차 확대되는 그들의 단결이다.
— 마르크스와 엥겔스

『2007-09년 금융위기』를 주제로 하는 이 책은 「2007-08년 금융위기의 분석과 전망」과 「2009년 경제정세」로 구성되어 있다.

2008년 10월 7일에 '금융위기와 노동[자]운동의 대응방향'이라는 주제로 공공노조와 사회공공연구소가 공동 주최한 토론회에서의 발제와 종합토론인 「2007-08년 금융위기의 분석과 전망」은 『금융위기와 사회운동노조』(공감, 2008)에 실린 녹취록을 개정한 것이다. 또 「2009년 경제정세」는 2009년 8월 23일에 '세계자본주의 위기와 노동자운동'이라는 주제로 사회진보연대가 주최한 2009년 여름 사회운동학교에서의 강의와 질의·응답을 녹취한 것이다. 4시간에 걸쳐 진행된 공공노조·사회공공연구소의 토론회에는 100여명의 활동가가 참여했고, 7시간에 걸쳐 진행된 사회진보연대의 사회운동학교에는 120여명의 활동가가 참여했다.

2009년 11월
윤 소 영

차례

서문 · 5

2005-08년 정세분석 · 9

일반화된 마르크스주의와 정세분석 ········ 9
2005-08년 경제정세 ········ 12
2005-08년 이데올로기정세 ········ 25

2007-08년 금융위기의 분석과 전망 · 37

노조활동가를 위한 1시간 반짜리 경제학 강의 ········ 37
금융위기의 분석 ········ 38
주택담보부증권 ········ 41
부채담보부증권 ········ 43
그 밖의 파생금융상품들 ········ 46
금융혁신에 대한 마르크스적 비판 ········ 48
금융위기의 전망 ········ 51
재무부와 연준의 구제금융법안 ········ 55
달러가치의 변동 ········ 59
1930년대 대불황과의 비교 ········ 65
5분짜리 경제위기론 보강 ········ 71
무엇을 할 것인가? ········ 74
종합토론 ········ 78

2009년 경제정세 · 103

주가, 환율, 금값의 변동 ······ 104
연준의 수량완화정책 ······ 106
재무부의 구제금융 ······ 113
연준의 감독자본평가계획 ······ 121
더블딥 논쟁 ······ 125
미-중 전략및경제대화 ······ 139
주요20개국과 아시아태평양경제협력체 ······ 144
금융위기에 대한 뒤메닐의 분석 ······ 152
뒤메닐의 분석에 대한 철학적 보론 ······ 162
뒤메닐의 대안 ······ 176
아리기의 분석과 대안 ······ 184
다른 마르크스주의자들의 경우 ······ 188
이데올로기정세 ······ 199
남한의 경우 ······ 202
질의와 응답 ······ 213

'과천연구실 세미나' 개관 · 237

2005-08년 정세분석*)

일반화된 마르크스주의와 정세분석

먼저 과천연구실의 입장에 대해 간단하게 소개하면서 이런 입장에서 제시될 수 있는 정세분석이란 무엇인가를 설명해보겠습니다. 여러분도 잘 아시다시피, 지난 15년 동안 생산된 과천연구실의 성과가 바로 마르크스주의의 위기에 대한 능동적 대응으로서 마르크스주의의 일반화이지요.

1953년에 스탈린이 죽으면서 마르크스주의의 위기가 전개되는데, 알튀세르처럼 말해서 이에 대응하여 두 가지 태도가 출현한다고 할 수 있을 것입니다. 하나는 구좌파적 태도이고, 또 하나는 신좌파적 태도이지요. 구좌파적 태도는 교조주의적이고 종파주의적으로 마르크스주의의 위기를 부정하는 태도라고 할 수 있어요. 그러나 활동가주의적 태도라고 부를 수 있는 또 다른 구좌파적 태도도 있는데, 그것은 마르크스주의의 위기에 대해 침묵으로 일관하는 태도라고 할 수 있지요.

---

*) 독자들의 편의를 위해 2008년 9월 6일에 사회진보연대가 주최한 토론회의 녹취록 「현정세와 사회운동노조」(『금융위기와 사회운동노조』, 공감, 2008에 실림)의 서론을 전재한다. [ ] 안의 문장은 토론회 이후에 추가한 것이다.

반면 제가 주목하고자 하는 신좌파적 태도는 스탈린주의에 대해 레닌주의적 비판을 제시한다는 의미에서 발리바르가 비판적 마르크스주의라고 부르는 태도입니다. 비판적 마르크스주의를 이론적 시도와 정치적 시도로 구별해볼 수도 있을 텐데, 이론적 시도는 프랑스공산당의 알튀세르가 대표하는 서구마르크스주의이고, 정치적 시도는 이탈리아공산당의 잉그라오좌파가 대표하는 유로공산주의라는 것이 제 생각이에요.

물론 1970년대 말에 비판적 마르크스주의의 시도도 실패로 돌아가고 맙니다. 그러나 마르크스주의의 일반화의 출발점을 제시한다는 점에서 비판적 마르크스주의가 아직도 현재성을 상실한 것은 아니라고 할 수 있어요. 사실 과천연구실의 작업 전체는 알튀세르와 잉그라오좌파의 시도를 현재화하려는 노력이라고 할 수 있지요. 김성구·정성진 교수나 진태원·최원 씨는 아무런 근거도 없이 별것 아니라고 폄하하고 있는데, 그럼에도 불구하고 저로서는 그 동안 나름대로 진력한 성과가 바로 일반화된 마르크스주의라고 자부하고 있어요.

일반화된 마르크스주의는 알튀세르가 자신의 유언에서 지적한 바 있는 마르크스주의의 두 가지 결함을 해결하려고 시도하는데, 하나는 역사과학으로서 경제학 비판의 곤란을 해결하는 것이고, 또 하나는 인권의 정치로서 이데올로기 비판의 공백을 보충하는 것입니다. 일반화된 마르크스주의라는 이론에 적합한 정치는 잉그라오좌파, 그 중에서도 트렌틴의 평의회노조를 계승하는 베르티노티의 공산주의재건당에서 발견할 수 있는데, 저는 이것을 사회운동적 마르크스주의라고 부르고 싶어요.

일반화된 마르크스주의에 대해서는 이미 『일반화된 마르크스주의 개론』(공감, 2006; 개정판, 2008)이라는 제목으로 단행본이 한 권 나왔는데, 이론적 쟁점을 좀 더 확대하여 『일반화된 마르크스주의 세미나』(공감, 2010 예정)라는 제목으로 단행본을 한 권 더 준비하고 있습니다. 사회운동적 마르크스주의와 관련해서는 지난 2003

년 여름에 절두산에서 여러분과 같이 토론했던 『역사적 마르크스주의: 이념과 운동』(공감, 2004; 개정판, 2010 예정)이 있는데, 오늘 공산주의재건당을 비롯한 사회운동적 마르크스주의의 현재적 상황에 대한 설명을 보충해보겠어요.

지난 15년 동안 생산된 이런 성과의 연장선에서 정세분석과 관련된 몇 가지 논점을 정리해보겠습니다. 먼저 정세(conjuncture)란 무엇인가에 대해서부터 설명할 필요가 있겠지요. 누구나 흔히 정세라는 용어를 사용하고 있지만, 솔직하게 말해서 마르크스주의에서조차 정세에 대한 정의가 그렇게 분명한 것만은 아니라는 것이 제 생각이거든요.

마르크스 자신이 정세라는 용어를 쓴 적은 별로 없는데, 그러나 그가 생각한 정세가 무엇인지 짐작할 수는 있습니다. 그는 주로 경제정세를 정세라고 생각한다고 할 수 있어요. 사실 정세란 경기순환의 한 국면을 가리키는 경제학의 전문용어이거든요. 레닌이나 마오도 마르크스와 마찬가지이지요. 그런데 경제정세에 정치정세 또는 오히려 이데올로기정세를 추가한 사람이 바로 알튀세르라고 할 수 있어요.

이런 맥락을 고려하면서 마르크스주의적 정세분석의 핵심을 간단하게 정리해보겠습니다. 마르크스주의자가 관심을 갖는 정세란 당연히 혁명적 정세인데, 혁명의 경제적 조건이 정세를 구성하는 객관적 요소이고, 정세의 주체적 요소는 혁명의 이데올로기적 조건이라고 할 수 있지요. 전자가 바로 자본주의의 위기이고, 후자가 바로 공산주의적 운동이에요.

물론 다른 입장에서는 다른 방식으로 정세분석을 할 수도 있겠지만, 저로서는 아무래도 마르크스주의적 정의가 이론적으로 가장 합리적이고 정치적으로 가장 정당하다는 생각이 듭니다. 다만 현정세에서 자본주의의 위기의 구체적 모습은 역시 금융세계화의 전개양상이고, 공산주의적 운동은 역시 대안세계화운동의 전개양상으로 구체화된다고 덧붙이고 싶어요.

그런데 알튀세르는 정세분석을 철학적으로 개념화하면서 새로운 논점을 한 가지 더 추가하고 있습니다. 혁명적 정세가 혁명의 성공을 보증하지는 않는다는 것이지요. 달리 말해서 혁명의 두 가지 조건이 해후할 수도 있고 해후하지 못할 수도 있다는 것이에요. '해후'(encounter)는 우연한 결합을 의미하는데, 알튀세르는 이것을 과잉결정(overdetermination)이라고 부르지요. 경우에 따라서는 해후가 결여될 수도 있는데, 그는 이것을 과소결정(underdetermination)이라고 불러요.

여러분은 어떻게 생각하실지 모르겠지만, 세계적 차원에서 현정세는 과잉결정이 아니라 과소결정으로 특징지어진다는 것이 제 생각입니다. 그렇다면 현정세의 역설이 과소결정이라는 특징에 있다는 사실에 대해 설명해야 할 텐데, 『일반화된 마르크스주의와 대안좌파』(공감, 2008)를 텍스트로 해서 세계정세를 경제정세와 이데올로기정세로 나누어 설명해보겠어요.

2005-08년 경제정세

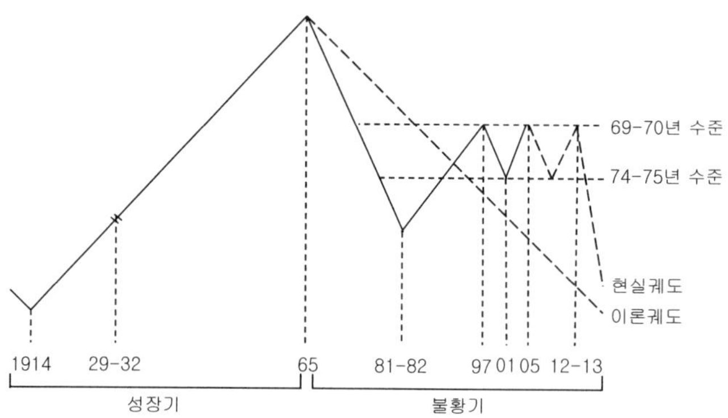

먼저 2005-08년 경제정세를 분석하기 위해 미국경제의 이윤율의 운동을 검토해보겠습니다. 『일반화된 마르크스주의 개론』에서 제시된 위의 그래프에서 예상한 것처럼, 2005년[좀 더 정확하게 말해서 2006년 중반]의 고점 이후에 이윤율이 하락하기 시작한다는 데 주목해야 하지요. 물론 현실에서 이윤율의 운동은 카오스적인데, 2004년에 이미 1969-70년 수준 이상으로 상승한 이윤율이 2008-09년에는 1981-82년 수준까지 하락할 가능성이 크기 때문이에요. 게다가 앞으로 이윤율이 회복되더라도 1974-75년 수준 정도로 상승하면서 2012-13년을 전후로 해서 급락할 것으로 예상할 수 있지요.

이렇게 2006년[좀 더 정확하게 말해서 2006년 중반]부터 이윤율이 하락하면서 주택경기도 하락하기 시작하고, 급기야 2007년부터 세계적 차원에서 금융위기가 전개되는 것입니다. 이번 금융위기에 대해서는 이미 여러 가지 분석이 제시되고 있어요. 그러나 다양한 분석을 검토해본 결과, 마르크스주의적 입장에서는 역시 뒤메닐과 셰네의 분석이 가장 타당하다는 것이 제 생각이에요. 그래서 주로 이 두 사람의 분석을 설명하면서 필요한 부분은 제가 나름대로 보충해보겠어요.

『일반화된 마르크스주의 개론』에서 이미 강조한 것처럼, 뒤메닐은 금융세계화를 분석하면서 미국경제의 이중적자 메커니즘에 주목하고 있습니다. 이중적자란 무역적자가 발생하면서 그것을 자본수입으로 보충하는 메커니즘인데, 그 배후에 있는 것이 바로 동아시아로부터의 수출달러환류이지요. 물론 서아시아로부터의 석유달러환류나 유럽·중남미로부터의 자본도피도 있겠지요.

1980년대 이후 부르주아 경제학에서는 이중적자가 줄곧 논란의 대상이 되어 왔지만, 제가 알기로는 마르크스주의자 중에서 금융세계화의 핵심으로 이중적자에 주목한 사람은 뒤메닐이 처음인 것 같습니다. 게다가 2007-08년 금융위기를 이런 입장에서 분석한 사람도 뒤메닐이 처음인 것 같아요. 이중적자 메커니즘이 유지되는 이유가 바로 달러의 발권이익(seigniorage)인데, 그래서 현재의 금융위기에도 불구하고 과연 달러의 발권이익이 지속가능하겠는가라는 것이 문제의 핵심이지요.

뒤메닐은 아주 분석적이기 때문에 금융위기에 대한 상세한 묘사를 제시하지는 않습니다. 그래서 2007년 말과 2008년 초에 셰네가 발표한 몇 편의 논문을 참고하여 설명을 보충할 필요가 있지요. 그의 분석은 1980년대 이후에 전개된 금융위기의 맥락에서 2007-08년 금융위기를 묘사한다는 특징을 갖고 있어요.

먼저 1980년대는 금융세계화의 중심이 은행에서 증권시장으로 이행하는 과도기라고 할 수 있습니다. 제가 오래 전부터 강조해온 것처럼, 1970년대에는 런던유로달러시장의 은행을 중심으로 금융세계화가 시작된다면, 1980년대를 과도기로 하여 1990년대에 들어와 비로소 뉴욕증시를 중심으로 금융세계화가 본격적으로 전개되기 때문이에요. 도식적이긴 하지만, 전체적 분석틀을 설정하기 위해서는 이렇게 설명해볼 수 있다는 것이지요.

그런데 셰네가 강조하는 것처럼, 금융세계화의 전개 속에서 금융위기가 반복되고 있다는 사실에 특히 주목해야 할 것입니다. 마찬가지로 도식적으로 설명해본다면, 1980년대 금융위기의 특징은 신흥공업국의 외채위기라고 할 수 있고, 1990년대 이후에는 신흥공업국이 신흥시장으로 변모하면서 외채위기 대신 외환위기가 발생하는 것이 금융위기의 새로운 특징이라고 할 수 있어요.

금융위기의 전개

2007-08년 금융위기를 분석하기 위해서는 2000년대의 금융세계화에 주목해야 하는데, 이 대목에서는 먼저 셰네의 동료인 세르파티의 분석을 상기할 필요가 있을 것입니다. 2001년 9·11 테러 이후 금융세계화가 1단계에서 2단계로 이행한다는 것이 세르파티의 결론인데, 그는 특히 금융세계화와 군사세계화의 결합이라는 새로운 현상에 주목하고 있지요.

저는 세르파티의 분석이 금융세계화 2단계의 특징을 아주 정확하게 묘사한다고 생각합니다. 『역사적 마르크스주의』에서 자세하게 설명한 것처럼, 바로 이런 관점에서 대안세계화운동과 평화운동의 결합도 가능한 것이지요. 공산주의재건당의 베르티노티가 세르파티와 아주 비슷한 분석을 토대로 해서 이탈리아와 유럽에서 대안세계화운동과 평화운동의 결합을 제안한 것이 그 사례예요.

세르파티의 분석으로 금융세계화 2단계의 보편적 특징을 인식할 수 있지만, 좀 더 특수하게 금융위기 자체의 특징을 인식하기 위해서는 역시 셰네의 분석이 필요할 것입니다. 셰네에 의하면, 1단계와 달리 2단계의 특징은 이중적자에 또 한 가지 적자가 추가된다는 데 있어요. 달리 말해서 이중적자가 아니라 삼중적자가 출현한다는 것인데, 새로운 세 번째 요소가 바로 민간적자이고, 그것을 분석해보면 기업적자가 아니라 가계적자가 핵심이라는 것이지요.

2001년 9·11 테러 이후 미국의 중앙은행인 연방준비제도이사회(연준, FRB)는 초저금리를 유지합니다. 이런 상황에서 2002년부터 주택경기가 활성화되는 것이지요. 또한 모기지론이 급증하게 되는데, 그것은 미국의 독특한 금융제도입니다. 우리말로 번역하면 주택담보대출인데, 물론 남한에도 주택담보대출이 있긴 있어요. 그렇지만 이따가 설명할 것처럼 미국의 모기지론은 독특한 특징을 갖고 있습니다. 일단 현재의 금융위기의 핵심에 모기지론이 있다는 정도만 지적해두지요.

그런데 2004년 중반부터 금리가 인상되면서 2006년 중반부터 주택가격이 하락하기 시작합니다. 그 결과 2007년 2월에 서브프라임 위기가 발생하는 것이에요. 서브프라임이란 비우량 등급을 의미하는데, 그런 비우량 주택담보대출에서 문제가 발생합니다. 게다가 8월부터는 투자은행이라고 불리는 증권회사를 중심으로 미국에서 금융위기가 발생하는 동시에 전세계로 전염되기 시작합니다. 1년이 지난 2008년 8월 현재 미국발 세계금융위기가 더욱 심화되고 있다는 사실은 매일 매일 뉴스에서 확인할 수 있지요.

2007-08년 금융위기의 새로운 특징을 인식하기 위해서는 금융세계화 2단계의 특징을 좀 더 심층적으로 분석해야 하는데, 특히 주목해야 할 것은 2002년 이후에 급속하게 진행되는 금융혁신입니다. 금융혁신과 관련된 전문용어는 너무나 새롭고 낯설어서 실은 저도 잘은 모르지요. 그러나 부르주아 경제학자 중에서도 제대로 아는 사람은 별로 없는 것 같아요. 게다가 요즘에 속속 드러나고 있듯이, 몇몇 금융공학자를 제외하면 금융실무자조차도 정확한 의미를 파악하고 있지 못하는 것 같아요.

그럼에도 불구하고 현재의 금융위기를 분석하기 위해서는 금융혁신의 핵심이 무엇인가를 인식할 필요가 있는데, 그것을 '부동산의 유동[자산]화' 또는 '모기지의 증권화'라고 부를 수 있습니다. 모기지가 증권으로 변형된다는 뜻인데, 모기지란 주택담보대출증서이지요. 좀 더 이론적으로 말하자면, 신용의 증권화 또는 대부자본의 가공자본화라고 할 수 있겠지요. 어쨌든 바로 여기에 미국의 주택거품과 남한의 주택거품의 차이가 있고, 미국의 금융위기가 전세계로 전염되는 이유도 바로 여기에 있어요.

미국에서는 주택을 구입하기 위해 대출을 받는데, 남한처럼 은행에서 대출을 받는 것이 아니라 모기지회사에서 대출을 받는답니다. 모기지회사는 은행이 아니라 모기지론에 전문화된 특수한 금융기관이지요. 금융기관을 대표하는 은행이란 예금을 통해 자금을 조달하여 그것을 대출합니다. 그러나 모기지회사는 은행이 아니므로 예금을 통해 자금을 조달할 수 없는데, 바로 이 때문에 모기지론의 증서인 모기지를 증권화하여 증권회사에게 판매하는 것이에요. 그리고 증권회사는 그것을 새로운 증권으로 변형하여 다른 금융기관에게 판매하는 것이지요.

모기지회사와 증권회사가 판매하는 증권은 주식이나 국채·회사채 같은 보통의 증권이 아니라 금융혁신과 관련되는 파생금융상품의 일종인데, 현재 문제가 되는 것은 'MBS'와 'CDO'라는 것입니다. 당연한 일이겠지만, 이 두 용어에 대한 적절한 번역어는 없어요. 남한에는 그것에 해당하는 현실이나 개념이 없거든요.

'MBS'라는 약자로 표기하는 'Mortgage Backed Security'는 주택담보부증권이라고 번역하고, 'CDO'라는 약자의 'Collateralized Debt Obligation'은 부채담보부증권이라고 번역하는 것이 보통입니다. 주택담보부증권은 모기지회사가 증권회사에게 판매하는 파생금융상품인 반면, 부채담보부증권은 증권회사가 주택담보부증권과 회사채를 비롯한 여러 가지 증권을 결합해서 판매하는 전혀 다른 파생금융상품이지요.

그렇게 해서 주택담보부증권과 부채담보부증권이라는 파생금융상품이 출현하는 것입니다. 그리고 특히 문제가 되는 것은 주택담보부증권이 아니라 부채담보부증권이지요. 1990년대 이후 금융세계화의 중심에는 증권시장이 있는데, 세네가 강조하는 것처럼, 증권시장의 가장 중요한 행위자는 연금기금과 투자신탁기금(뮤추얼펀드) 같은 기관투자가와 초민족기업이에요. 투자신탁기금은 종종 증권회사의 자회사이기도 한데, 증권회사가 판매한 부채담보부증권을 투자신탁기금이 구매하지요.

요컨대 모기지를 증권화하는 금융혁신의 핵심에 증권회사가 있다는 것인데, 그것이 바로 케인즈가 1930년대 대불황의 직접적 원인제공자라고 비판한 금리생활자입니다. 케인즈는 증권회사 같은 금리생활자를 안락사시켜야 대불황에서 탈출할 수 있다고 주장하지요. 그러나 1980년대 이후 증권회사가 부활하면서 또 다시 대불황을 초래할 수 있는 위험한 도박을 감행하게 되는 것이에요.

2007-08년 금융위기의 핵심은 증권회사의 위기라고 할 수 있습니다. 2008년 3월에 5위 증권회사인 베어스턴스가 이미 파산한 바 있고, 4위 증권회사인 리먼브러더스도 현재 파산 위기에 처해 있다고 하지요. 그런데 한국산업은행이 리먼브러더스의 인수·합병을 시도한다는군요. 설사 인수·합병에 성공한다고 해도 관리할 만한 능력이 있을 리 없을 테니까 결국 파산 위기에 처한 리먼브러더스에게 종자돈을 댄다는 뜻이겠지요. 민유성 한국산업은행장은 리먼브

러더스 서울지점장 출신인데, 그래서 '머리 까만 미국인'이 훨씬 더 무서운 법이에요.

그런데 최근의 상황을 보면, 금융위기가 더욱 심화되고 있다는 사실을 알 수 있습니다. 단지 서브프라임 모기지론뿐만 아니라 프라임 모기지론의 위기도 발생하는데, 주택가격이 계속 하락하고 있기 때문이에요. 프라임 모기지를 증권화하는 것이 국책모기지회사인 패니메이와 프레디맥인데, 두 회사도 파산 위기에 처해 있어요. 그런 상황은 금융위기가 완화되는 중이 아니라 오히려 심화되는 중이라는 사실을 의미하지요.

게다가 미국의 금융위기는 이미 전세계로 전염되고 있습니다. 바로 여기서 이중적자·수출달러환류 메커니즘에 주목해야 하는 것이지요. 중국을 비롯한 동아시아가 미국에 상품을 수출하여 그 대가로 받은 달러를 다시 미국에 투자하는데, 가장 중요한 대상은 미국의 국채인 재무부증권입니다. 그러나 그것만으로는 외환보유액을 수익성 있게 운용할 수 없으니까, 패니메이와 프레디맥이 발행한 주택담보부증권에도 투자하는 것이에요. 중앙은행은 안 그렇겠지만, 은행을 비롯한 일반금융기관은 증권회사가 발행한 부채담보부증권에도 투자할 수 있겠지요. 그래서 결국 미국의 금융위기가 동아시아를 비롯한 전세계로 전염될 수밖에 없는 것이에요.

뒤메닐과 셰네의 분석을 한 가지만 보충해보겠습니다. 금융세계화 1단계를 분석할 때는 뉴욕증시의 동향에 대해 주목해야 하는데, 2단계를 분석할 때는 반드시 그럴 필요가 없어요. 금융세계화 2단계에서는 1단계와 달리 뉴욕증시의 동향이 별로 중요하지 않기 때문이지요. 금융세계화 1단계에서 뉴욕증시에 신경제거품이 발생하고, 그것이 붕괴되면서 금융세계화 2단계로 이행하거든요.

증시거품을 측정할 수 있는 기준이 무엇인가를 설명해야 할 것입니다. 실물경제와 달리 금융에서는 이론적 기준이 아니라 경험적 기준, 이른바 벤치마크를 사용할 수밖에 없는데, 대표적인 것이 주가이익비율(PER)이라는 것입니다. 제 생각으로는 토빈의 q가 훨씬 더 중요한 지표일 것 같은데, 그러나 토빈의 q는 자료상의 제약 때문인지 별로 많이 사용하지 않아요.

『일반화된 마르크스주의와 대안좌파』에서 설명한 것처럼, 주가이익비율과 토빈의 q라는 두 가지 기준으로 분석해보면, 현재의 상황은 1990년대 전반기, 말하자면 1995년 이후에 신경제가 본격적으로 전개되기 이전의 상황과 비슷하다는 결론을 도출할 수 있습니다. 요컨대 금융세계화 1단계와 달리 2단계에서는 뉴욕증시의 동향이 크게 중요한 것은 아니라는 말이에요.

대신 금융세계화 2단계에서 새로이 주목받게 되는 것이 중국을 비롯한 신흥시장이라고 할 수 있습니다. 특히 중국의 상하이증시는 2007년에 폰지 상태에 진입한다고 할 수 있어요. 폰지도 금융과 관련된 전문용어인데, 본래 1920년대 미국에서 금융피라밋으로 유명한 어떤 사기꾼의 이름이지요. 즉 2007년에 상하이증시의 거품은 금융피라밋 또는 금융사기의 상태에 도달한다는 말이에요.

2007년 8월에 발생한 미국발 금융위기가 전세계로 전염되는 와중인 10월에 상하이증시는 6000을 돌파하는데, 당시 주가이익비율은 50을 초과합니다. 남한도 마찬가지이지만, 중국의 주가이익비율은 전혀 믿을 것이 못되지요. 방금 지적했듯이, 주가이익비율은 경험적 기준이므로 나름대로 의미를 가지려면 적어도 수십 년에 걸친 자료가 축적되어야 하겠지요. 그러나 신흥시장에 그런 자료가 있을 리 없어요. 어쨌든 100년에 걸친 뉴욕증시에서 주가이익비율의 장기평균치가 14.4라면, 상하이증시의 주가이익비율 50은 당연히 금융피라밋과 금융사기를 의미하겠지요.

그래서 상하이증시가 붕괴하는 것은 불가피한 일인데, 2008년 1월 말 4300, 8월 말 2300으로 폭락합니다. 제 생각으로는 앞으로도 계속 폭락하여 1000[좀 더 정확하게 말해서 1500]까지 도달해야 거품이 모두 붕괴할 것 같습니다. 남한증시는 아직도 1400-1500을 유지하고 있는데, 그러나 1000은 되어야 거품이 모두 붕괴할 것 같다는 것이 제 생각이에요.

달러위기와 석유위기의 전망

뒤메닐과 셰네가 강조하는 것처럼, 2007-08년 금융위기에서 특히 쟁점으로 제기되는 것은 달러위기의 전망이라고 할 수 있습니다. 현재의 금융위기 속에서 달러의 발권이익이 소멸하면서 이중적자·수출달러환류 메커니즘이 붕괴할 가능성이 출현하는가에 대해 검토해야 한다는 말이지요. 『일반화된 마르크스주의 개론』에서 설명한 것처럼, 뒤메닐은 적어도 2013년까지는 달러의 발권이익이 유지될 것으로 예상하고 있어요. 제가 이윤율의 운동에서 도출한 미국 경제의 최종적 위기도 2012-13년인데, 그러나 물론 우연의 일치일 수도 있겠지요.

달러위기에 대한 뒤메닐의 전망을 달러가치의 운동을 통해 설명해볼 수 있을 것입니다. 여기서도 물론 이론적 지표가 아니라 경험적 지표인 벤치마크를 사용할 수밖에 없어요. 또 현재의 달러가치를 과거의 달러가치와 비교하려면, 물가상승을 고려해야 하겠지요. 물가상승을 고려한 것을 실질가치라고 불러요. 게다가 무역상대국의 비중의 변화도 고려해야 합니다. 무역가중치를 고려한 것을 실효가치라고 부르지요.

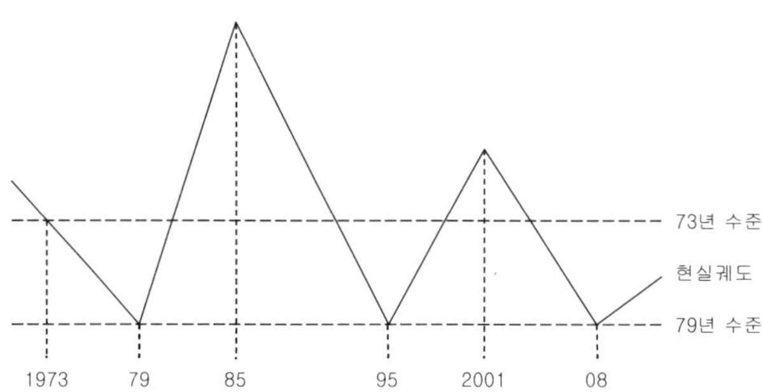

달러의 실질실효가치의 운동을 위의 그래프로 표현할 수 있는데, 여기서 1973년과 1979년의 달러가치가 벤치마크가 되는 것입니다. 1973년의 달러가치가 기준점이라면, 1979년의 달러가치는 저점이라고 할 수 있지요. 1973년부터 달러의 약세가 본격화되는 이유는 닉슨이 고정환율제를 포기하면서 달러의 평가절하를 용인하기 때문이고, 1980년부터 달러가 강세로 반전되는 이유는 레이건이 이중적자와 석유달러환류를 지지하기 위해 달러의 발권이익을 주장하기 때문이지요.

달러가 약세로 반전되기 시작하는 것은 1985년인데, 달러가치가 1973년 수준을 초과한 1985년에 플라자합의가 도출되고, 1987년에 그것을 보완하는 루브르협정이 체결되기 때문입니다. 그 결과 달러는 1995년에 1979년 수준의 저점에 도달하지요. 그런데 1995년부터 신경제가 전개되면서 달러가 강세로 반전되어 2001년에는 1973년 수준을 초과합니다. 그것을 보통 역(逆)플라자현상이라고 불러요.

2001년에 신경제거품이 붕괴하면서 역플라자현상이 소멸되어 달러는 약세로 반전됩니다. 그러나 2008년 8월부터 달러가 강세로 반전되기 시작하지요. 2002년부터 하락하는 달러가치가 2008년 상반기에 1979년 수준에 도달하기 때문인데, 그러나 아무래도 이번에는 1973년 수준까지도 반등하기가 쉽지 않을 것 같아요. 게다가 2012-13년 이후에는 달러가치가 급락할 가능성이 크겠지요.

이제 달러위기에 대해 좀 더 자세하게 설명해보겠습니다. 달러위기가 발생한 해가 바로 1979년인데, 그렇지만 달러가치가 1979년 수준으로 하락한 1995년이나 2008년에는 달러위기가 발생하지 않아요. 1979년에 달러위기가 발생하는 것은 석유달러환류가 중지되기 때문이지요. 동시에 석유달러의 '금으로의 도피'라는 현상이 출현하기 때문이지요. 아리기처럼 말하자면, 달러의 '징후적 위기'가 발생하는 이유가 바로 석유달러환류의 중지와 금으로의 도피라는 말이에요.

그래서 달러위기를 평가할 수 있는 벤치마크 중 하나가 바로 달러와 금의 상대적 가치변동이라고 할 수 있는 것입니다. 닉슨이 달러의 금태환을 중지시킨 1971년의 금가치는 온스당 200달러입니다. 명목가치로는 35달러인데, 그러나 물가상승을 고려한 실질가치로는 200달러라는 것이에요. 그러나 달러위기가 발생한 직후인 1980년 초에는 2000달러를 돌파하게 되지요. 달리 말해서 금가치가 10배로 상승한다는 것이에요. 2002년부터 다시 상승하기 시작하는 금가치는 2008년 3월에야 비로소 1000달러에 도달합니다. 따라서 달러의 '최종적 위기'는 아직 발생하지 않았다고 할 수 있어요.

여기서 중요한 것은 오히려 1980년대 이후에 반복되고 있는 달러의 강세와 약세의 의미가 무엇인가라는 것입니다. 1995년 이후의 강세를 반전시키는 2002년 이후의 약세는 마치 1985년의 플라자합의와 1987년의 루브르협정이 그런 것처럼 미국의 대외경제정책 또는 '세계적 통치성'이라는 것이 제 생각이에요. 좀 더 정확하게 말하자면, 미국경제를 분석할 때 제가 항상 참고하는 미국의 국제경제연구소(IIE)의 입장이 그런 것이에요. 『신자유주의적 '금융 세계화'와 '워싱턴 콘센서스': 마르크스적 비판의 쟁점들』(공감, 1999)에서 설명한 것처럼, 워싱턴 컨센서스라는 개념도 이 연구소가 1989년에 제시한 신자유주의적 정책개혁을 위한 구상이지요.

국제경제연구소의 제안에 따르면, 달러의 약세를 통해 달성할 수 있는 목표는 크게 두 가지 효과입니다. 첫 번째 효과는 미국의 경기침체를 유럽연합과 일본으로 수출하는 것이에요. 사실상 세계화폐로 기능하는 달러는 평가절하되거나 평가절상되는 것이 아닙니다. 달러가 약세나 강세라는 것은 달리 말해서 유로와 엔이 평가절상되거나 평가절하된다는 말이거든요. 그런데 기껏해야 지역화폐일 따름인 유로나 엔은 평가절상되든 평가절하되든 불리할 수밖에 없어요. 남한의 얼치기 진보주의자들이 미국경제가 아니라 오히려 유럽경제와 일본경제의 문제가 더 심각하다는 것을 알고서 당황하는 이유는 미국의 환율정책의 목표를 이해하지 못하는 데 있지요.

그런데 현재의 상황에서 훨씬 더 중요한 것은 국제경제연구소가

'아시아판 플라자합의'라고 부르는 위안의 평가절상입니다. 중국은 2005년에 변동환율제로 이행하면서도 외환시장개입을 통해 환율변동을 통제하지요. 그래서 국제경제연구소가 위안의 평가절상을 허용해야 한다고 주장하는 것이에요. 위안이 평가절상되면, 중국에 대한 미국의 부채, 즉 중국의 중앙은행인 인민은행이 보유하고 있는 미국의 재무부증권이 평가절하될 것입니다. 쉽게 말해서 달러가치가 하락하고 위안가치가 상승하면, 미국의 부채는 그만큼 탕감되는 셈이에요. 그런 방식으로 이중적자·수출달러환류 메커니즘을 유지하려는 것이 바로 미국의 환율정책의 또 다른 목표이지요.

요컨대 미국발 금융위기가 전세계로 전염되는 상황에서 달러의 최종적 위기는 아직 발생하지 않았다는 것이고, 오히려 미국은 나름대로 몇 가지 실익을 도모하고 있다는 말입니다. 그리고 그것이 바로 달러의 약세를 유도하는 미국의 환율정책의 목표라는 말이지요. 좀 더 일반적으로 말하자면, 2012-13년으로 예상되는 미국경제의 최종적 위기가 다가올수록 미국의 세계적 통치성은 훨씬 더 교묘해지는 측면이 있다는 사실을 명심해야 한다는 것이에요.

사회진보연대 활동가 여러분이 최근에 들어와 특히 관심을 갖고 있는 문제이기 때문에 한두 가지만 설명을 보충해보겠습니다. 그것은 다름 아니라 2007-08년에 금융위기가 발생하면서 동시에 석유위기도 발생한다는 사실이지요. 게다가 석유위기가 식량위기를 동반한다는 것도 사실이에요.

석유위기는 유가의 상승을 의미하는데, 제가 늘 강조하는 것처럼, 그 원인 중 하나는 휴버트 피크입니다. 그런데 휴버트 피크는 석유매장량의 정점이 아니라 석유생산량의 정점을 의미한다는 것을 명심해야 하지요. 달리 말해서 휴버트 피크 이후에는 석유의 공급이 점차 감소한다는 것입니다. 어떤 사람은 이미 2005년에 휴버트 피크에 도달했다고 하고, 어떤 사람은 2008년이 휴버트 피크라고 하는데, 하여튼 점점 더 휴버트 피크에 접근하고 있다는 것이에요. 반면 중국을 비롯한 신흥시장에서 석유의 수요는 급증하고 있지요.

그래서 공급은 점차 감소하고 수요는 급증하고 있으니까 유가가 상승할 수밖에 없다는 것이에요.

유가가 상승하는 것이 휴버트 피크 때문인가 아니면 투기 때문인가라는 논쟁이 있는데, 그런 논쟁에는 심각한 오해가 있는 것 같습니다. 2000년에 『한겨레신문』의 '가리사니' 칼럼(『이윤율의 경제학과 신자유주의 비판』, 공감, 2001에 실림)을 쓰면서 설명한 것처럼, 투기가 발생하는 이유도 결국 휴버트 피크에 있기 때문이지요. 태양에너지를 비롯한 대체에너지가 석유에너지에 비해 얼마나 경제적으로 효율적인지는 불확실한데, 그것을 과학적으로 평가할 수 있는 근거가 아직 존재하지 않기 때문이에요. 게다가 달러가치가 상승할지 아니면 하락할지도 불확실하지요. 이 두 가지 불확실성 때문에 유가의 상한선도 불확실한 것이에요.

투기가 발생하는 것은 한 마디로 말해서 유가의 상한선이 불확실하기 때문입니다. 2008년 4월에 유가가 배럴당 100달러를 돌파한 것은 증권회사를 비롯한 투기세력 때문이 아니에요. 물론 7월에 유가가 150달러까지 상승한 것은 투기 때문이라고 할 수 있겠지요. 여기서도 벤치마크를 사용해야 하는데, 달러의 징후적 위기가 발생한 1979년에 실질유가가 100달러를 돌파합니다. 그것을 석유의 징후적 위기라고 부를 수 있겠지요. 그러다가 1980년대부터 점차 하락하여 1990년대 말에는 20달러에 도달해요. 그러나 2000년대부터 실질유가는 상승세로 반전하기 시작하는데, 그래서 제가 석유위기를 예상하는 칼럼을 썼던 것이에요.

그러나 달러처럼 석유의 최종적 위기에도 약간의 말미가 있습니다. 이 경우에도 단지 실질유가가 아니라 실효유가를 고려해야 하기 때문이지요. 1970년대 석유위기 이후에 선진국은 탈공업화를 통해 에너지절약적 경제구조로 전환하는데, 그래서 에너지소비구조를 고려하여 실효유가를 평가해야 한다는 것이에요. 1979년의 실질유가 100달러는 2008년의 실질실효유가 150달러에 해당한다는 것이 일반적 평가입니다. 그러나 남한은 벌써 심각한 상태인데, 수출산업이 대부분 중화학공업이어서 에너지소비적 경제구조이기 때문이에요. 그래서 남한에서는 석유위기가 발생하는 실질실효유가가 150달러보다 훨씬 낮을 것이라고 예상할 수 있겠지요.

유가 상승을 달러가치 하락과 연동시키려는 사람도 있기 때문에 이에 대한 설명도 약간 보충해보겠습니다. 달러가치와 유가의 연동은 1970년대부터 1980년대 중반까지, 그리고 2000년대에만 관찰되는 부분적 현상입니다. 이미 설명한 것처럼, 달러가치가 하락하는 1973-79년에 유가는 상승하고, 달러가치가 상승하는 1980-85년에 유가는 하락하지요. 그러나 그 후에는 그런 연동 현상이 소멸합니다. 달러가치는 1985-95년에 하락하고 1995-2001년에 상승하지만, 그 동안 유가는 하향 안정세를 유지하거든요. 그러다가 2002-08년에 달러가치가 하락하면서 유가도 상승하는 연동 현상이 또다시 출현하는 것이에요.

석유위기가 식량위기와 결합하는 이유에 대해서도 간단하게 설명해보겠습니다. 1974년에 최고치를 달성한 곡가는 2005년까지 계속 하락하다가 2008년에는 1980년대 이후 최고치를 달성하지요. 그런데 최근의 곡가 상승은 단지 수급 변동만으로는 설명할 수 없어요. 대체에너지로서 바이오에너지, 특히 에탄올과 메탄올의 생산에 옥수수가 대량으로 소비된다는 사실을 고려해야 하기 때문이에요. 그러나 이유가 무엇이든지 간에 식량위기가 발생하면서 기아라는 문제가 다시 제기되는 것은 아주 심각한 일이지요. 마치 조류독감 같은 감염성질병의 문제가 다시 제기되는 것처럼 말이에요.

2005-08년 이데올로기정세

이런 것이 제가 주목하는 경제정세의 핵심이라고 할 수 있습니다. 요컨대 2007-08년의 금융위기는 2010년대로 예상되는 미국경제의 최종적 위기 이전에 발생한 마지막 위기, 달리 말해서 2012-13

년에 발생할 것으로 제가 예상하는 최종적 위기 직전의 위기라는 것이에요. 아니면 조금 늦게 2010년대 말에 최종적 위기가 발생할 경우에는 마지막에서 두세 번째 위기가 되겠지요. 어쨌든 경제정세는 이렇게 엄중한 것이라고 할 수 있어요.

반면 이데올로기정세를 보면, 좌파의 약진이 아니라 오히려 위기가 전개된다는 것이 아까 과잉결정과 대조되는 과소결정이라고 부른 바 있는 현정세의 역설이라고 할 수 있습니다. 유럽의 정세를 먼저 분석하고 남한의 정세는 이따가 검토해보겠어요. [「현정세와 사회운동노조」의 본문을 참조하시오.] 대안세계화운동의 정점이라고 할 수 있는 것이 2005년의 유럽연합헌법조약 비준반대운동인데, 그러나 그 직후부터 유럽 각국의 좌파는 계속 분열되고 있어요.

유일한 예외가 독일 정도인데, 그러나 독일 좌파는 워낙 취약하기 때문에 큰 의미가 없을 것 같습니다. 제가 주목하는 이탈리아 좌파나 프랑스 좌파의 분열이 징후적 사례라고 할 수 있다는 말이에요. 그래서 세계적 차원에서 현정세의 특징은 과잉결정이 아니라 과소결정이라는 것이고, 이 때문에 좀 더 정직하고 신중하게 정세를 분석하면서 좀 더 과감하게 행동을 전개할 필요가 있다는 것인데, 이 점에 대해 토론해보자는 것이 오늘 제 발제의 기본적 동기이자 주제라고 할 수 있겠지요.

이탈리아 공산주의재건당의 위기

먼저 이탈리아 좌파의 경우를 검토해보겠습니다. 저로서는 지난 2월에 『일반화된 마르크스주의와 대안좌파』를 집필할 때까지만 해도 '공산주의재건당의 위기와 전망'이라는 식으로 약간의 여유를 가질 수 있었는데, 그러나 그 후에 전개되는 상황은 점점 더 심각해지는 것 같아요.

공산주의재건당의 위기가 시작되는 것은 2005년 6차 당대회부터인데, 좌파민주당과의 공동정부 구성을 둘러싸고 다수파 내부에서 갈등이 표출되기 때문입니다. 좌파민주당과의 공동정부 구성을 제안하는 베르티노티의 테제 「대안사회」는 책에 번역되어 있으니까 나중에라도 참고하세요.

다수파 내부의 분열에서 가장 중요한 것은 이탈리아공산당의 잉그라오좌파를 계승한 베르티노티 그룹과 제4 인터내셔널에 소속인 마이탄 그룹의 분열입니다. 『역사적 마르크스주의』에서 설명한 것처럼, 1999년 4차 당대회에서 실현된 두 그룹의 단결이 사회운동정당으로서 공산주의재건당의 미래에 밝은 빛을 던져주던 것인데, 6년만에 어두운 그림자가 드리워지기 때문이지요.

제 생각으로는 크게 두 가지 문제가 있습니다. 하나는 정세판단의 차이라고 할 수 있는데, 자세한 내용은 이따가 설명하도록 하겠습니다. 또 하나는 제4 인터내셔널의 정치노선의 전환이라고 할 수 있지요. 마이탄 그룹이 다수파에서 분리하여 결국 탈당을 선택하는 배경에는 제4 인터내셔널의 전환이 있는데, 그 이유에 대해서도 차차 설명하겠어요.

설득에 의해서든 아니면 강압에 의해서든 당대회에서 승리한 베르티노티는 2006년 총선에서 좌파민주당과 공동정부를 구성하는데 성공합니다. 그러나 아주 어렵사리 구성된 공동정부는 2008년 1월에 해체되고 말아요. 게다가 4월 총선에서 베를루스코니가 3차 집권에 성공하게 되지요. 그 와중에 공산주의재건당 내부에서 일대 지각변동이 발생하는 것이에요.

그 직접적 계기는 이번 총선에서 공산주의재건당이 의석을 상실한 것입니다. 그런데 그 이유가 아주 역설적이지요. 이탈리아의 공업지대는 북부가 중심인데, 바로 그곳에서 인민주의적 성향의 북부동맹이 약진하면서 공산주의재건당이 패배한 것이에요. 총선 패배에 책임을 지고 베르티노티는 정계에서 은퇴하고, 조르다노는 총서기에서 사임하지요.

그럼에도 불구하고 지난 5월에 『일반화된 마르크스주의와 대안노조』(공감, 2008)를 집필하면서 저는 아직도 희망은 있다고 생각한 것인데, 그러나 7월의 7차 당대회에서 누구도 예상치 못한 불행한 사건이 발생합니다. 베르티노티 그룹 자체가 분열된 것이지요. 분열을 주도한 인물은 페레로인데, 베르티노티 그룹의 핵심적 지도자인 그는 공동정부에서도 사회복지를 담당하는 사회연대부 장관을 역임한 인물이에요.

피아트 노동자 출신인 페레로는 잉그라오좌파가 아니라 프롤레타리아민주주의 소속이라고 합니다. 이탈리아공산당 외부에서 공산주의재건당에 진입한 가장 중요한 세력인 프롤레타리아민주주의는 마오주의 그룹과 트로츠키주의 그룹으로 구성된 일종의 선거연합이에요. 저도 최근에야 알게 되었지만, 프롤레타리아민주주의가 잉그라오좌파와 합류하여 베르티노티 그룹을 구성하는데, 그 비중이 만만치 않아서 1/3 정도나 된다고 해요.

페레로가 지도하는 프롤레타리아민주주의는 베르티노티 그룹과 끊임없이 갈등해온 구좌파 성향의 에르네스토 그룹과 연대하여 당권을 장악합니다. 페레로가 베르티노티 그룹의 벤돌라를 패퇴시키고 총서기로 선출된 것이지요. 사실 조르다노보다 대중적으로 더 신망이 있는 벤돌라가 오래 전부터 베르티노티의 후계자로 예상되어 왔다고 합니다. 어쨌든 현재의 상황은 아주 유동적인데, 벤돌라가 지도하는 베르티노티 그룹이 재기에 성공할 수 있을지 아니면 탈당을 결행할지 구구한 설이 아주 많거든요.

그래서 결국 2005년부터 시작된 공산주의재건당의 위기가 2008년 상반기에 예상한 것보다 훨씬 더 악화된다는 것인데, 이제 그 이유에 대해 제 나름대로 분석해보겠습니다. 먼저 베르티노티 그룹과 마이탄 그룹이 분열된 계기가 좌파민주당과의 공동정부 구성이라면, 베르티노티가 정세를 왜 그렇게 판단했는가에 대해 좀 더 자세하게 설명할 필요가 있겠지요.

베르티노티는 베를루스코니의 전진이탈리아를 비롯해 보시의 북부동맹과 피니의 민족연맹 같은 인민주의가 상징하는 '반(反)정치의 위험'이 아주 심각한 수준이라고 판단합니다. 그러나 심층적으로 분석해보면, 더욱 심각한 위험이 존재하지요. 좌파민주당이 베를루스코니와 공모하여 '정치의 미국화'를 시도하거든요. 정치의 미국화란 양당제와 대통령제의 도입을 의미하는 것이지요.

이탈리아의 정치제도를 알아야 할 필요가 있는 대목입니다. 이탈리아의 정치제도는 아주 복잡하고, 게다가 거의 매년 변화하지요. 그래서 전공자가 아니면 자세한 내용을 알기가 힘든데, 하여튼 아직까지는 다당제와 내각책임제를 유지하고 있어요. 그리고 소수정당이 의회에 진출할 수 있도록 보장해주는 제도적 장치도 있지요. 그래서 공산주의재건당이 대안세계화운동과 제도권정치를 결합할 수 있었던 것이에요. 그러나 베르티노티는 이탈리아의 정치제도가 미국화되면서 그런 가능성이 소멸할 것으로 판단하지요.

양당제의 하나의 축이 베를루스코니의 전진이탈리아가 대표하는 중도우파, 말하자면 신보수주의적 인민주의자라고 할 수 있고, 다른 하나의 축은 중도좌파, 말하자면 신자유주의자 또는 사회자유주의자를 대표하는 좌파민주당이라고 할 수 있습니다. 좌파민주당은 2007년 4월에 또다시 당명을 개정하는데, 이번에는 아예 '좌파'도 떼버리고 미국식 민주당으로 변모하지요.

사실 좌파민주당의 변모를 예방하는 것이 공동정부를 구성하게 된 중요한 한 가지 이유이기도 합니다. 무시가 지도하는 좌파민주당 좌파와 함께 베르티노티의 공산주의재건당은 벨트로니가 지도하는 좌파민주당 우파가 계획하는 미국식 민주당으로의 변모를 저지하려고 시도하거든요. 그러나 이런 시도가 실패하면서 2007년 6월에 무시 그룹이 좌파민주당에서 탈당하고 2008년 1월에 공동정부도 해체되는 것이에요.

어쨌든 반정치의 위험과 정치의 미국화라는 정세에 대한 판단의 차이가 베르티노티 그룹과 마이탄 그룹이 분열된 하나의 이유입니다. 그런데 두 그룹이 분열된 이유가 단지 정세에 대한 판단의 차이에만 있다면, 정세의 변화에 따라 다수파가 재구성될 수도 있겠지요. 저도 얼마 전까지는 그런 생각이었는데, 그러나 별로 근거가 없었던 것 같아요. 이따가 설명하겠지만, 제4 인터내셔널의 정치노선의 전환에 따라 마이탄 그룹이 공동정부가 해체되기 직전에 탈당을 결행하거든요.

어쨌든 2005-08년의 정세를 총괄해보면, 역시 공산주의재건당이 정세를 역전시키는 데 역부족이었음을 인정할 수밖에 없겠습니다. 그러나 오늘의 상황에서 훨씬 더 중요한 일은 2002년 5차 당대회를 전후로 약진하던 공산주의재건당이 2005년 6차 당대회 이후 쇠퇴하는 궁극적 원인을 분석해보는 것이지요.

이 대목에서 베르티노티가 지적하는 '공산주의재건당의 역설'에 주목해야만 합니다. 공산주의재건당이 이탈리아공산당을 계승하면서도 제1노총의 지지를 확보하지 못하고 있다는 역설 말이지요. 그런 역설은 제1노총이 우경화되었다는 사실, 그리고 그런 우경화를 저지할 수 있는 제1노총금속연맹이 약화되었다는 사실에서 비롯되는 것이에요. 제1노총의 우경화와 제1노총금속연맹의 약화는 제가 오늘 제기할 대안노조의 모델로서 사회운동노조라는 쟁점과도 직결되는 것이지요.

여러분도 잘 아시다시피, 2001년 이후 대안세계화운동이 전개되면서 베르티노티가 제시한 정치노선의 핵심은 공산주의의 재건과 대안좌파의 건설입니다. 그런데 대안좌파 건설의 조건이 공산주의 재건이라면, 공산주의 재건의 토대는 사회운동노조이지요. 달리 말해서 사회운동노조 없는 공산주의 재건은 불가능하다는 것입니다. 바로 이것이 베르티노티가 말하는 사회운동정당으로서 공산주의재건당의 역설, 나아가 그 위기를 궁극적으로 설명하는 원인이라는 것이 제 생각이에요.

프랑스 좌파의 위기

제가 늘 강조하는 것처럼, 프랑스 좌파의 이론은 흥미로울 수 있어도, 그렇지만 그 정치는 별 볼일 없습니다. 1960-70년대도 그랬고, 현재도 그래요. 그럼에도 불구하고 이탈리아 좌파의 상황과 관련해서 프랑스 좌파의 상황을 참고할 필요가 있기 때문에 약간의 설명을 보충해보겠어요.

출발점은 역시 2005년입니다. 2005년 유럽연합헌법조약 비준반대운동에서 정말 오랜만에 프랑스공산당과 혁명적공산주의자동맹이 협력하게 되지요. 그러나 비준반대운동이 성공한 직후부터 분열이 시작됩니다. 분열의 이유는 많겠지만, 궁극적 이유는 제4 인터내셔널을 대표하는 혁명적공산주의자동맹의 정치노선이 전환되기 때문이라고 하는 것이 타당할 것 같아요.

혁명적공산주의자동맹이 제시하는 새로운 정치노선의 핵심은 급진좌파를 토대로 해서 독자적 전위정당을 건설해야 한다는 데 있습니다. 여기서 급진좌파는 제도권 외부의 좌파를 의미하지요. 어쨌든 새로운 전위정당을 건설하여 프랑스공산당을 대체한다는 것이 혁명적공산주의자동맹의 전략적 목표입니다. 그래서 방금 설명한 것처럼, 정세판단의 차이보다는 정치노선의 전환이 마이단 그룹이 베르티노티 그룹에서 이탈하여 결국 탈당을 결행하는 궁극적 이유라고 할 수 있는 것이지요.

제4 인터내셔널과 그 기함조직인 프랑스 혁명적공산주의자동맹이 독자적 전위정당을 건설한다는 새로운 정치노선을 채택하면서 국제사회주의경향과 그 기함조직인 영국 사회주의노동자당과의 친화성이 강화됩니다. 대안세계화운동을 둘러싸고 전개된 두 조직 사이의 논쟁이 점차 소멸되기 때문인데, 그 쟁점에 대한 설명은『역사적 마르크스주의』를 참조하세요.

사회주의노동자당은 혁명적공산주의자동맹의 전환을 적극적으로 환영합니다. 다만 한 가지 단서를 추가하는데, 여러분도 민주노동당을 고수하는 다함께의 행동에서 쉽게 추론해볼 수 있겠지요. 즉 독자적 전위정당은 통일전선의 외부가 아니라 내부에서 건설해야 한다는 것이에요. 트로츠키주의자끼리는 아주 중요한 논쟁인 것 같은데, 제 생각으로는 별 볼일 없는 쟁점인 것 같아요. 게다가 통일전선 내부에서 독자적 전위정당을 건설한다는 사회주의노동자당의 계획은 최근에 완전히 실패하거든요. 그래서 그런 계획을 주도하던 리즈가 캘리니코스에 의해 탄핵을 받는 것이에요. 저먼은 이에 항의하여 탈당하겠다고 위협하면서 소란을 피우기도 하지요.

어쨌든 혁명적공산주의자동맹의 자만이 프랑스 좌파의 위기를 추동한다는 것인데, 2007년 대선에서 발리바르가 이에 대해 제기한 비판이 타당할 것 같습니다. 발리바르는 '좌파의 갈등적 수렴'을 통한 대안좌파의 건설이 필요한데, 혁명적공산주의자동맹 때문에 대선에서도 패배하고 대안좌파 건설에서도 실패할 것이라고 비판하고 있지요. 그리고 아주 흥미롭게도 프랑스공산당과 혁명적공산주의자동맹 사이의 갈등을 마르크스-레닌주의와 트로츠키주의의 갈등보다는 오히려 '노조적 좌파주의'와 '포스트68혁명적인 문화적 아나키즘'의 갈등으로 설명하고 있어요.

베르티노티나 발리바르의 입장이 타당하다는 것이 제 생각입니다. 혁명적공산주의자동맹이나 사회주의노동자당 같은 트로츠키주의자는 사회운동노조를 토대로 하는 공산주의 재건은커녕 대안좌파 건설에 대해서조차 별로 관심이 없는 것 같거든요. 시도 때도 없이 독자적 전위정당을 건설하자고 주장하는 그들을 보면 참으로 딱하다는 생각만 들지요.

그런데 프랑스 좌파의 분열에는 또 다른 요소가 있고, 제 생각으로는 그것이 좀 더 고유하고 좀 더 중요한 요소인 것 같습니다. 그것이 바로 아탁(ATTAC)의 분열이지요. 유럽에서 공산주의재건당과 함께 대안세계화운동의 가장 중요한 한 축을 구성하던 아탁이 분열된 것은 아주 심각한 위기라고 할 수 있어요.

아탁의 분열은 한 마디로 말해서 '세대간 갈등'으로 인한 것입니다. 저도 최근에야 알게 된 사실이지만, 유럽의 사회운동에서는 세대간 갈등이 아주 심각하다고 해요. 여러분과 저 사이에도 세대간 갈등이 있을지 모르겠지만, 사실 저로서는 잘 이해가 안 됩니다. 저도 마음만은 아직 청춘이거든요. 농담이고, 어쨌든 아탁의 분열은 전국지도부를 장악한 구세대와 지방활동가로 구성된 신세대 사이의 갈등에서 비롯되는 것이에요.

그들 사이의 갈등은 두 가지 쟁점을 둘러싸고 전개되는데, 하나는 아탁의 조직형태가 무엇인가라는 것이고, 또 다른 하나는 아탁의 활동형태가 어떠해야 하는가라는 것입니다. 조직형태와 관련해서 전국지도부는 아탁이 독립조직, 달리 말해서 정파조직이라고 주장하지요. 반면 지방활동가는 다양한 조직이 소통하고 연대하는 네트워크라고 주장하는데, 그런 '수렴공간'이란 사실 사회포럼을 특징짓는 구호라고 할 수 있어요. 달리 말해서 지방활동가는 아탁이 일종의 프랑스사회포럼이라고 주장하는 셈이에요.

활동형태와 관련해서 전국지도부는 대안세계화운동이 제도권정치와 결합해야 한다고 주장합니다. 달리 말해서 프랑스공산당을 비롯해 사회당 좌파나 녹색당과도 결합해야 한다는 것인데, 사실 토빈세 도입이나 경제개발협력기구(OECD)의 다자간투자협정(MAI) 반대는 제도권정치와 결합해서 획득한 가장 중요한 성과이지요. 그러나 지방활동가는 제도권정치와의 분리를 주장합니다. 바로 이 대목에서 혁명적공산주의자동맹의 영향력을 발견할 수 있는데, 지방활동가는 제도권정치와 분리된 급진좌파를 지향하기 때문이에요.

그렇게 시작된 갈등이 2005년 비준반대운동 직후로 예정된 전국지도부의 선거를 둘러싸고 거의 2년에 걸쳐 전개됩니다. 구세대보다 신세대가 많다는 것은 일종의 '자연법칙'이지요. 그래서 구세대가 투표 결과를 조작한 모양인데, 그러나 결국 발각됩니다. 조작 여부를 판정하는 임무를 위임받은 뒤메닐이 확실한 통계학적 증거를 발견한 것이에요. 그의 웹사이트에 부정투표에 대한 분석이 올라와 있으니까 관심 있는 분은 참고하세요.

결국 재투표를 통해 구세대가 퇴출당하게 됩니다. 그런데 구세대가 퇴출되면서 문제가 종결되는 것이 아니라 오히려 아탁의 조직형태와 활동형태가 크게 변화하면서 새로운 문제가 시작되는 것이지요. 혁명적공산주의자동맹의 영향력 아래 제도권정치와 분리된 급진좌파를 중심으로 하는 일종의 프랑스사회포럼으로 변모되면서 지금까지 아탁이 달성한 정치적이고 이론적인 성과 자체가 무효화되고 있기 때문이에요.

특히 주목해야 할 것은 학술위원회의 쇠퇴입니다. 제가 여러 차례 강조한 바 있듯이, 아탁은 시민운동단체인 동시에 시민교육단체이기도 하지요. 말하자면 금융세계화에 대한 대안을 모색하기 위해 시민운동을 지원하는 단체이지만, 또한 '경제적 문맹'을 퇴치하기 위해 시민교육을 지원하는 단체이기도 해요. 바로 이 측면에서 학술위원회가 상징적 의미를 갖는 것인데, 구세대가 퇴출당하면서 학술위원회도 쇠퇴하고 말아요.

사실 이번 금융위기에 대해 학술위원회가 제출한 분석 중에 변변한 것은 별로 없습니다. 학술위원회의 문건 중 그나마 읽을 만한 것은 브뤼노프나 뒤메닐이나 셰네가 쓴 것인데, 이들은 모두 활동을 중지한 것 같아요. 최근에 나온 학술위원회의 문건은 주로 혁명적공산주의자동맹 계열의 트로츠키주의자나 녹색당 계열의 생태주의자가 쓴 것인데, 별 볼일 없지요. 제 생각으로는 아탁의 성격이 변화하면서 학술위원회도 실질적으로 소멸한 것 같아요.

요컨대 2005-08년 세계정세는 금융위기라는 형태로 금융세계화의 위기가 전개되는 동시에 공산주의재건당과 아탁이 상징하는 대안세계화운동의 위기도 전개된다는 의미에서 과소결정으로 특징지어지는 것인데, 현정세의 이런 역설이 제가 『일반화된 마르크스주의와 대안좌파』에서 주목하고 싶었던 것이지요. 그러나 더욱 중요한 문제는 이런 역설을 어떻게 해결할 수 있는가라는 것이고, 그래서 『일반화된 마르크스주의와 대안노조』가 필요했던 것이에요.

공산주의재건당의 위기는 베르티노티가 말하는 공산주의재건당의 역설에서 그 궁극적 원인을 발견할 수 있다는 것이 제 생각입니다. 달리 말해서 대안좌파 건설의 조건은 공산주의 재건이고, 공산주의 재건의 토대는 사회운동노조라는 것이에요. 저는 이런 해석을 좀 더 이론적으로 근거짓기 위해서는 마르크스의 『자본』에 주목해야 한다고 생각합니다. 달리 말해서 『자본』에서 마르크스의 정치적 결론이 바로 노동자연합과 노조라는 사실, 한 마디로 말해서 '노동자계급의 조직화의 중심'이 바로 노동자연합과 노조라는 사실에 주목해보자는 것이에요.

『역사적 마르크스주의』에서 자세하게 설명한 것처럼, 협동조합이나 평의회(코뮌·소비에트) 같이 역사적으로 특수한 형태를 띠는 노동자연합이 조직화의 중심이 되는 이유는 아주 간단합니다. 공산주의가 바로 연합적 생산양식이고, 그 주체가 바로 노동자연합이기 때문이지요. 그래서 협동조합이든 평의회이든 간에 노동자연합이 바로 노동자계급의 원칙적 조직형태라는 것이에요.

노조에 대해서도 마찬가지라고 할 수 있습니다. 노조에도 역사적으로 특수한 형태가 있는데, 19세기에는 직종별 노조가 대표적이고, 20세기에는 산업별 노조가 전형적이라는 것은 누구나 다 아는 사실이지요. 그러나 어떤 형태이든 간에 노조가 자본주의에서 노동자계급의 조직화의 중심일 수밖에 없다고 할 수 있어요. [더 자세한 설명은 「현정세와 사회운동노조」의 본문을 참조하시오.]

2007-08년 금융위기의 분석과 전망*)

노조활동가를 위한 1시간 반짜리 경제학 강의

오늘 토론회를 주선한 박준형 공공노조 정책기획국장이 저녁 7쯤 시작할 수 있기 때문에 총 3시간 중 제게 최대한 1시간 반을 할애할 수 있겠다고 했습니다. 그러면서 주제는 '금융위기와 노동[자]운동의 대응방향'이 좋겠다고 했지요. 그렇지만 1시간 반 동안 금융위기를 분석·전망하고, 나아가 노동자운동의 대응방향까지 제시한다는 것은 제 능력으로 감당할 수 있는 일은 아닐 것 같아요.

여러분도 잘 아시는 것처럼, 마르크스는 국제노동자연합, 즉 제1인터내셔널을 창립한 직후에 '[노조활동가]를 위한 1시간짜리 경제학 강의'를 통해 자신의 가치론과 잉여가치론을 설명하면서 노동자운동의 방침까지 제시한 적이 있습니다. 그런데 사실 마르크스도 1시간만에 끝내지는 못했어요. 나중에 「임금, 가격, 이윤」이라는 팜플렛으로 출판된 그의 강의도 두 차례에 걸쳐 진행되었거든요.

마르크스도 하지 못했던 일을 제가 하겠다는 것은 어줍지 않은 짓인 것 같아서 저는 오늘 금융위기의 분석과 전망에 대해서만 설

---

*) [ ] 안의 문장은 토론회 이후에 추가한 것이다.

명해보겠습니다. 노동자운동의 대응방향에 대해서는 마침 지난달에 사회진보연대가 주최한 토론회에서의 발제문인 「현정세와 사회운동노조」(『금융위기와 사회운동노조』, 공감, 2008에 실림)가 있어서 패널로 참여해주신 세 분 선생께는 미리 나눠드렸지요. 이따가 종합토론에서 관련된 문제를 제기해주시면 그 때 제 생각을 말씀드리도록 하겠어요.

제 발제문을 보시면 금융위기의 분석과 전망으로 국한한다고 해도 1시간 반은 역시 무리라는 것을 아실 수 있습니다. 강연식으로 설명하는 것이 알아듣기 쉬울 것인데, 그러나 그렇게 하면 너무 늘어질 것 같아요. 그래서 시간을 절약한다는 의미에서 발제문을 그대로 읽어가면서 중간에 보충이 필요한 경우에는 그때그때 설명을 추가하도록 하겠어요.

2007-08년 금융위기에 대한 일차적 분석은 「현정세와 사회운동노조」의 서론(이 책에 실림)에 제시되어 있는데, 오늘은 이런 분석을 간단하게 요약하면서 9월 이후에 전개된 상황을 참고하여 앞으로의 전망을 제시해보겠습니다. 따라서 제 발제의 절반 정도는 금융위기의 분석에 할애하고, 나머지 절반 정도는 금융위기의 전망에 할애하겠어요. 저는 불과 4-5년 이후에는 1930년대식 대불황이 전개될 것으로 예상하는데, 이런 예상에 대한 제 나름대로의 논거도 제시해보겠어요.

금융위기의 분석

저는 이번 금융위기를 분석하기 위해서는 미국경제의 이중적자·수출달러환류 메커니즘, 나아가 그런 메커니즘을 지속시켜주는 달러의 발권이익에 주목해야 한다고 생각합니다. 이런 입장에서 2008년 2월까지의 상황을 일차적으로 분석한 바 있는데, 9월 이후에 전개되는 상황을 설명하기 위해서는 파생금융상품을 중심으로 하는 금융혁신에 대한 분석을 보충할 필요가 있겠지요. 그런 다음 화폐·금융과 이윤율의 운동에 대한 마르크스적 분석을 원용하여 금융혁신에 대한 비판을 제시해보겠어요.

먼저 일차적 분석을 요약해보겠습니다. 현재 미국경제를 특징짓는 이중적자와 자본수입은 1980년대 이후에 출현한 것입니다. 이중적자는 무역적자와 재정적자를 의미하고, 자본수입은 특히 동아시아로부터의 수출달러환류를 의미하지요. 자본수입에는 물론 서아시아로부터의 석유달러환류나 유럽·중남미, 심지어 동아시아·서아시아로부터의 자본도피도 있겠지요. 그러나 자본수입의 핵심은 역시 동아시아로부터의 수출달러환류라고 할 수 있어요.

그런데 이중적자와 자본수입이라는 아주 특이한 메커니즘이 지속될 수 있는 것은 바로 달러의 발권이익(seigniorage) 때문입니다. 경제학적 원리에 따르면, 단지 몇 년 동안이라도 무역적자와 자본수입이 지속될 수는 없어요. 그러나 미국이 이미 30년 동안 무역적자와 자본수입을 지속할 수 있는 것은 달러가 사실상 세계화폐로 기능하기 때문이에요. 그런 달러의 액면가치와 발행비용의 차이를 가리켜서 경제학에서는 발권이익이라고 부르지요.

또 한번 강조하자면, 이중적자·수출달러환류 메커니즘과 달러 발권이익이 1980년대 이후 미국경제의 가장 중요한 특징이라고 할 수 있습니다. 『일반화된 마르크스주의 개론』(공감, 2006; 개정판, 2008)에서 이중적자·수출달러환류 메커니즘과 달러 발권이익에 대해 마르크스적 경제학 비판의 입장에서 자세하게 설명한 적이 있으니까 나중에라도 참고하시면 좋겠어요.

그런데 2001년 9·11 테러 이후 이중적자·수출달러환류 메커니즘과 달러 발권이익이 더욱 중요해지는 동시에 새로운 특징이 출현합니다. 먼저 국민소득에 대한 무역적자의 비중이 2001년의 4%에서 2006년의 6%로 상승하지요. 게다가 2004년부터 재정적자가 감소하는 대신 가계적자는 증가하고 기업흑자는 감소하면서 민간적자가 급증해요. 따라서 무역적자와 재정적자라는 이중적자에 가계적자가 추가되어 삼중적자로 발전하는 셈이에요.

가계적자가 증가하는 이유는 9·11 테러 이후 연방준비제도이사회(연준)가 기준금리(연방기금금리)를 인하하면서 모기지론(주택담보대출)이 증가하기 때문입니다. 2001-04년이 초저금리 시대인데, 특히 2003-04년에는 금리가 1%가 되면서 실질금리는 마이너스가 되지요. 바로 이 때문에 주택경기가 활성화되면서 2002-06년에 주택가격이 80% 정도 상승해요. 그런 과정에서 모기지론이 증가하게 되는 것이에요.

이번 금융위기의 기폭제가 되는 서브프라임(비우량) 모기지론은 2003년부터 확산되는데, 그 비중은 2001년의 6.5%에서 2006년의 15-25%로 상승합니다. 그런데 금리가 2004년 중반부터 인상되어 2006년 중반에는 5.25%에 도달하지요. 그 결과로 2006년 8월부터 주택가격이 하락하는데, 2007년 말까지 10% 하락해요. 이 때문에 2007년 2월에 서브프라임 위기가 발생하는 것이에요.

그러나 단순한 서브프라임 위기로 끝나지 않은 것이 이번 금융위기의 핵심입니다. 2007년 8월부터 미국에서 금융위기가 발생하고, 게다가 세계적으로 전염되거든요. 이에 대응하여 연준은 2007년 9월부터 2008년 4월까지 금리를 2%로 인하하는데, 그럼에도 불구하고 주택가격은 2008년 8월까지 10% 추가 하락해요. 그래서 고점과 대비한 현재의 하락폭이 20%가 되는 것이에요.

20-25% 하락할 것으로 예상되는 주택가격은 앞으로도 최대 5% 추가 하락할 것입니다. 주택가격이 25% 하락한다면, 그 손실 규모는 2001년에 신경제거품이 붕괴할 때 뉴욕증시의 손실 규모와 거의 비슷한 수준이라고 해요. 물론 당시보다 더 심각한 것은 주택가격의 하락이 아직도 진행 중이기 때문이지요. 그래서 이번 금융위기의 최악의 상황은 아직 오지 않았다는 관측이 많은 것이에요.

서브프라임 위기가 금융위기로 발전하고 게다가 세계적으로 전염되는 것은 일차적으로 부동산의 유동자산화를 목적으로 하는 금융혁신 때문입니다. 유동자산화를 유동화 또는 구조화라고 줄여 부르기도 하는데, 주택담보부증권(MBS)이나 부채담보부증권(CDO) 같은 파생금융상품을 통해 모기지(주택담보증서)가 증권화되는 것이 바로 부동산의 유동화이지요. 파생금융상품을 출현시킨 금융혁신으로 인해 서브프라임 위기가 금융위기로 발전하는 것이에요.

이따가 다시 설명하겠지만, 마르크스적 관점에서 부동산의 유동화나 모기지의 증권화를 비판하기 위해서는 신용과 증권, 즉 대부자본과 가공자본을 구별해야 합니다. 신용과 증권 또는 대부자본과 가공자본을 구별하는 것이 바로 마르크스적 경제학 비판이지요. 양자가 혼효되는 신용의 증권화나 대부의 가공화에 이번 금융위기의 핵심이 있다고 할 수 있어요.

그런 유동화, 구조화, 증권화, 가공화라는 관점에서 볼 때 주택담보부증권도 문제이지만, 특히 부채담보부증권이 문제입니다. 부채담보부증권을 발행하는 것은 투자은행이고 인수하는 것은 투자신탁기금(뮤추얼펀드)이지요. 주택담보부증권과 부채담보부증권이 수출달러환류, 석유달러환류, 또는 자본도피의 대상이 되기 때문에 금융위기가 세계적으로 전염되는 것이에요.

주택담보부증권

이것이 2008년 2월까지의 사태 전개를 추적하면서 제가 제시한 일차적 분석의 개요입니다. 저는 이 분석이 아직도 타당하다고 생각하는데, 한두 가지 설명을 보충해보도록 하지요. 특히 파생금융상품에 대해 부연할 필요가 있는데, 사실 저도 아는 바가 별로 없었어요. 그래서 여러 가지 자료를 찾아봤는데, 계속 오리무중이었지요. 예를 들어 미국이나 남한에서 사용되는 표준적 교과서인 미쉬킨의 『화폐와 금융』(2004; 국역: 한티미디어, 2004)에는 주택담보부증권이나 부채담보부증권에 대한 설명이 안 나와요.

그러다가 지난달에 번역된 미즈호총합연구소의 『서브프라임 금

융위기: 21세기형 경제쇼크의 심층』(2007; 국역: 전략과문화, 2008)을 발견했습니다. 제가 본 자료 중에서는 이 책의 설명이 가장 충실한 것 같아요. 19세기 이후 미국의 주택금융제도의 역사를 소개하면서 모기지론과 관련된 전문용어도 친절하게 설명하고 있거든요. 그래서 오늘은 이 책을 참고하면서 일차적 분석을 보충해보도록 하겠어요.

먼저 주택담보부증권부터 설명하겠습니다. 사실 주택담보부증권은 1970년대부터 국책모기지회사인 패니메이와 프레디맥이 발행하기 시작한 것이에요. 그런데 1980년대에 저축대부조합(S&L)의 위기가 발생하면서 민간모기지회사의 비중이 상승하지요. 민간모기지회사가 제공하는 모기지론 중 절반은 독립계 모기지회사에 의한 것이고, 나머지 절반은 은행계 모기지회사에 의한 것이에요. 은행이 직접 모기지론을 제공할 수도 있고, 경우에 따라서는 자회사나 스폰서회사(비공식자회사)를 통해 모기지론을 제공할 수도 있지요. 그것을 뭉뚱그려서 은행계 모기지회사라고 부를 수 있겠지요.

민간모기지회사도 국책모기지회사와 마찬가지로 모기지를 다른 금융기관에게 판매합니다. 그래서 특수목적전문회사(SPV)라는 가공회사(paper company)를 설립하여 주택담보부증권을 발행하는 것이에요. 민간모기지회사가 모기지를 판매할 수밖에 없는 이유를 알기 위해서는 무엇보다도 저축대부조합과 민간모기지회사의 차이를 알아야만 하지요.

좀 더 자세하게 설명해보겠습니다. 저축대부조합은 상호저축은행이므로 예금기관이에요. 그래서 예금을 통해 자금을 조달하여 모기지론으로 대부하고 그 증서인 모기지를 보유하는 것이지요. 그것을 'originate-to-hold'라고 부르는데, 'originate'는 모기지론의 자금을 조달한다는 뜻이고, 'hold'는 모기지를 보유한다는 뜻이에요. 반면 독립계 모기지회사는 물론이고 은행계 모기지회사도 예금기관이 아닙니다. 그래서 모기지론의 자금을 조달하기 위해 모기지를 다른 금융기관에 판매해야 하는 것이지요. 그것이 'originate-to-distribute'

인데, 여기서 'distribute'는 모기지를 판매한다는 뜻이에요.

국책모기지회사가 제공하는 모기지론은 주로 프라임입니다. 반면 민간모기지회사의 모기지론은 주로 서브프라임이지요. 그래서 2003년부터 서브프라임이 확산되면서 민간모기지회사의 모기지론이 증가하는 것이에요. 프라임은 중간계층을 대상으로 하는 모기지론이고, 서브프라임은 노동자계급을 대상으로 하는 모기지론입니다. 어떤 사람은 서브프라임 문제가 클린턴 정부까지 소급된다고 지적하기도 하는데, 당시에 서민도 집을 살 수 있다는 '모기지론의 민주화'가 시작되기 때문이에요.

어쨌든 2003년부터 증가한 서브프라임은 2005년과 2006년에 고점에 도달합니다. 그래서 국책모기지회사의 주택담보부증권과 민간모기지회사의 주택담보부증권의 비중이 80% 대 20%에서 40% 대 60%로 역전되는 것이지요. 국책모기지회사의 주택담보부증권의 비중은 절반으로 감소하고, 민간모기지회사의 주택담보부증권의 비중은 3배로 증가한다는 말이에요.

부채담보부증권

주택담보부증권에 대한 설명은 이 정도로 마치고 이제부터 부채담보부증권에 대해 설명하겠습니다. 부채담보부증권은 투자은행이 발행하여 다른 금융기관에게 판매하는 것이지요. 그래서 먼저 투자은행에 대해 설명할 필요가 있는데, 그것은 명칭과 달리 사실 은행이 아니라 증권회사예요.

투자은행은 기업의 공개 또는 증자를 위한 증권발행을 대행하거나 아니면 기업의 인수·합병에 개입합니다. 그것이 투자은행의 본업인데, 그러나 투자은행의 업무는 거기에 그치지 않아요. 경우에 따라서는 브로커, 경우에 따라서는 딜러로서 증권유통도 중개하기 때문이지요. 브로커는 증권을 보유하지 않은 채 단지 매도자와 매수자를 연결해주는 중개업자이고, 딜러는 자체적으로 증권을 보유하는 중개업자이지요. 현재 본업보다는 중개업으로부터의 이윤이 2-3배 이상 압도적으로 많다고 합니다. 어쨌든 투자은행은 본업으로 보나 중개업으로 보나 증권회사라고 부르는 것이 옳아요.

이왕 설명하는 김에 미쉬킨의 『화폐와 금융』을 참고하여 금융기관에 대한 설명을 간단하게 보충하도록 하겠습니다. 금융기관은 예금기관, 계약저축기관, 투자중개기관으로 구별해요. 예금기관을 대표하는 것이 은행이고, 계약저축기관을 대표하는 것이 보험회사이며, 투자중개기관을 대표하는 것이 증권회사이지요. 그래서 은행, 보험회사, 증권회사라는 세 가지 명칭을 정확하게 구별하여 사용할 필요가 있다는 것이에요.

요즘 남한에서도 다양한 펀드가 출현하고 있는데, 그것들에 대해서도 설명해보겠습니다. 주요 기관투자가라고 불리는 연금기금은 보험회사와 유사한 계약저축기관이지요. 그리고 또 다른 주요 기관투자가인 투자신탁기금은 증권회사처럼 투자중개기관이에요. 조금 이따가 설명하겠지만, 대부분의 투자신탁기금은 증권회사의 자회사이기도 하지요.

그러나 본래의 투자신탁기금 이외에 새로운 투자신탁기금도 출현합니다. 헤지펀드는 투기에 전문화된 투자신탁기금인데, 그것도 증권회사의 자회사인 경우가 많아요. 투자신탁기금이 최초로 출현한 것이 또 다른 거품시대인 1920년대였는데, 당시에는 본래적 의미에서의 투자신탁기금밖에 없었지요. 투기에 전문화된 투자신탁기금인 헤지펀드는 1980년대에야 출현하거든요.

또 다른 신종 투자신탁기금은 화폐시장기금(MMF)입니다. 이제까지 설명한 투자신탁기금은 주로 자본시장, 즉 장기금융시장에서 활동하는데, 화폐시장기금은 화폐시장, 즉 단기금융시장에서 활동해요. 화폐시장기금은 은행과 경쟁하기 위해 예금통장도 개설해주지요. 그런데 이제는 증권회사까지 금융자산을 종합적으로 관리해준다는 명분으로 현금관리계정(CMA)을 개설해준다고 해요.

투자신탁기금에 대해 좀 더 설명해보겠습니다. 남한에서는 투자신탁기금을 자산운용사라고 부르는데, 그 대표자가 바로 미래에셋증권이에요. 그런데 내가 미래에셋의 금융상품을 산다는 것은 미래에셋의 주주가 된다는 뜻이지요. 상식적으로 생각하는 것과 달리, 내가 미래에셋의 주주가 되고 미래에셋이 내 돈을 증권에 투자하여 이익을 보면 배당금을 분배받는다는 뜻이에요. 반면 미래에셋이 파산한다면, 내 지분도 당연히 소멸하겠지요.

2002년부터 출현하는 증권회사의 또 다른 새로운 업무가 있는데, 문제는 그것이 대차대조표에 기입되지 않는 이른바 '장부외업무'라는 것입니다. 대차대조표에 자산과 부채로 표기되지 않는 그런 신종 업무는 대체로 이윤이 아주 큰 대신 위험도 아주 높은 업무이지요. 그리고 그것을 대표하는 것이 바로 부채담보부증권을 발행하는 업무라는 것이에요.

증권회사가 부채담보부증권을 다른 금융기관에게 판매한다고 했는데, 그것을 인수하는 금융기관으로는 연금기금, 투자신탁기금, 헤지펀드가 있고, 심지어 은행이나 보험회사가 인수하는 경우도 있습니다. 따라서 부채담보부증권을 매개로 금융기관 전체가 연결되는 것이에요. 게다가 부채담보부증권에서 'D'는 'debt', 즉 부채를 의미하는데, 여기서 부채는 주택담보부증권을 가리킬 수도 있고, 기업이 발행하는 회사채를 가리킬 수도 있어요. 따라서 아주 다양한 증권으로 구조화되는 부채담보부증권을 매개로 금융과 실물경제가 간접적으로 연결되기도 하는 것이지요.

아까 주택담보부증권을 설명하면서 'originate-to-distribute'라고 했는데, 증권회사가 개입하면서 'distribute'가 이렇게 복잡하게 연장되는 것입니다. 미즈호총합연구소는 증권회사의 장부외업무를 가리켜서 '모기지수직통합형업무'라고 부르지요. 증권회사가 부채담보부증권을 매개로 해서 투자신탁기금이나 헤지펀드까지 그 자회사로 통합하기 때문이에요. 아까 설명하기를, 기업공개나 증자를 위해 증권발행을 대행하거나 아니면 인수·합병에 개입하는 것이 증권회사의 본업이고, 한 걸음 더 나아가 증권유통을 중개한다고 했는데, 2002년부터 이제까지는 듣지도 보지도 못했던 모기지수직통합형업무가 출현한다는 말이지요.

그 밖의 파생금융상품들

주택담보부증권과 부채담보부증권에서 파생하는 다양한 신종 파생금융상품도 있는데, 자산담보부기업어음(ABCP), 모기지담보부증권(CMO), 신용부도스왑(CDS)이 그것입니다. 증권회사는 투자신탁기금의 일종인 구조화투자전문회사(SIV)를 통해 주택담보부증권과 부채담보부증권을 인수하고 자산담보부기업어음을 발행하여 화폐시장기금에게 판매하기도 합니다. 금융위기가 실물경제로 전염되는 매개고리 중 하나가 바로 자산담보부기업어음이에요.

기업어음(commercial paper)이란 본래 단기자금을 조달하기 위해 기업이나 금융기관이 발행하는 융통어음(finance bill)입니다. 그래서 외상거래에서 발행되는 환어음(bill of exchange)과는 구별해야 하는 것이에요. 금융위기로 인해 신용경색이 발생하면 기업이 단기자금을 조달하지 못해 부도가 발생할 수 있지요. 그래서 요즘 제너럴모터스의 부도설이 유포되는 것이에요.

한 가지만 설명을 보충하자면, 증권회사가 실물경제에 직접 개입하는 또 다른 수단으로는 사모펀드(PEF)라는 것도 있습니다. 공모(公募)는 기업이 공개나 증자를 하면서 발행하는 증권을 누구나 살 수 있는 경우를 가리키는 것이에요. 그러나 인수·합병의 경우에는 대부분 그렇지 않은데, 그것을 사모(私募)라고 하지요.

유럽의 금융사를 보면, 'private bank'라는 전통이 있습니다. 그 출발점이 상인자본에서 유래하는 'merchant bank'인데, 남한에서는 보통 종합금융회사라고 부르지요. 투자신탁기금과 혼동해서는 안되는 투자신탁회사도 'private bank'의 일종이에요. 'merchant bank'

에서 출발한 'private bank'가 19세기 말에 모건으로 대표되는 투자은행으로 발전하는 것입니다. 그런 맥락에서 증권회사가 사모펀드를 자회사로 설립하는 이유를 알 수 있지요. 사모펀드의 주요 업무가 바로 차입매수(LBO)를 통한 인수·합병이거든요.

증권회사는 모기지담보부증권이라는 신종 파생금융상품을 발행하기도 합니다. 다른 것은 명칭을 자세하게 설명하지 않았지만, 여기서는 설명을 추가할 필요가 있을 것 같아요. 주택담보부증권에서 'M'은 'mortgage'이고, B는 'backed'(담보부)이고, 'S'는 'security'인데, 사실 모기지담보부증권도 비슷하거든요. 'M'은 'mortgage'이고, 'C'는 'collateralized'로 'backed'와 같은 뜻이며, 'O'는 'obligation'으로 'security'와 같은 뜻이기 때문이에요. 그래서 직역하면 그것도 주택담보부증권이지만, 혼동을 피해 제가 그냥 모기지담보부증권이라고 부른 것이지요.

모기지담보부증권은 증권회사가 자회사인 부동산모기지투자콘딧(REMIC)을 통해 자산담보부기업어음을 한 단계 더 변형시킨 것입니다. 콘딧은 부동산전문투자신탁회사(REIT)가 발전한 것이에요. 부동산전문투자신탁회사는 1997-98년 경제위기·외환위기 이후 남한에도 진출하는데, 보통 복수형으로 리츠(REITs)라고 불러요. 콘딧이 발행하는 모기지담보부증권은 사실 1980년대부터 국책모기지회사인 프레디맥이 발행하기 시작한 것이지요.

모기지담보부증권은 주택담보부증권이나 부채담보부증권과 현금흐름, 즉 원리금의 지불방식이 다른 것입니다. 이제까지 설명한 파생금융상품의 현금흐름은 시장의 상황에 따라 변동하지요. 그러니까 안정적 금융수입이 필요한 경우에는 불안정하게 생각할 수 있겠지요. 그런 불안정성을 보완하여 마치 연금처럼 일정한 금융수입을 보장하는 신종 파생금융상품이 바로 모기지담보부증권입니다. 금융가의 전문용어로는 그것을 'pass-through' 증권이 'pay-through' 증권으로 변모한다고 하지요.

마지막으로 설명해야 할 파생금융상품은 이른바 '가치투자의 귀재'라고 불리는 버핏이 2002년에 '금융대량살상무기'라고 부른 바 있는 신용부도스왑입니다. 버크셔해서웨이의 회장인 그는 섬유회사를 인수하여 산업과 금융을 아우르는 지주회사로 변모시키지요. 금융위기의 최악의 상황은 아직 안 왔다고 주장하는 사람이 특히 걱정하는 것이 바로 신용부도스왑이에요.

신용부도스왑의 특징은 증권회사가 아니라 은행이 발명한 파생금융상품이라는 데 있습니다. 1995년에 모건체이스은행이 미국국제그룹(AIG)을 대신하여 최초로 상품화한 것이 바로 신용부도스왑이거든요. 그래서 보험회사가 부채담보부증권 같은 파생금융상품의 부도위험에 대해 보증하면서 그 대가로 보험료를 받게 된 것이지요. 신용부도스왑은 증권화된 신용의 부도위험과 보험료를 교환(스왑)한다는 뜻이에요.

신용부도스왑은 2004년부터 급증하여 2005년에는 그것이 보증하는 파생금융상품의 규모를 상회하고 2007년에는 급기야 그 3배에 도달합니다. 그래서 신용부도스왑이라는 금융대량살상무기가 폭발하면서 보험회사의 위기가 발생할 수 있고 급기야 증권회사와 은행의 위기가 발생할 수 있는 것이지요. 이따가 설명할 것처럼, 1930년대식 대불황이 전개될 것으로 예상하는 것은 이 때문이에요.

금융혁신에 대한 마르크스적 비판

파생금융상품의 원리를 설명하는 것이 월가로 진출한 물리학자나 수학자가 발명한 금융공학입니다. 그러나 문제는 그들이 화폐·금융론을 제대로 이해하지 못한다는 데 있지요. 화폐·금융론의 입장에서 금융혁신을 비판하는 것이 바로 케인즈주의자입니다. 그 대표자인 민스키의 입장에서 보면, 부채담보부증권이나 신용부도스왑 같은 파생금융상품은 폰지금융일 따름이에요. 좀 더 쉽게 말해서 금융피라밋, 즉 금융사기라는 뜻이지요. 그러나 이따가 설명할 것처럼, 케인즈주의자는 1930년대식 대불황을 예상하면서 뉴딜식 정책을 제시하는 데 그칠 따름이에요.

그래서 한 걸음 더 나아가 마르크스적 경제학 비판이 필요하다는 것이 제 생각입니다. 이미 지적한 바 있는 주택담보부증권이나 부채담보부증권의 혼효는 사실 그런 상품에 내재하는 현실적 모순에 대한 무지를 반영하는 것이지요. 즉 신용과 증권, 대부자본과 가공자본 사이에 존재하는 현실적 모순에 대한 무지를 반영한다는 말이에요. 물론 이따가 설명할 금융위기의 전망과 관련해서도 마르크스적 경제학 비판이 반드시 필요하지요.

간단하게 설명해보면, 케인즈주의적 화폐·금융론과 달리 마르크스적 경제학 비판에서는 화폐를 보편적 등가물로 인식합니다. 그런 화폐를 토대로 해서 출현하는 신용이나 증권은 프랑스식으로 말해서 '미래로의 도피'(fuite en avant)이지요. 현재의 시점에서 미래의 수입을 예상한다는 뜻인데, 문제는 그런 예상이 실현되지 않을 수 있다는 데 있어요. 동화책에 나오는 어떤 아이처럼 달걀 한 개를 얻어 집으로 가면서 병아리를 암탉으로 키워 더 많은 달걀을 얻을 꿈을 꾸다가 그나마 달걀 한 개를 깨트린다는 뜻이지요.

동화책 속의 아이가 벌건 대낮에 꿈을 꾸다가 달걀을 깨트린다는 그런 상황을 이론적으로 설명하는 것이 바로 마르크스적 경제학 비판입니다. 이런 관점에서 제시되는 화폐·금융의 이론과 쟁점은 『마르크스의 '자본'』(공감, 2009)을 참조하시고, 화폐·금융의 역사는 『화폐·금융과 전쟁의 세계사』(공감, 2008)를 참조하세요. 이 두 책을 보시면, 화폐와 금융은 무엇이 다르고, 또 금융에서도 신용과 증권은 무엇이 다른지에 대해 정확하게 이해하실 수 있지요.

대신 여기서는 민스키가 말한 대로 금융피라밋이나 금융사기라고 할 수밖에 없는 불합리한 금융혁신이 발생한 이유를 대표적인 마르크스주의 경제학자 뒤메닐의 논문을 참고하여 설명해보겠습니다(Gérard Duménil and Dominique Lévy, "The Real and Financial Components of Profitability (USA 1948-2000)", 2004, http://www.

jourdan.ens.fr/levy/). 실물경제, 즉 산업 및 상업의 이윤율과 금융의 이윤율을 비교하는 뒤메닐에 따르면, 1960-70년대에는 금융의 이윤율이 실물경제의 이윤율을 하회하다가 금융세계화가 본격적으로 전개되는 1990년대부터 금융의 이윤율이 급상승하여 실물경제의 이윤율을 상회하지요.

이런 관점에서 볼 때 1980년대는 금융의 이윤율이 실물경제의 이윤율로 수렴하는 과도기입니다. 그런 과도기를 거치면서 금융이 해방되는데, 특히 케인즈주의에 의해 억압되던 증권회사와 투자신탁기금이 부활하고 헤지펀드가 출현하지요. 아까 제가 은행과 증권회사를 엄격하게 구별해야 한다고 강조했는데, 케인즈주의에 의해 금지되던 은행업과 증권업의 겸업화도 이 시기에 시작되는 것이에요. 그런 의미에서 1980년대를 과도기라고 할 수 있지요.

그런데 1997-98년에 동아시아에서 발생한 경제위기·외환위기가 세계적으로 전염되는 과정에서 금융의 이윤율이 실물경제의 이윤율로 다시 수렴하기 시작합니다. 게다가 2001년에 신경제거품이 붕괴하면서 그 직격탄을 맞은 금융의 이윤율이 실물경제의 이윤율을 하회하게 되지요. 이제 2002년부터 금융공학이 출현하는 이유를 정확하게 인식할 수 있는데, 가장 큰 타격을 받은 증권회사가 이윤율을 급격하게 상승시키기 위해 고이윤·고위험의 금융혁신을 감행하기 때문이에요.

그 결과로 9월에 증권회사의 위기가 폭발한 것입니다. 그러나 조금 이따가 설명할 것처럼, 아직 1930년대식 대불황이 시작되는 것은 아니에요. 어제 뉴욕증시의 다우지수가 10000 이하로 하락했지만, 2002년에는 7300까지 40% 하락하기도 했거든요. 반면 1929-32년에 다우지수는 80-90% 하락하지요. 그럼에도 불구하고 1930년대식 대불황이 그리 멀리 있는 것도 아닙니다. 그래서 금융위기의 전망과 관련하여 지난달에 폭발한 증권회사의 위기를 개관하면서 그것에 대한 정책적 대응의 한계를 분석할 필요가 있는 것이지요.

금융위기의 전망

2008년 초에 20-25% 하락할 것으로 예상된 주택가격은 8월까지 이미 20% 하락합니다. 그래서 앞으로 최대 5% 정도 추가 하락할 것으로 예상할 수 있는 것이지요. 그러나 9월 이후에는 훨씬 더 비관적인 예상이 출현합니다. 전체 하락폭은 30-40%로 수정되고 추가 하락폭은 10-20%로 수정되거든요.

그에 따라 증권회사의 위기가 폭발하는데, 미국 재무부와 연준의 정책적 대응은 본질적으로 은행에 의한 증권회사의 인수·합병이라고 할 수 있습니다. 그런 정책은 금융제도의 변화와 관련되는 것이에요. 방금 지적한 것처럼, 1980년대부터 이미 은행업과 증권업의 겸업화가 비공식적으로 시작됩니다. 그러다가 클린턴 정부 말기인 1999년에 대불황기인 1933년에 제정된 글래스-스티걸은행법을 폐지하는 금융서비스현대화법이 통과되면서 은행업과 증권업의 겸업화가 공식화되는 것이지요.

좀 더 자세하게 설명해보겠습니다. 증권회사의 위기는 이미 2008년 3월부터 시작되어 5위 증권회사인 베어스턴스가 모건체이스은행에 의해 인수·합병되지요. 그러나 당시로서는 아무도 예상할 수 없었던 상황이 9월에 들어와 아주 급박하게 전개됩니다. 나머지 4대 증권회사 전체로 위기가 확산되거든요. 순서대로 설명해보면, 먼저 4위 리먼브러더스가 파산보호(법정관리)를 신청한 상태에서 분할 인수·합병됩니다. 북미·유럽부문은 영국의 바클레이즈은행이 인수·합병하고, 동아시아·태평양부문과 서아시아부문은 일본의 노무라증권이 인수·합병하지요. 그리고 3위 메릴린치는 아메리카은행(BOA)이 인수·합병해요.

결국 5대 증권회사 중에서 1위 골드먼삭스와 2위 모건스탠리만 남아 있는 셈인데, 그 운명도 곧 결정될 것입니다. 현재의 상황은 일본계 은행이 올인하고 있는 셈이지요. 미쓰이은행과 미쓰비시은행이 은행지주회사로 전환한 골드먼삭스와 모건스탠리의 증자에 참여하고 있기 때문이에요. 그리고 아직은 예상에 불과하지만, 골드먼삭스와 모건스탠리가 각각 홍콩상하이은행(HSBC)과 미쓰비시은행에 의해 인수·합병될 가능성도 있다고 해요. 얼마 전에 외환은행을 인수·합병하려다가 취소한 영국의 홍콩상하이은행은 자산규모로 세계 1위이지요. 2007년에 금융위기가 발생한 이후 원래 1위이던 미국의 씨티그룹을 추월한 것이에요.

그러나 금융위기는 증권회사의 위기로 국한되지 않습니다. 몇 가지 상황을 추가적으로 설명해보겠어요. 2008년 9월에 국책모기지회사인 패니메이와 프레디맥이 구제금융을 받으면서 사실상 국유화되지요. 민간모기지회사와 달리 국책모기지회사는 서브프라임이 아니라 프라임을 주로 취급한다고 했는데, 위기가 더 이상 서브프라임뿐만 아니라 프라임으로도 전염되거든요. 그래서 파산 직전에 구제금융을 받아 국유화된 것이지요. 게다가 세계 1위의 보험회사인 미국국제그룹도 구제금융을 받아 사실상 국유화됩니다. 동시에 미국국제그룹을 파산 직전으로 몰아간 신용부도스왑도 비로소 신종보험상품으로 규제·감독되기 시작하지요.

이따가 자세하게 설명할 텐데, 루비니라는 케인즈주의 경제학자는 이 두 개의 구제금융을 비판하면서 '부시·폴슨·버냉키 동지가 미국을 사회주의미합중국(USSRA, United Socialist State Republic of America)으로 변혁했다'고 주장합니다. 그것은 물론 미국의 정식 명칭인 미합중국(USA, United States of America)과 소련의 정식 명칭인 소비에트사회주의공화국연방(USSR, Union of Soviet Socialist Republics)을 합성하여 패러디한 것이지요.

국유화가 곧 사회주의라는 그런 비판은 케인즈주의적 입장에서 제기되는 것입니다. 남한에서도 금융위기에 대한 정책대안으로 사회공공성 강화, 나아가 국유화를 주장하는 사람이 여럿 있지만, 그러나 『역사적 마르크스주의: 이념과 운동』(공감, 2004)에서 자세하게 비판한 것처럼, 국유화는 마르크스주의와 아무런 상관도 없어요. 오히려 스탈린이 국유화를 강행했기 때문에 소련의 비극이 발생했던 것이지요. 루비니가 국유화는 곧 사회주의라고 비판하는 것을 액면 그대로 받아들여서는 안 되는데, 이번 금융위기에서 증명된 것처럼 국유화야말로 부르주아지가 동원할 수 있는 최후의 수단이기 때문이에요.

이미 지적한 것처럼 재무부와 연준이 채택하는 정책의 핵심은 은행을 중심으로 금융을 재건한다는 데 있다고 할 수 있습니다. 달리 말해서 예금을 담보로 해서 금융위기를 극복하겠다는 뜻이지요. 그러나 이미 은행의 위기도 발생하기 시작합니다. 1위 저축대부조합인 워싱턴뮤추얼이 파산 직전에 모건체이스은행에 의해 인수·합병되거든요. 즉 은행의 일종인 상호저축은행이 이미 위기에 빠졌다는 것이에요. 게다가 본래의 은행도 위기에 빠지는데, 이번에는 5위가 아니라 4위부터 문제가 되지요. 파생금융상품에 무리하게 투자한 와코비아가 파산의 위기에 내몰린 것이에요.

그런데 와코비아의 인수·합병을 둘러싸고 1위 씨티그룹과 5위 웰즈파고 사이에서 법정투쟁이 발생합니다. 9월 말에 씨티그룹이 와코비아를 인수·합병하기로 재무부·연준과 합의한 상태에서 10월 초에 웰즈파고가 와코비아와의 인수·합병계약을 발표해버린 것인데, 어젠가 그젠가 뉴욕주대법원이 그런 계약은 무효라고 선언하지요. 자산규모 세계 1위를 홍콩상하이은행에게 빼앗긴 데다가 미국 1위도 아메리카은행에게 위협받고 있는 씨티그룹이 와코비아의 인수·합병을 포기하지는 쉽지 않겠지요.

모건체이스를 추월하고 씨티그룹에게 도전하는 아메리카은행은 본래 캘리포니아와 노스캐롤라이나의 지방은행이었습니다. 그러나 1980년대에 차입매수를 통한 인수·합병으로 급속하게 성장했지요. 그래서 은행계의 하이에나라는 별명을 얻게 된 것인데, 투기성이 아주 높거든요. 반면 씨티그룹과 모건체이스는 유구한 전통을 자랑하는 은행입니다. 글래스-스티걸은행법에 따라 1935년에 투자은행 모건이 은행인 모건과 증권회사인 모건스탠리로 분리되는데, 2000년에 모건과 체이스맨해튼이 결합하여 모건체이스가 되지요.

만약 씨티그룹이 와코비아의 인수·합병에 성공한다면, 자산규모 미국 1위를 간발의 차이로 유지할 것입니다. 씨티그룹이 2.9조달러, 아메리카은행이 2.7조달러, 모건체이스가 2.3조달러인 반면, 골드먼삭스는 1.1조달러, 모건스탠리는 1.0조달러이거든요. [그러나 10월 중순에 뉴욕주대법원이 자신의 선언을 번복하면서 와코비아의 인수·합병에 실패한 씨티그룹의 자산은 2.1조달러에 머문다. 반면 와코비아의 인수·합병에 성공한 웰즈파고의 자산은 1.4조달러로 커진다.] 어쨌든 은행의 자산규모가 증권회사보다 4배 정도나 크기 때문에 은행을 이용하여 금융을 재건하겠다는 것이 바로 재무부와 연준이 채택하는 정책의 핵심이라고 할 수 있어요.

아직은 잠재하고 있는 은행위기의 기폭제가 신용부도스왑이라는 것은 이미 설명했는데, 사실 그것말고도 자산담보부증권(ABS)이라는 것이 있습니다. 자산담보부증권은 주택담보부증권과 비슷하면서도 다른 것이에요. 주택담보대출을 제공해주고 그 대신 받은 주택담보증서도 은행의 자산이지만, 여기서 말하는 자산은 그 종류가 다르거든요. 은행이 신용카드를 발행해주거나 자동차할부금융을 제공해주거나 학자금을 융자해주고서 그 증서를 토대로 발행한 파생금융상품을 특별하게 자산담보부증권이라고 불러요. 자산담보부증권도 물론 부채담보부증권의 담보로 이용될 수 있지요.

그런데 2007년 2월에 서브프라임 위기가 발생하면서 신용카드·자동차할부금융·학자금융자 같은 소비자신용이 급증하게 됩니다. 지금까지 모기지론이라는 부채로 살아온 소비자가 이제는 다른 종류의 부채를 찾게 되기 때문이에요. 제 생각으로는 미국의 노동자계급과 중간계층은 노동하는 습관을 잊어버린 채 달걀 한 개에서 여러 개를 얻는 백일몽을 꾸고 있는 것 같아요. 어쨌든 서브프라임 위기 이후에 부상하는 새로운 부채수단이 바로 신용카드·자동차할부금융·학자금융자라고 할 수 있어요.

물론 자산담보부증권에는 신용카드·자동차할부금융·학자금융자말고도 중소기업에 대한 신용이 있습니다. 그러나 이 세 가지와 관련된 자산담보부증권의 비중은 2007년의 20%에서 2008년 9월의 50%로 급증하지요. 그래서 신용카드·자동차할부금융·학자금융자가 부실화되어 '제2의 서브프라임 위기'가 발생하면, 금융위기가 더욱 심화될 것으로 예상하는 사람이 많은 것이에요. 게다가 신용카드·자동차할부금융·학자금융자는 은행과 연결되어 있으므로 은행의 위기가 본격화될 수도 있다는 것이지요.

이런 것이 9월 이후에 이미 발생했거나 앞으로 발생할 것으로 예상할 수 있는 금융위기의 양상인데, 마지막으로 실물경제에 대한 설명을 보충해보겠습니다. 앞으로 경기침체가 발생할 것인지에 대해 논쟁하는 경우도 있지만, 실제로 경기침체는 이미 2007년부터 시작되었습니다. 그래서 2004년부터 감소해오던 기업흑자가 적자로 반전되는 것이에요. 경기침체 속에서 금융위기가 발생하고 또 금융위기가 악화되면서 경기침체도 심화된다고 하는 것이 옳겠지요.

경기침체를 대표하는 사례를 두 가지만 들어보겠습니다. 20세기 미국경제를 상징하는 회사가 바로 1위 자동차회사인 제너럴모터스와 1위 가전회사인 제너럴일렉트릭이지요. 제너럴모터스는 이미 파산 직전인데, 구제금융을 신청한 상태에서 3위 크라이슬러의 인수·합병을 추진하고 있어요. 제너럴일렉트릭은 제너럴모터스보다 사정이 낫긴 한데, 그러나 그 이윤의 절반을 차지하는 금융자회사의 이윤이 급감하고 있지요. 요즘 남한에서도 금산분리법이 논란이 되고 있지만, 1990년대 이후 본격화되는 금융세계화 속에서 산업자본도 금융화되는 가장 중요한 사례가 바로 제너럴일렉트릭이에요.

재무부와 연준의 구제금융법안

2008년 9월 이후 금융위기가 폭발하면서 재무부와 연준은 은행업과 증권업의 겸업화 이외에도 다양한 정책을 제시합니다. 그 중에서 가장 중요한 것이 바로 2008년긴급경제안정화법안인데, 그것의 핵심은 국민소득 5%에 달하는 7000억달러의 구제금융을 통한 부실자산구제계획(TARP)이에요. 그런 구제금융법안은 사실 3월부터 구상된 것이라고 합니다. 금융위기의 상황이 1930년대식 대불황으로 귀결될 수도 있다는 사실을 재무부와 연준도 이미 알고 있었다는 것이에요. 다만 경제적 패닉이 발생할까봐 이제까지 공개적으로 거론하지 않은 것이지요.

2006년으로 좀 더 거슬러올라갈 수도 있습니다. '그린스펀 거품'의 붕괴라고도 불리는 이번 금융위기의 최대 책임자인 그린스펀의 후임으로 그 때 버냉키가 연준의장으로 임명된 것은 이미 재무부와 연준도 금융위기를 예상했다는 방증이에요. 그는 1930년대 대불황을 전공한 케인즈주의자이거든요. 남한의 일부 언론은 재무부와 연준이 우왕좌왕한다고 주장하는데, 오히려 경제부기자나 그에게 자문해주는 경제학자가 상황을 잘 모르는 것 같아요. 재무부와 연준의 정책적 대응은 몇 수 앞을 내다보고 있어요. 다만 마르크스주의자가 아니기 때문에 현실적 모순을 간과하는 측면이 있고, 그래서 결국 대마는 죽을 수밖에 없다는 것이 제 생각이에요.

어쨌든 2008년 3월부터 구상된 구제금융법안이 9월 중순에 의회에 제출됩니다. 그러면서 공화당과 민주당 사이에서 논쟁이 전개되는데, 결국 민주당이 제시한 두 가지 대책을 추가한 수정안이 10월 초에 통과되지요. 민주당이 추가한 대책은 감세와 예금보험한도의 확대입니다. 감세 규모는 국민소득 1%에 해당하는 1500억달러이고, 예금보험한도는 10만달러에서 25만달러로 증가하지요. 게다가 민주당은 구제금융법안과 별도로 사회간접자본(SOC) 투자를 위한 재정지출을 계획하고 있어요. 물론 연준이 기준금리를 다시 1%로 인하할 가능성도 있지요.

아까 잠깐 언급한 루비니의 입장을 참고하여 구제금융법안을 둘러싼 논쟁에 대한 설명을 보충해보겠습니다. 먼저 루비니를 소개해보면, 그는 1997-98년에 동아시아에서 경제위기·외환위기가 발생하면서 '아시아의 위기'라는 웹사이트를 개설하여 세계적으로 유명해진 케인즈주의자이지요. 2004년부터 루비니세계경제(RGE)라는 금융컨설팅회사를 운영하는데, 그 웹사이트가 바로 루비니세계경제모니터(http://www.rgemonitor.com/)예요.

이왕 설명하는 김에 케인즈주의의 다양한 조류에 대해서도 간단하게 보충해두는 것이 좋겠습니다. 일부 언론의 혼동은 케인즈주의에 대한 오해와도 무관한 것이 아니거든요. 더 자세한 설명은 『신자유주의적 '금융 세계화'와 '워싱턴 콘센서스': 마르크스적 비판의 쟁점들』(공감, 1999)을 참조하실 수 있겠지요.

아까 설명한 민스키는 포스트케인즈주의자라고 불리는데, 여기서 포스트는 후예 또는 적자(嫡子)라는 뜻입니다. 포스트케인즈주의자는 새뮤얼슨이 케인즈에게 충실하지 못한 서자(庶子)라고 비판하지요. 그래서 새뮤얼슨을 포스트케인즈주의자와 구별하여 신케인즈주의자(neo-Keynesian)라고 부르는 것이에요. 그리고 단기이론으로는 새뮤얼슨의 신케인즈주의를 채택하고 장기이론으로는 프리드먼의 통화주의를 채택하는 버냉키나 루비니는 새케인즈주의자(new Keynesian)라고 부릅니다. 새케인즈주의자로는 물론 스티글리츠와 크루그먼, 서머스와 맨큐도 유명하지요.

각설하고, 루비니가 제기하는 구제금융법안에 대한 비판을 간단하게 소개하면서 쟁점을 검출해보겠습니다(Nouriel Roubini, "We Need a New HOLC—More than a New RTC or RFC—to Provide Massive Debt Relief to the Household Sector", 19 Sep. 2008, http://www.rgemonitor.com/). 그런 비판은 루비니뿐만 아니라 대부분의 새케인즈주의자가 제시하는 것이기도 하거든요.

루비니는 구제금융법안의 핵심이 저축대부조합의 위기를 해결한 1989년의 정리신탁공사(RTC)에 불과하다고 비판하면서 1932년의 재건금융공사(RFC)와 결합할 필요가 있다고 주장합니다. 정리신탁공사는 이미 파산했거나 앞으로 파산할 금융기관의 부실자산을 구매해주는 것이지요. 반면 재건금융공사는 부실자산을 매수하는 것이 아니라 증자(recapitalization, 자본확충)에 참여함으로써 금융기관의 파산을 예방하는 것이에요. 물론 재무부와 연준의 핵심적 정책은 은행에 의한 증권회사의 인수·합병인데, 그 사이에 시간을 벌기 위해서는 재건금융공사가 필요하다는 것이겠지요.

[루비니를 비롯한 새케인즈주의자의 그런 비판은 민주당에 의해 수용되는데, 그 결과 의회에서 통과된 구제금융법안은 정리신탁공사와 재건금융공사의 결합으로 유권해석된다(N. Roubini, "How Authorization to Recapitalize Banks via Public Capital Injections ('Partial Nationalization') Was Introduced—Indirectly through the Back Door—into the TARP Legislation", 9 Oct. 2008, *ibid.*).

[한편 재무부와 연준은 9월 말에 은행지분에 대한 기업의 소유한도를 10%에서 15%로 인상함으로써 기업이 은행의 증자에 참여하도록 유도한다. 이명박 정부는 금산분리의 완화를 시도하면서 기업의 은행소유한도를 4%에서 10%로 인상하는데, 그것은 한·미자유무역협정을 보완하기 위해 노무현 정부가 제정한 자본시장통합법에 따른 한국산업은행의 민영화·겸업화에 재벌의 참여를 유도하기 위한 것 같다. 금산분리의 완화가 진보주의자들의 주장처럼 삼성의 지주회사로의 전환을 허용하는 것은 아닌데, 삼성에버랜드의 자회사인 삼성생명이 삼성전자를 손자회사로 소유하는 것은 여전히 금지되기 때문이다.]

나아가 루비니는 대불황기의 또 다른 정책인 1933년의 주택소유자대부공사(HOLC)를 부활시켜야 한다고 주장합니다. 정리신탁공사나 재건금융공사는 모두 금융기관에게 구제금융을 제공해주는 것이지요. 반면 주택소유자대부공사는 가계에게 구제금융을 제공해주는 것이에요. 쉽게 말해서 루비니의 주장은 모기지론의 원리금을 탕감해줘야 한다는 뜻이지요.

루비니는 자신의 논거로 주택가격이 고점 대비 30% 하락할 것이라는 예상을 제시합니다. 그의 예상대로 주택가격이 30% 하락한다면, 주택을 소유한 7600만 가구 또는 주택담보대출을 받은 5100만 가구 중 1000만 가구가 주택을 압류당할 것이라고 해요. 게다가 서브프라임은 200만 가구밖에 안 되기 때문에 나머지 800만 가구는 프라임이지요. 9월 말에 루비니는 주택가격이 40% 하락할 것이라는 훨씬 더 비관적인 예상을 제시하면서 이미 25%가 하락했고 앞으로도 15%가 추가 하락할 것이라고 주장하기도 해요.

루비니의 예상이 맞을지는 물론 두고볼 일입니다. 그러나 수백만 가구가 주택을 압류당한다는 것은 보통 문제가 아니지요. 그래서 의회 외부에서도 구제금융법안을 둘러싼 논쟁이 전개되는 것이에요. 구제금융법안이 '살진 고양이', 즉 월가의 금융자본가만을 보호하는 '이윤의 사유화, 손실의 사회화'라는 비판이 시민들 사이에서도 광범위한 호응을 얻는 상황에서 차기 집권을 목전에 둔 민주당이 주택소유자대부공사라는 새케인즈주의자의 구상을 수용하여 별도의 구제금융법안을 제안할 가능성도 있을 것 같아요.

그런데 문제는 그런 구제금융법안을 실현하는 데 필요한 자본을 동아시아 같은 외국에서 수입해야 한다는 것입니다. 이중적자·수출달러환류 메커니즘이나 달러 발권이익에 대한 비판은 전혀 없다는 것이 루비니를 비롯한 새케인즈주의자의 한계이지요. 노동자계급과 중간계층을 위해 모기지론의 원리금을 탕감해줘야 한다고 해도, 그러나 문제는 '어떻게'입니다. 그래서 이번 금융위기가 대불황으로 전개되는 과정에서 각국의 인민의 이해관계가 상충할 가능성이 높다는 것이지요. 이런 '인민 내부의 모순'을 해결할 수 있는 국제주의가 또다시 쟁점으로 부각되는 상황이라는 말이에요.

달러가치의 변동

「현정세와 사회운동노조」의 서론에서 저는 금융위기에 대해 일차적으로 분석하면서 금융위기가 당장 달러위기로 귀결될 것 같지는 않다는 예상을 제시한 바 있습니다. 금융위기가 달러위기로 귀결된다면, 미국경제의 붕괴가 시작되는 것인데, 제 생각으로 그런 상황은 아직 몇 년 더 남은 것 같아요. 달러위기가 발생하면 달러의 발권이익도 소멸하고 이중적자·수출달러환류 메커니즘도 붕괴하겠지요.

흔히 달러가치가 하락하거나 상승한다고 말하는데, 그것은 경제학적 원리를 잘 모르기 때문입니다. 사실상 세계화폐인 달러의 환율은 마치 금화처럼 고정되어 있다고 생각해야 하거든요. 쉽게 말해서 달러가치가 하락한다는 것은 위안가치가 상승한다는 것이에요. 그리고 위안가치가 상승하는 것은 중국이 아니라 미국에게 좋은 일이지요. 현재의 상황에서 위안가치의 상승은 중국이 미국의 부채에 대한 원리금을 탕감해주는 효과를 갖거든요. 중국이 위안가치의 상승에 반대하는 것은 수출경쟁력 이외에도 그런 이유가 있기 때문이에요.

물론 미국의 부채를 조달하는 자금은 중국을 비롯한 동아시아의 수출달러뿐만 아니라 서아시아의 석유달러이기도 합니다. 요즘에 들어와 새삼 주목받고 있는 국부펀드는 본래 서아시아 정부가 석유달러를 운용하기 위해 설립한 것이지요. 국부펀드가 미국의 금융기관이나 기업에게 투자한다고 해서 서아시아가 미국경제를 지배하는 것은 아니에요. 쉽게 말해서 오히려 돈을 물리게 되는 것이지요. 미국경제가 붕괴하면 달러는 그냥 종이조각이 되니까 알면서도 그렇게 할 수밖에 없다는 말이에요.

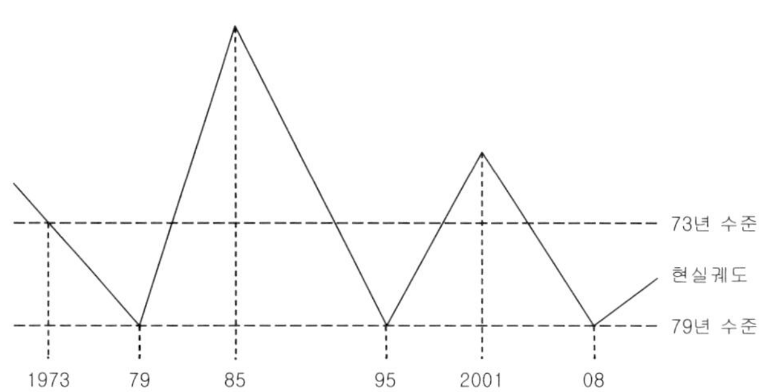

어쨌든 아직 달러위기가 발생한 것은 아닌데, 위의 그래프를 참조하여 좀 더 자세하게 설명해보겠습니다. 달러가치의 고점은 2001년이고 2008년 상반기가 저점이지요. 달러가치의 기준점은 최초의 달러위기가 발생하기 직전인 1973년의 환율을 의미하고, 그 저점은 달러위기가 폭발한 1979년의 환율을 의미해요. 1980년대 이후 달러가치는 순환운동을 하는데, 지난 상반기에 저점에 도달하면서 8월부터 반등하기 시작하지요. 금융위기가 심화되는 상황에서 달러가치가 상승하는 역설이 발생한다는 말이에요.

달러위기가 아직 발생하지 않았다는 제 주장을 지지하는 또 하나의 증거는 금가치가 아직 폭등하지 않았다는 것입니다. 세계화폐로서 달러란 실은 녹색종이에 불과하지요. 그래서 발권이익이 발생하는 것이에요. 달러의 발권이익이란 액면가치와 발행비용의 차이를 의미하거든요. 가상적 수치이지만, 예를 들어 보겠습니다. 만일 100달러짜리 지폐를 인쇄하는 데 종이값과 잉크값으로 5달러가 필요하다면, 그 차이인 95달러가 발권이익이에요.

달러위기가 발생할 때 그것을 대체하는 자산이 바로 금입니다. 그래서 달러위기를 보통 '금으로의 도피'(flight to gold)라고 부르는 것이에요. 금가치는 2008년 1월에 온스당 900달러로 상승하고, 3월과 7월 두 차례에 걸쳐 1000달러에 도달합니다. 그러다가 8월에는 800달러까지 하락하고 9월에는 900달러로 상승하지요. 반면 최초의 달러위기가 발생한 1980년의 금가치는 현재가치로 2200달러입니다. 물론 유로나 엔 같은 제한적 대체화폐가 있다는 사실도 무시할 수 없는 일이지만, 금가치의 변동으로 볼 때 달러위기가 아직 폭발하지 않았다고 할 수 있어요. 달러위기가 폭발하면 금가치가 1000달러를 돌파하면서 폭등하겠지요.

이 대목에서 설명을 보충할 필요가 있는데, 이번 금융위기로 미국경제에 대한 유럽경제의 '진보성'이 증명되었다고 주장하는 정신나간 남한의 진보주의자들이 많기 때문입니다. 이미 설명한 대로 미국의 환율정책은 부채의 원리금을 탕감받는 것일 뿐만 아니라 경기침체를 수출하는 것이기도 하지요. 그래서 올해 들어와 유럽연합이 마이너스 경제성장을 경험하는 것이에요. 유럽연합은 유로가치의 상승을 통해 미국의 부채를 탕감해줄 뿐만 아니라 경기침체까지 수입하고 있는 상황이라고 할 수 있어요.

흔히 신자유주의와 신보수주의를 혼동하고 있는데, 그 이론적 근거와 경험적 사례는 전혀 다른 것입니다. 『신자유주의적 '금융 세계화'와 '워싱턴 콘센서스'』에서 자세하게 설명한 것처럼, 신보수주의의 논거는 통화주의인 반면 신자유주의의 논거는 새케인즈주의이지요. 또 신보수주의의 사례는 유럽연합이고 신자유주의의 사례는 미국이에요. 그래서 상식적으로 생각하는 것과는 정반대로 미국의 경제정책이 유럽연합의 경제정책보다 오히려 '진보적'인 것이지요.

그런 차이를 상징하는 것이 바로 재무부와 중앙은행의 관계입니다. 미국의 연준은 재무부로부터 독립되어 있지 않아요. 나아가 행정부를 매개로 해서 입법부와의 관련도 유지하고 있어요. 그것이 바로 케인즈주의의 요체이지요. 미국의 케인즈주의가 신케인즈주의를 거쳐 새케인즈주의로 변모하면서도 아직은 케인즈주의인 이유가 바로 여기에 있는 셈이에요. 방금 설명한 구제금융법안을 둘러싼 논쟁에서 정리신탁공사는 재무부장관 폴슨의 안이고 재건금융공사는 연준의장 버냉키의 안이라고 해요. 역설적이지만 공화당 정부에서는 오히려 연준이 재무부를 견제하고 있는 셈이지요.

반면 세계에서 가장 독립적인 중앙은행이 독일연방은행(DB)이었는데, 유럽연합이 출범한 이후 그것을 계승한 것이 바로 유럽중앙은행(ECB)입니다. 그런 의미에서 유로는 사실상 마르크의 확대판인 셈이에요. 사실 유럽연합의 가장 핵심적인 제도는 유럽중앙은행입니다. 유럽중앙은행에 비하면 입법부인 동시에 행정부인 집행위원회(EC)조차 주변적이지요. 게다가 유럽의회(EP)는 입법부가 아니라 자문기구에 불과해요. 이렇게 행정부와 입법부로부터 독립한 중앙은행이 바로 통화주의의 요체이지요.

유럽경제가 이미 마이너스 성장으로 침체하고 있는 상황에서도 유럽중앙은행이 금리 인하에 부정적인 이유가 바로 여기에 있습니다. 그러나 이미 설명한 것처럼, 연준은 금리를 계속 인하할 것으로 예상되지요. 행정부와 입법부로부터 독립한 중앙은행의 유일한 목적은 물가안정이에요. 여기에 경제성장을 통한 고용안정이라는 목적을 추가하기 위해서는 행정부와 입법부가 중앙은행을 통제해야 하지요. 게다가 1930년대식 대불황이 예고되는 상황에서는 인플레이션이 아니라 오히려 디플레이션을 걱정해야 하지요.

저도 학부를 졸업하고 한국은행에 근무한 적이 있지만, 1990년대 이후 문민화과정에서 제기된 한국은행의 독립은 사실 아주 반동적인 주장입니다. 금융의 공공성을 확보하는 첫걸음은 기획재정부에 대한 한국은행의 종속이거든요. 그런데 금융위기에 대한 이명박 정부의 대응이 일관성을 상실하자 일부 언론에서는 한국은행을 옹호하면서 오히려 기획재정부를 비판합니다. 그러나 노무현 대통령이 한국은행총재로 임명한 이성태 씨는 그의 부산상고 선배이자 중앙은행독립론자로도 유명해요. 그래서 유럽중앙은행보다도 오히려 한국은행이 금리 인하에 더 인색한 것이지요.

각설하고, 유럽연합의 금융기관이 미국의 금융기관보다 더 큰 위험에 노출되어 있다는 수많은 경고에도 불구하고, 유럽중앙은행은 미국처럼 유럽연합도 구제금융기금을 조성할 필요가 있다는 사실을 부정합니다. 그래서 프랑스의 사르코지 대통령의 제안을 독일의 메르켈 총리가 거부한 것이지요. 금융위기에 대해 유럽연합 회원국은 각자 알아서 대응할 수밖에 없는 실정이에요. 그래서 어떤 사람은 금융위기가 악화되면서 유럽연합이 해체될 위험성이 증가할 것으로 예상하기도 하지요.

『일반화된 마르크스주의 개론』에서 자세하게 설명한 것처럼, 유럽연합의 본질은 유로라는 공동화폐를 채택하는 화폐동맹입니다. 그래서 마르크가 유로로 확대되고 독일연방은행이 유럽중앙은행으로 계승된 셈인 독일을 제외한다면, 다른 모든 회원국은 수출경쟁력을 확보하는 수단으로 평가절하를 포기하고 저임금과 정리해고에 의지할 수밖에 없는 상황이지요. 그러나 노동의 신축화만으로는 금융위기를 극복하는 데 분명한 한계가 있을 것입니다. 그래서 이탈리아 같은 주요 회원국이 유럽연합을 탈퇴하면서 유럽연합이 붕괴할 수도 있다는 것이에요.

유럽의 상황에 대한 설명은 이 정도로 그치기로 하고, 동아시아의 상황에 대해서도 간단하게 설명해보겠습니다. 아까 설명한 대로 일본은 미국발 세계금융위기의 극복에 이미 올인한 상태이지요. 미국이 하자는 대로 다 해주고 있다는 말이에요. 골드먼삭스와 모건스탠리의 증자에 이미 참여한 데다가 경우에 따라서는 인수·합병에도 참여할 수 있거든요. [게다가 11월 초순에는 국제통화기금의 증자를 위해 1000억달러를 출연하기로 약정한다.]

문제는 역시 중국입니다. 이미 설명한 것처럼, 이중적자·수출달러환류 메커니즘의 핵심 당사자는 '최종소비자'로서 미국과 '최종생산자'로서 중국이지요. 그런데 중국은 2002년부터 시작된 미국의 환율정책에 협력하지 않습니다. 2005년부터 변동환율제로 이행하면서도 외환시장개입을 통해 환율변동을 통제하거든요. 그래서 국제경제연구소의 버그스텐 소장이 위안의 평가절상을 '아시아판 플라자합의'라고 부르면서 그것이 미국의 환율정책의 성패를 좌우할 것이라고 주장하는 것이에요.

[게다가 그는 9월 이후 심화되고 있는 금융위기를 극복하기 위해 중국이 일본처럼 미국계 금융기관의 증자와 인수·합병에도 적극적으로 참여해야 한다고 주장하고 있다(Fred Bergsten and Arvind Subramanian, "Globalizing the Crisis Response", *Washington Post*, 8 Oct. 2008; A. Subramanian, "A Master Plan for China to Bail Out America", *Financial Times*, 7 Oct. 2008, http://www.iie.com).

[한편 메르켈이 유럽연합 차원의 구제금융기금 조성에 반대하자 사르코지는 부시에게 접근하여 선진7개국(G7) 차원의 정책을 제안한다. 그러나 부시는 역으로 미국·영국·일본·독일·프랑스 같은 선진7개국 및 유럽연합 순회의장국과 중국·한국·브라질·멕시코·사우

디아라비아 같은 신흥12개국을 포괄하는 선진·신흥20개국(G20) 차원의 정책을 제안한다. 게다가 영국·일본·스위스·유럽연합에 대한 통화교환(currency swap)을 한국·브라질로 확대하기도 한다. 세계 190여개국 무역의 80%, 소득의 85%, 인구의 67%를 포괄하는 선진·신흥20개국 차원의 그런 정책은 본질적으로 미국과 국제통화기금을 중심으로 하는 '세계적 통치성'을 재건·유지하기 위한 것이다.]

금융위기가 심화되어 대불황이 발생한다고 하더라도 1930년대처럼 세계전쟁이 아니라 국지전쟁이나 지역전쟁이 발생할 것인데, 자세한 설명은 『화폐·금융과 전쟁의 세계사』를 참조하실 수 있습니다. 이미 서아시아에서 전쟁이 발생했고, 경우에 따라서는 동아시아나 한반도에서 그럴지도 모르지요. 방금 설명한 것처럼 중국과 미국·일본의 갈등이 폭발할 가능성은 상존하거든요. 또 김정일 위원장의 선군정치도 미국·일본과의 갈등을 내재하고 있거든요. 그런데 미국과 일본은 경제적으로나 군사적으로나 거의 통합되어 있어요. 현재 아시아·태평양지역 미군의 전진기지는 일본인데, 그것도 오키나와가 아니라 도쿄 근처에 집결해 있거든요.

1930년대 대불황과의 비교

이제 금융위기의 전망에 대한 결론을 도출해보겠습니다. 이미 설명한 것처럼 루비니 같은 경제학자는 물론이고 재무부와 연준도 현재의 상황을 1930년대 대불황과 비교하면서 정책을 구상하고 있지요. 그래서 저도 현재의 상황을 1930년대 대불황과 비교하면서 새케인즈주의자와 구별되는 마르크스주의자의 전망과 대안은 무엇인가를 설명해보겠어요.

먼저 1930년대 대불황에 대해 간단하게 개관해보겠습니다. 이미 1929년 초에 경기침체가 시작된 상태에서 연말에 뉴욕증시가 붕괴하지요. 그 후 몇 년 동안 신용경색이 발생하다가 드디어 1933년 초에 은행위기로 발전합니다. 은행위기에 대해 로즈벨트의 민주당 정부가 제시한 정책의 핵심은 연준을 재무부에 종속시키고, 나아가 은행업과 증권업의 겸업화를 금지하는 것이에요. 달리 말해서 은행위기를 해결하기 위해 케인즈의 제안에 따라 '금리생활자의 안락사'를 실행한다는 것이지요.

케인즈가 말하는 금리생활자는 1920년대에 미국경제를 지배하던 모건 같은 증권회사와 그 자회사인 투자신탁기금을 가리킵니다. 케인즈는 자본주의를 개혁하기 위해서는 증권회사와 투자신탁기금을 억압해야 한다고 주장한 것이에요. 그리고 글래스-스티걸은행법은 은행업과 증권업의 겸업화를 금지하지요. 이런 관점에서 볼 때 겸업화를 통해 증권회사를 부활시키려는 새케인즈주의는 뉴딜을 역주행하고 있는 셈이에요.

그런데 문제는 금융의 억압만으로 경기침체를 극복할 수는 없다는 데 있습니다. 그래서 1938년에 경기침체가 재발하게 되는 것이에요. 결국 2차 세계전쟁이 발발하면서 1939-40년에 비로소 1929년의 국민소득이 회복됩니다. 또 실업률은 1929년의 3%에서 1933년의 25%로 상승하다가 1943년에야 비로소 2%로 하락하지요. 그러나 1938년의 실업률은 아직도 19%를 기록해요.

결국 2차 세계전쟁을 거치면서 미국경제가 본격적 성장기로 진입한다는 말입니다. 케인즈가 주장하는 '투자의 사회화'는 본래 사회간접자본 투자를 위한 적자재정인데, 실제로 실행된 적자재정은 평화적 용도가 아니라 세계전쟁이라는 용도로 변질된다는 뜻이지요. 이런 관점에서 볼 때 케인즈와 달리 로즈벨트는 결코 평화주의자가 아니에요.

1930년대 대불황에 대한 문헌은 아주 방대한데, 이제까지의 분석을 종합하면서 마르크스주의적으로 재구성한 것이 바로 뒤메닐입니다(Duménil and Lévy, "The Great Depression: A Paradoxical Event?", 1995, *ibid.*). 이 논문은 A4 용지로 60쪽인데, 책으로는 100쪽 정도 되겠지요. 짤막한 단행본 한 권쯤 되는 아주 긴 논문인데, 나중에라도 꼭 한번 읽어보세요.

뒤메닐이 인용하는 문헌 중에는 물론 버냉키의 논문도 있습니다. 제 생각으로는 1930년대 대불황에 대해 가장 잘 아는 새케인즈주의자가 바로 버냉키예요. 그런데 문제는 마르크스주의자가 아니기 때문에 절반의 진실만 안다는 데 있어요. 마르크스주의자의 관점에서 볼 때 새로운 뉴딜을 통해 현재의 경기침체와 금융위기를 극복할 수 있다고 주장하는 것은 시대착오라고 할 수 있지요.

먼저 재무부와 연준은 금융을 억압하는 것이 아니라 해방하고 있습니다. 달리 말해서 뉴딜을 역주행하고 있다는 것이에요. 그래서 이미 강조한 대로 재무부와 연준의 정책의 핵심이 은행업과 증권업의 겸업화를 통해 금리생활자의 생명을 연장한다는 데 있다는 사실이 가장 중요한 쟁점이라는 것이지요. 신용의 증권화 또는 대부의 가공화가 이제까지 전개된 금융위기의 현실적 모순이라고 한다면, 앞으로 전개될 금융위기의 현실적 모순은 은행업과 증권업의 겸업화로 심화된다는 뜻이에요.

그런 겸업화를 통해 몇 년 동안은 그럭저럭 버티는 것(muddling through)이 가능할지도 모릅니다. 그러나 그런 미봉책이 궁극적 해결책이 될 수는 없어요. 그래서 은행위기가 조만간 폭발할 것이라고 예상할 수 있다는 것이지요. 구체적 계기는 신용부도스왑이 될 수도 있고 자산담보부증권이 될 수도 있습니다. 물론 예상치 못한 상황이 돌발적으로 발생할 수도 있어요. 어쨌든 금융위기가 조만간 증시붕괴와 은행위기로 폭발할 것으로 예상할 수 있다는 것이에요.

[2008년 10월 초순에 비슷한 상황이 발생한다. 마치 은행위기를 예고하듯이 다우지수가 8500으로 하락하는 것이다. 10월 6-10일 1주일 동안 다우지수는 23% 하락하는데, 그것은 1929년 10월 28-29일 이틀 동안 다우지수가 25% 하락한 것과 비슷한 수준이다. 나아가 2007년 10월 이후 하락폭은 40%인데, 그것은 1929년 9-11월의 하락폭 48%와 비슷한 것이다. 그러나 은행위기가 실제로 발생한 것은 아니므로 다우지수도 당분간은 50% 하락선인 7000 이하로 붕

괴할 것 같지는 않다.]

그런데 새케인즈주의자에 대한 이런 비판은 포스트케인즈주의자도 할 수 있는 것입니다. 그래서 마르크스주의자의 비판이 여기서 그쳐서는 안 되지요. 자본주의의 가장 기본적인 변수는 이윤율인데, 역설적이지만 그것을 분석하는 이론은 부르주아 경제학이 아니라 마르크스적 경제학 비판이에요. 부르주아지의 힘은 사실 돈이나 주먹의 힘입니다. 부르주아지는 사태의 본질을 인식하지 못한 채 자본과 군사력으로 해결하려고 시도한다는 말이에요. 그러나 마르크스주의자의 힘은 사태의 본질을 인식하는 이론의 힘이지요.

과천연구실 세미나의 뒷표지에 인용되어 있는 것이 바로 마르크스주의자에 대한 가장 기본적인 정의입니다. 『공산주의자 선언』에서 마르크스와 엥겔스는 '공산주의자는 이론적으로 노동자대중에 앞서 노동자운동의 조건, 경과, 보편적 결과에 대한 인식을 갖는다'라고 강조하지요. 노동자대중에 앞서 사태의 본질을 인식하는 이론적 힘이 바로 마르크스주의자의 특징이에요.

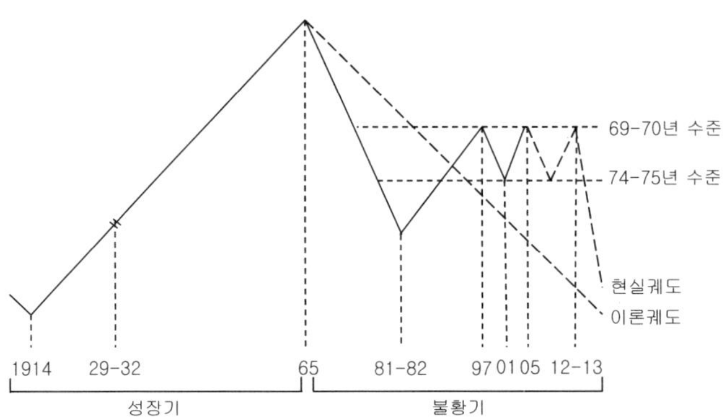

『일반화된 마르크스주의 개론』에서 제시된 위의 그래프를 통해 포스트케인즈주의자보다 더 심층적으로 새케인즈주의자의 시대착오를 비판할 수 있습니다. 뒤메닐은 1930년대 대불황을 '역설적 사

건'이라고 부르고 있어요. 미국경제의 성장기라고 할 수 있는 1910년대부터 1960년대에는 이윤율이 경향적으로 상승하거든요. 그런데 1930년대 초에만 예외적으로 이윤율이 폭락하는 상황이므로 역설적 사건이라고 부르는 것이지요.

반면 현재의 상황은 정반대입니다. 1970년대부터 이윤율이 경향적으로 하락하면서 미국경제가 불황기로 진입하기 때문이지요. 그래서 1980년대부터 2000년대까지는 또 다른 의미에서 역설적 사건이에요. 저는 그것을 또 다른 마르크스주의 경제학자 아리기를 따라서 '벨 에포크'(belle époque)라고 부릅니다. 금융화를 통해 이윤율이 상승하기 때문에 금리생활자에게 좋은 시절이라는 뜻이에요.

저는 뒤메닐의 '자본주의의 역사동역학'과 아리기의 '역사적 자본주의 분석'을 결합하여 미국경제의 성장기와 불황기를 일관되게 분석할 수 있다고 생각합니다. 미국경제의 이중적자·수출달러환류 메커니즘과 달러 발권이익에서 출발하는 현재의 금융위기에 대한 설명도 이런 분석의 연장선 위에 있는 것이지요. 자세한 설명은 『일반화된 마르크스주의 개론』을 참조하세요.

저의 이런 분석은 주로 이윤율의 장기적 경향에 주목하는 것입니다. 50년 동안 상승하다가 50년 동안 하락하는 100년 주기의 순환을 분석한다는 말이에요. 반면 국민소득의 변동에 주목하는 경기순환은 단기적입니다. 19세기 영국경제에서는 대체로 9-10년 주기의 경기순환이 발생해요. 그러나 2차 세계전쟁 이후 미국경제에서는 재무부와 연준이 실물경제와 금융에 개입하면서 경기순환의 진폭이 완화되는 대신 그 주기는 4-5년으로 축소되지요.

좀 더 자세하게 설명해보겠습니다. 1950년대부터 미국경제에서 경기순환의 주기는 4-5년으로 축소되는데, 예외적으로 1960년대에는 주기가 9-10년으로 연장되지요. 그 결과 경기순환이 실질적으로 소멸된다는 주장이 제기되기도 해요. 어쨌든 이 시기를 미국경제의 본격적 성장기라고 부를 수 있어요. 그러다가 1970년대에 와서 경기순환의 주기는 4-5년으로 유지되면서 그 진폭이 강화되는 것이에요. 그런 의미에서 1970년대는 불황기의 시작을 알려주는 '징후적 위기'(signal crisis)의 시기이지요.

그런데 1980년대 이후에는 경기순환의 주기가 9-10년으로 연장되어 그 저점은 1981-82년, 1991년, 2001년이 되지요. 게다가 실물경제가 아니라 금융이 축적을 주도하면서 그 진폭도 완화되는 것이에요. 그래서 경기순환이 또다시 소멸하는 신경제가 도래했다는 주장이 제기되기도 하지요.

그러나 2000년대의 상황은 신경제의 본질이 벨 에포크에 불과하다는 사실을 증명합니다. 이번 금융위기를 통해 벨 에포크의 종료가 이미 시작된다는 말인데, 경기순환의 주기가 단축되면서 그 진폭은 강화되기 때문이에요. 2001년의 저점에 이어지는 새로운 저점은 2008-9년으로 예상됩니다. 그래서 9-10년의 주기가 7-8년으로 단축된다는 것이에요. 게다가 그 진폭도 강화되는데, 현재의 경기침체를 전후 최대의 경기침체인 1981-82년과 비교하거나 또는 그 이상으로 예상하는 것은 이 때문이지요.

다음번 경기순환의 주기는 다시 4-5년으로 단축되고 그 진폭은 훨씬 더 강화될 것으로 예상할 수 있는데, 2012-13년부터 이윤율이 급락할 것으로 예상할 수 있기 때문입니다. 2010년부터 회복되는 경기가 2012-13년에 고점에 도달하면서 순환적 위기가 구조적 위기와 결합될 것으로 예상할 수 있다는 것인데, 그것이 바로 벨 에포크가 종료되는 '최종적 위기'(terminal crisis)이지요.

제 예상대로 2012-13년부터 최종적 위기가 시작된다면, 경기침체가 심화되면서 증시붕괴와 은행위기가 폭발할 것입니다. 달리 말해서 1930년대식 대불황이 재발한다는 것이에요. 게다가 달러위기로 인해 달러 발권이익도 소멸하고 이중적자·수출달러환류 메커니즘도 붕괴할 것입니다. 아까 1930년대 대불황을 설명하면서 생략했는데, 사실 1933년에도 달러위기가 발생하여 금본위제가 폐지되면서 달러가치가 온스당 21달러에서 35달러로 40%나 하락하거든요.

5분짜리 경제위기론 보강

2012-13년부터 순환적 위기가 구조적 위기와 결합되면서 벨 에포크가 종료되는 최종적 위기가 발생한다면, 경기침체가 심화되는 동시에 증시붕괴·은행위기·달러위기가 폭발할 것이라고 예상했는데, 이론적 설명을 약간 보충해보겠습니다. 1시간 반짜리 경제학 강의를 마무리하는 경제위기론에 대한 5분짜리 보강이라고 생각하셔도 좋겠지요.

경제위기론은 리카도의 경제학, 케인즈의 경제학, 마르크스의 경제학 비판이 공유하는 궁극적 목표입니다. 요즘에는 금융경제라고도 하고, 심지어 금융산업이라고도 하는데, 그것은 사실 용어의 혼동이자 개념의 혼동이지요. 200년에 걸친 경제학의 역사에서 경제는 항상 금융과 구별되는 실물경제, 즉 산업과 상업을 의미하기 때문이에요. 리카도나 케인즈의 경제학에서도 마찬가지이고, 마르크스의 경제학 비판에서도 마찬가지이지요. 따라서 경제위기는 본질적으로 실물경제의 위기를 의미하는 것이에요.

경제위기의 지표가 바로 이윤율입니다. 그런데 이윤율의 운동은 구조적으로 결정되기도 하고 순환적으로 결정되기도 합니다. 그래서 경제위기에는 구조적 위기와 순환적 위기가 있는 것인데, 마르크스는 주로 구조적 위기를 분석하지요. 구조적 위기는 자본주의의 판별적 특징 때문에 발생하거든요. 자본주의를 이전의 모든 생산양식과 구별시켜주는 특징이 바로 기술진보예요. 그런데 자본주의적 기술진보는 노동을 절약하고 고정자본을 소비하는 식으로 편향되기 때문에 자본생산성이 하락하고 이윤율이 하락하는 것이지요.

그래서 마르크스는 경제위기의 궁극적 원연이 바로 편향적 기술진보에 따른 자본생산성과 이윤율의 하락이라고 주장한 것인데, 그렇다고 해서 경제위기의 순환적 요인을 무시할 수는 없습니다. 아까 설명한 대로 1950년대부터 1960년대까지는 경기순환의 주기가 단축되면서 그 진폭이 완화되는데, 그래서 신케인즈주의가 경기순환이 소멸했다고 주장한 것이지요. 경제위기([economic] crisis) 대신 경기침체(recession)라는 용어를 사용하기도 하고요.

어쨌든 구조적 위기론을 보충하는 순환적 위기론, 즉 경기순환론이 필요하다는 것입니다. 경기순환에는 실물경제적 요인과 금융적 요인이 있어요. 실물경제적 요인은 이윤압박과 과소소비이지요. 리카도와 마르크스가 주목하는 이윤압박은 임금상승으로 인해 이윤율이 하락한다는 의미예요. 물론 1970년대에 발생하는 석유위기처럼 유가상승으로 인해 이윤율이 하락하는 것도 일종의 이윤압박이지요. 반면 케인즈가 강조하는 과소소비는 기업의 투자가 감소한다는 의미입니다. 물론 기업의 투자와 가계의 소비는 상호작용하기 때문에 가계의 소비가 감소한다는 의미도 있어요.

이런 두서너 가지의 실물경제적 요인만으로도 이미 복잡한데, 경기순환을 더욱 복잡하게 만드는 것이 바로 실물경제적 요인과 금융적 요인의 상호작용입니다. 순환적 위기에 대한 설명을 완성하기 위해서는 실물경제와 금융의 상호작용을 고려해야만 해요. 그래서 실물경제적 요인에 의해 경기침체가 발생하는 데서부터 경기순환론이 구성되는 것이지요. 아까 1930년대 대불황을 개관하면서 1929년 초에 이미 경기침체가 시작한다고 했는데, 그 와중에 금융위기가 발생하면서 경기침체도 심화되거든요.

금융위기에는 세 가지가 있습니다. 20세기 미국경제를 특징짓는 금융위기는 증시거품의 붕괴이지요. 그리고 증시거품과 거의 동시에 부동산거품도 붕괴해요. 이 두 가지 거품이 붕괴되면서 금융위기가 발생한다는 말이에요. 신케인즈주의자 킨들버거는 거품을 형성시킨 열광(mania)이 거품이 소멸할지도 모른다는 공황(panic)으로 급변하는 데 주목하면서 그것을 대중의 심리적 동요로 설명하는데, 말하자면 조증(mania)이 울증(depression)으로 급변하는 일종의 정신병이라는 것이에요. 그 결과 실제로 거품이 소멸하는 것이 바로 붕괴(crash)이지요.

반면 부동산거품은 말할 것도 없고 증시거품을 측정하는 객관적 기준에 대해서는 아직도 논란이 많습니다. 가장 많이 사용되는 지표는 주가이익비율(PER)인데, 놀랍게도 신뢰할 만한 통계는 미국밖에 없어요. 미국에서 지난 100년 동안 주가이익비율의 장기평균치는 14.4입니다. 그런데 상하이증시가 6000을 돌파한 2007년 10월에 주가이익비율은 50을 초과하지요. 당연하게 그것은 금융피라밋이고 금융사기라고 할 수밖에 없어요.

그런데 제 생각으로는 주가이익비율 자체도 그렇게 신뢰할 만한 지표는 아닙니다. 나름대로 경제학적 논거를 갖는 훨씬 더 중요한 지표가 바로 케인즈에게서 영감을 얻어 신케인즈주의자 토빈이 개발한 q이지요. 그런데 미국에서조차 q에 대한 공식적 통계는 없기 때문에 관심 있는 경제학자가 스스로 재구성해야 해요. 그리고 그런 경제학자는 별로 없어요. 제가 본 자료는 미국에서 지난 100년 동안 q의 장기평균치를 0.63으로 추계하지요. 당연하게 중국에는 q에 대한 통계가 존재하지 않아요.

또 다른 금융위기는 은행위기로 발전하는 신용경색, 또는 좀 더 정확하게 말해서 신용위기입니다. 현재의 금융위기는 아직 은행위기로 발전하지 않은 신용위기라고 할 수 있지요. 신용위기로 인해 화폐기근이 발생하는 것은 사실이지만, 은행이 파산하는 은행위기가 발생하는 것은 아니라는 말이에요. 물론 본격적 증시붕괴도 아직은 발생하지 않았지요.

마지막 금융위기가 바로 국제수지위기인데, 그것도 두 가지 형태가 있습니다. 1980년대를 특징짓는 외채위기와 1990년대 이후를 특징짓는 외환위기가 그것이지요. 외환위기보다는 환율위기가 더 정확한 용어이지만, 익숙한 대로 그냥 외환위기라고 하겠어요. 미국은 사실상 세계화폐인 달러를 발행하기 때문에 외채위기가 발생하지 않아요. 그리고 외환위기, 즉 달러위기도 아직 발생하지 않았어요. 외채위기나 외환위기는 주로 제3세계에서 발생하는데, 남한의 경우 1979-80년에 외채위기가 발생하고 1997-98년에 외환위기가 발생하지요.

국제수지위기의 두 가지 형태에 대한 설명을 보충해보겠습니다. 1980년대의 외채위기를 해결한 것은 1989년의 브래디 플랜인데, 그 후 제3세계는 '신흥공업국'(newly industrializing countries)에서 '신흥[증권]시장'(emerging markets)으로 변모하지요. 브래디 플랜의 특징은 증시를 부양하기 위해 외채를 증권으로 교환한다는 데 있거든요. 그래서 남한 같은 신흥시장도 이제는 자국 통화로 국채를 발행할 수 있게 된 것이지요. 요즘 외채위기가 다시 발생할지도 모른다는 우려가 제기되고 있지만, 제 생각으로 그럴 가능성은 아직 없어요. 그 대신 곧 설명할 것처럼 외환위기의 조짐은 이미 출현하고 있다고 할 수 있지요.

무엇을 할 것인가?

처음에 말씀드린 것처럼, 노동자운동의 대응방향에 대해서는 패널 선생들께서 토론해주시리라고 기대하면서 제 발제를 간단하게 마무리하도록 하겠습니다. 금융위기 이후 남한경제의 상황을 보면, 일단 두 가지 손실에 주목해야 하겠지요. 하나는 직접적 투자손실이에요. 망둥이가 뛰니까 빗자루도 뛴다고 차이나펀드니 뭐니 하다가 입은 투자손실이 막대하겠지요. 또 하나는 증시동향과 관련되는 간접적 투자손실입니다. 제 생각으로는 지수가 1000까지 하락하는 것이 정상인데, 아직도 1300에서 버티고 있거든요. 국민연금(연금기금)이나 자산운용사(투자신탁기금) 같은 기관투자가 때문에 그렇다고 할 수 있어요.

그 다음에 오늘 환율이 달러당 1300원을 돌파하면서 외환위기의 조짐이 좀 더 분명해집니다. 2008년의 환율을 보면, 연초에 900원에서 출발하여 4월에 1000원으로 상승하지요. 그러다가 9월에 1200원을 돌파하고 오늘 1300원을 돌파하는 것이에요. 그런 상황을 1997-98년 외환위기와 비교해보겠습니다. 1997년 말에 외환위기가 발생하면서 환율이 800원에서 1900원으로 폭등하다가 1998년 말에 1300원까지 하락하지요. 그 후 환율은 계속 하락하여 1999-2003년에는 1200원, 2004년에는 1100원, 2005년에는 1000원, 2006-07년에는 900원에 도달하지요.

달리 말해서 외환위기가 진정되는 1999년부터 2007년까지 환율이 하락하는 평가절상이 지속되는데, 여기에는 몇 가지 이유가 있습니다. 하나는 외환위기로 인해 화폐가치가 하락하여 무역수지가 흑자로 반전되기 때문이지요. 800원이던 환율이 1300원으로 상승하면서 반값세일로 수출덤핑이 이루어진다는 뜻이에요. 또 하나는 증시의 붕괴를 계기로 대규모의 외자가 유입되기 때문이지요. 무역흑자와 자본수입을 통해 달러가 유입되면서 외환보유액이 증가하고 환율이 하락하는 것은 당연한 일이에요.

그러나 문제는 그런 환율하락과 평가절상은 남한경제의 기초체력의 향상을 반영하는 현상이 아니라 일시적 현상에 불과하다는 데 있습니다. 먼저 2006-07년에 환율이 900원으로 하락하고 2008년에 미국에서 경기침체가 발생하자 무역수지도 적자로 반전되지요. 또 2004년부터 증시가 상승세를 본격화하자 외국인은 매도세를 지속하는데, 시가총액 중 외국인의 비중이 2004년 43%에서 현재 27%까지 하락하는 것은 이 때문이에요. 그 결과 환율상승과 평가절하의 압력이 가중되는 것이지요.

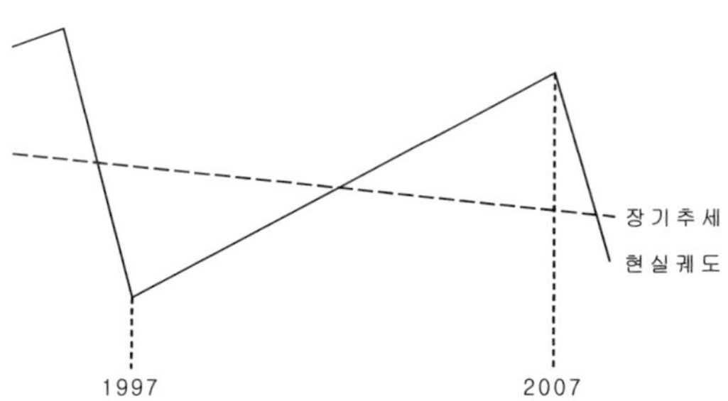

『마르크스의 '자본'』에서 자세하게 설명한 것처럼, 남한 같은 신흥시장의 화폐가치는 추세적으로 하락합니다. 일시적으로 상승하더라도 조만간 다시 하락할 수밖에 없는데, 그런 폭력적인 조정과정이 바로 외환위기이지요. 위의 그래프는 이런 설명을 도식화한 것인데, 앞에서 제시한 달러가치의 순환적 변동과 달리 화폐가치의 추세적 하락에 주목해야 합니다. 1990년대 이전까지 그래프를 연장하면, 화폐가치가 하락하는 추세가 훨씬 더 분명해지겠지요.

그래서 오늘 같은 상황이 발생하는 것입니다. 2000년에 『한겨레신문』의 '가리사니' 칼럼(『이윤율의 경제학과 신자유주의 비판』, 공감, 2001에 실림)을 쓸 때부터 이런 상황을 예상했는데, 아무도 믿지 않더군요. 그러나 불행하게도 제 예상이 맞는 것 같아요. [실제로 10월 말에 환율은 1400원을 돌파한다. 선진·신흥20개국의 틀 안에서 미국과 통화교환을 체결하면서 그런 상황은 잠시 진정되는데, 그러나 11월 초순에 1200원으로 하락한 환율은 중순에는 다시 1400원을 돌파하고 심지어 1500원에 육박한다.]

그러나 외환위기가 재발한다고 하더라도 일부 언론이 주장하는 대로 그 책임이 이명박 정부에게 있는 것은 결코 아닙니다. 단지 김대중·노무현 정부가 어질러놓은 밥상을 설거지할 따름이거든요. 민주노총이 10월 하순에 '촛불민주주의축제'를 계획한다고 하던데, 혹시라도 애매한 사람 잡지는 마세요. 대통령과 기획재정부장관을 '리-만 브라더스'라고 놀리고 욕하는 것은 풍자나 야유이지 비판은 아니거든요.

그렇다면 '무엇을 할 것인가?'에 대해 간단하게 한두 마디만 하겠습니다. 1997-98년 이후에 지속되어온 장기불황 속에서 외환위기의 재발이 예고되는 동시에 민주노총의 위기가 만성화된다는 것이 바로 현정세의 역설이에요. 촛불집회의 정신을 계승하는 민주주의 축제를 계획한다는 것 자체가 정세를 분석하고 정책을 구상하는 민주노총의 능력에 대해 의문을 제기하는 대목이지요.

사실 이런 역설은 마르크스 같은 유토피아적 계몽주의자로서는 결코 이해하지 못했던 것입니다. 그는 자본주의의 위기가 발생하면 모든 합리적 인간은 그 대안으로 공산주의를 추구할 것으로 생각했거든요. 그런데 민주노총은 그렇지 않은 것 같아요. 그래서 이런 역설이 발생하는 것이겠지요.

마르크스는 『공산주의자 선언』에서 노예제가 봉건제로 이행하지 못한 사실을 지적하면서 '투쟁하는 두 계급의 공멸'에 대해서도 주목하고 있습니다. 자본주의에서 공산주의로의 이행에서도 그런 일이 벌어지지 말라는 법은 없겠지요. 동시에 2012-13년으로 예상되는 자본주의의 붕괴 이후에 마치 봉건제는 이미 붕괴했지만 자본주의는 아직 출현하지 않은 1350-1450년의 유럽 같은 '신중세적 무질서'가 확산될지도 모르겠어요.

이런 맥락에서 저는 아르헨티나의 상황에도 주목할 필요가 있다고 생각하는데, 뒤메닐은 2001-02년 경제위기·외환위기를 분석하면서 신자유주의에 대한 계급분석을 수행합니다(Duménil and Lévy, "Argentina's Unsustainable Growth Trajectory: Center and Periphery in Imperialism at the Age of Neoliberalism", 2006, *ibid.*).

아르헨티나에서 초민족화된 부르주아지는 자본과 두뇌를 도피시키는 동시에 정치적 사보타주를 자행합니다. 경제적 이익만 추구하고 이데올로기적 헤게모니는 포기한다는 말이지요. 그래서 워싱턴 컨센서스에서 강조하는 것처럼, 인민주의적인 메넴 정부와 키르치네르 정부가 신자유주의적 정책개혁을 담당하는 것이에요. 그리고 남한에서도 마찬가지로 김대중 정부와 노무현 정부가 필요한 것이지요. 인민주의와는 거리가 먼 이명박 정부가 신자유주의적 정책개혁을 추진하기는 훨씬 곤란하겠지요.

마르크스를 인용하면서 시작했으니까 다시 마르크스를 인용하면서 결론을 도출해보는 것도 좋을 것 같습니다. 오늘 제가 제시한 금융위기의 분석과 전망이 마르크스적인 것이기 때문에 제가 제시하는 대안도 당연히 마르크스적인 것입니다. 경제적 분석은 마르크스적이지만, 정치적 대안은 비마르크스적일 수는 없거든요. 투쟁하는 두 계급의 공멸, 신중세적 무질서, 부르주아지의 도피와 사보타주에 대한 유일한 대안은 마르크스적인 것이에요.

마르크스주의자로서 저는 노동자운동의 힘, 특히 노조의 힘을 믿습니다. 마르크스적 대안은 부르주아지의 착취와 지배에 반작용하는 노동자운동에서 출발하지요. 그런데 마르크스는 정당을 중심으로 노동자운동을 생각해본 적이 없어요. 그는 노동자계급의 조직화의 중심, 달리 말해서 원칙적 조직형태는 노조라고 생각했거든요. 기조발제를 시작하면서 인용한 노조활동가를 위한 1시간짜리 경제학 강의 「임금, 가격, 이윤」의 결론에서 마르크스는 노조의 의의와 동시에 그 한계를 지적합니다. 노조가 임·단협투쟁을 넘어서 사회운동으로 나아가야 한다는 말이에요. 만일 그렇게 하지 않는다면 노조는 '총체적으로 실패한다'고 경고하지요.

방금 전에 마르크스가 유토피아적 계몽주의자라고 했는데, 그래서 그는 '노동자계급은 혁명적이다. 그렇지 않다면 아무 것도 아니기 때문이다'라고 주장한 것입니다. 쉽게 말해서 사회운동에서 헤게모니를 상실한 노조, 사회변혁에 투신하지 않는 노조는 아무 것도 아니라는 것이에요. 아무 것도 아닌 그런 상태를 벗어나기 위해서는 노조가 사회운동을 주도하면서 사회변혁을 실행해야 할 것입니다. 그리고 바로 이것이 「금융위기와 사회운동노조」에서 제가 마르크스적 대안으로 제시하는 사회운동노조이지요.

종합토론

자본주의의 위기로서 신자유주의의 위기

나상윤(공공운수연맹 정책위원장) 기조발제문을 받고서 괜히 패널이 되었다는 생각이 들었습니다. 교수님이 강조하신 대로 좌파의 핵심이 이론이라는 점에는 동의하지만, 이런 정도의 이론적 수준에서 토론을 할 수 있을지 저로서는 장담하기 어렵거든요. 물론 농담이지만, 마야의 신화에 따르면 2012년 12월 21일에 네 번째 문명이 멸망하고 다섯 번째 문명이 새로 시작된다고 하던데, 이상하게도 교수님의 주장과 일치하는 것 같아요.

몇 가지 질문부터 드리겠습니다. 첫 번째로 자본주의의 위기가 도래하고 있다는 말씀은 과거에 소련경제학이 주장하던 일반적 위기론과 유사한 느낌을 주는데, 특히 현단계의 위기가 신자유주의의 위기인지 자본주의 자체의 위기인지 명확치 않기 때문이지요. 자본주의가 끊임없이 자신을 재생산해온 역사를 쉽게 간과할 수 없다는 관점에서 보면, 이런 논점을 명확히 하는 것이 실천적 과제를 제시하는 데도 결정적이라는 생각이 들어요.

케인즈주의는 결코 대안이 아니라는 주장에는 저도 개인적으로 동의합니다. 그런데 미국 정부가 제시하는 대안이 뉴딜을 역주행하는 것이라고 강조하시지만, 그럼에도 불구하고 자본주의가 생존을 위해 끊임없이 혁신하는 역량을 무시해서는 안 된다는 것이 제 생각이에요. 케인즈주의에 대한 좀 더 설득력 있는 비판이 있어야 한다는 말씀이지요.

두 번째로 미국경제가 세계경제에서 차지하는 비중이 워낙 크고, 아까 강조하신 발권이익도 결코 무시할 수는 없다고 생각하면서도, 현실사회주의가 붕괴한 직후에 형성된 일극체제가 최근에는 다극체제로 변화하고 있다는 사실도 무시할 수는 없을 것 같습니다. 이런 관점에서 아직 경제적으로는 미약하지만 정치적으로는 좌파가 강세를 보이고 있는 중남미에 주목해야 할 것 같아요.

경제적 위기의 심화는 결국 정치적 격변으로 표현될 수밖에 없을 것입니다. 그래서 저는 케인즈주의보다는 오히려 중남미의 좌파가 더 유력한 대안이라고 생각하는 것이지요. 어쨌든 미국이 자신의 헤게모니를 유지하기 위해 좌파를 용납하지 않을 것이고, 또 현재 자원전쟁이라는 측면, 그러니까 석유위기나 식량위기라는 측면과 연동해서 본다면 중남미가 정치적 격변의 현장이 될 것이라고 판단하기 때문이에요.

오늘 제가 본격적으로 토론할 주제는 노동자운동의 전망과 관련되는 것입니다. 투쟁하는 두 계급의 공멸이라는 마르크스의 말을 인용하면서 현정세의 역설을 강조하시는데, 이 점에 대해서는 참으로 부끄러운 생각이 들어요. 아시다시피 현재 노동자운동이 처한 조건은 조금 극단적으로 말해서 한국노총과 민주노총의 차별성이 거의 소멸했다고 해도 과언이 아닌 상황이지요. 민주노총이 이런 상황을 돌파하는 데 아무런 역할도 하지 못하고 있다는 점에 대해 반성하지 않을 수 없겠지요.

교수님도 이런 맥락에서 사회운동노조를 제안하시는 것 같습니다. 노조가 기업별 수준의 경제투쟁에서 사회운동으로 투쟁영역을 확대해야 한다는 데는 동의하는데, 다만 몇 가지 문제가 있을 것 같아요. 먼저 산별노조가 중심인가 아니면 노총이 중심인가라는 쟁점이 있는데, 저는 과도적으로 노총이 강화될 필요도 있겠지만, 궁극적으로는 산별노조가 중심이 되어야 한다고 생각하거든요. 그 다음에 아주 중요한 문제 중 하나는 남한사회에서 계급이 형성되고 계급의식이 존재하는가라는 쟁점인데, 저는 그렇지 않다고 생각해요. 달리 말해서 계급과 계급의식이 아직도 맹아적인 상태에서는 사회운동노조가 제대로 정착할 수 없을 것이라는 생각이지요.

저로서는 경제위기가 심화되는 상황에서 노조가 무엇을 할 것인가라는 문제에 대한 실천적 고민이 많습니다. 실업자와 비정규직이 더욱 확산될 것이고, 노동3권이 축소되거나 박탈될 것이기 때문에 이런 문제와 관련된 의제가 부각되겠지요. 또한 정치적 반동이 강화되면서 인권운동이나 평화운동 같은 사회운동적 의제도 부각되겠지요. 게다가 세계화된 자본의 위기가 발생하는 것이기 때문에 당연히 국제적 연대가 더욱더 중요한 의제가 될 것이라는 것이 제 생각이에요.

마지막으로 저 같은 경우는 공공부문에서 활동하다보니까 국유화라는 문제에 주목하지 않을 수 없습니다. 저는 사회화의 다양한 형태 중 국유화가 일차적으로 중요하다고 생각해요. 예를 들어 공기업의 사유화 또는 민영화가 추진되는 상황에서 민주적 통제라는 쟁점도 중요하지만 국가적 소유라는 쟁점이 여전히 중요하거든요. 교수님은 국유화를 비판하시는데, 그렇다면 다른 어떤 대안이 있을 수 있는지 말씀해주세요.

윤소영 저는 노동자운동의 활동가와 직접 대면해서 토론해본 경험이 거의 없습니다. 아시다시피 저는 마르크스주의 이론을 전공하는 연구자이고, 강연이나 토론을 해도 주로 대학원생이나 학부생을 대상으로 하기 때문이지요. 그렇게 해온 제 나름대로의 이유가 있습니다. 1980년대 말에 현실사회주의가 붕괴하면서 마르크스주의의 위기가 폭발했는데, 그런 상황에서 저는 연구자와 활동가가 당분간 헤어져 있는 것이 오히려 좋겠다고 판단했거든요.

그런데 이번에 공공노조와 사회공공연구소에서 이런 기회를 마련해주신 것입니다. 그러나 나 위원장의 반론을 듣다보니까 그 동안의 분리를 극복하는 것이 만만치만은 않겠다는 생각이 들어요. 어떤 것은 이미 대부분 설명한 것인데 아직도 잘 이해하지 못하시는 것 같고, 어떤 것은 활동가와 헤어질 때 제기된 것과 유사한 쟁점이 여전히 남아 있는 것 같기 때문이지요.

어쨌든 제기하신 질문에 대해 먼저 답변해보겠습니다. 지난 15년 동안 진행되어온 저의 작업은 마르크스주의의 위기를 극복하기 위해 마르크스의 이론을 심층적으로 연구한 것이에요. 그런 과정에서 제 나름대로 자본주의의 역사를 설명할 수 있게 된 것이지요. 이미 인용한 『일반화된 마르크스주의 개론』에서 제시된 설명을 간단하게 요약할 테니까 나중에라도 참고해주세요.

자본주의의 위기인가 아니면 신자유주의의 위기인가라는 질문에 답변하려면, 먼저 미국자본주의와 신자유주의의 관계를 설명해야 합니다. 미국자본주의를 50년간의 성장기와 50년간의 불황기로 구별하면서 신자유주의를 불황기의 경제정책인 동시에 경제이데올로기로 특징지을 수 있어요. 그리고 신자유주의의 물질적 토대를 금융화와 세계화, 좀 더 간단하게 말해서 금융세계화로 특징지을 수 있지요. 그래서 신자유주의의 위기가 곧 미국자본주의의 위기라고 할 수 있다는 것이 제 생각이에요.

자본주의가 재생산되는 역량을 무시한다고 하시는데, 사실 이것은 1980년대 후반 한국사회성격 논쟁에서 신식민지국가독점자본주의론에 대해 중진국론이 제기한 비판의 핵심이라고도 할 수 있습니다. 나 위원장은 제 설명이 아직도 소련경제학의 일반적 위기론과 유사하다고 하시는데, 그런 비판과 같은 맥락인 것 같아요.

일단 추상적으로 설명해보면, 마르크스가 『자본』에서 분석한 자본주의적 생산양식은 자본주의의 보편적 구조 또는 본질이라고 할 수 있습니다. 그러나 자본주의의 역사를 분석하기 위해서는 그런 구조와 본질을 재생산할 수 있는 특수한 제도 또는 기능에도 주목할 필요가 있지요. 자본주의의 개혁이란 새로운 제도와 기능으로 낡은 제도와 기능을 대체함으로써 자본주의의 구조와 본질을 재생산하는 것이에요.

좀 더 구체적으로 설명해보면, 20세기 미국자본주의가 19세기 영국자본주의의 위기를 해결할 수 있었던 것은 케인즈주의나 뉴딜이라는 새로운 제도와 기능 덕택입니다. 그러나 현재 위기에 빠진 미국자본주의를 대체할 수 있는 새로운 제도나 기능은 아직까지 존재하지 않아요. 이미 설명한 것처럼 새케인즈주의는 오히려 뉴딜을 역주행하고 있는 상황이거든요. 그래서 미국자본주의의 위기는 곧 자본주의 자체의 위기이기도 하다는 것이에요.

저의 이런 분석과 예상이 맞을지 아니면 틀릴지는 역사가 증명해줄 것입니다. 나 위원장은 농담이라고 하면서도 제 분석과 예상이 마야의 예언과 일치한다고 하시는데, 사실 저도 그런 소문을 듣고 『아포칼립스 2012』(2007; 황금나침판, 2007)와 『월드쇼크 2012』(2007; 쌤앤파커스, 2008)라는 책을 구해서 읽은 적이 있어요. 그러나 제 예상은 마야의 예언처럼 모종의 종말론이 아니라 마르크스의 과학적 분석에 입각한 것이지요.

제가 마르크스를 존경하는 것은 이론가로서 존경하는 것이지 무당으로서 존경하는 것이 아닙니다. 저는 마르크스가 뉴튼이나 다윈에 비견될 수 있는 과학자라고 생각해요. 물론 과학자도 틀릴 수 있고, 어쩌면 마르크스가 틀리는 것이 인류에게 더 좋다고 생각하실지도 모르겠어요. 그러나 마르크스가 말한 것처럼 역사는 좋은 방향이 아니라 나쁜 방향으로 진행하는 법이지요.

어쨌든 저는 신자유주의의 위기가 곧 미국자본주의의 위기이고 미국자본주의의 위기가 곧 자본주의 자체의 위기라고 생각합니다. 김대중 정부와 노무현 정부 이후 신종 관변학자가 출현하여 비교자본주의론을 제시한 적이 있었지요. 그래서 미국의 대안이 유럽이라는 둥 아니 중국이라는 둥 온갖 해괴한 주장이 난무하기도 했어요. 그러나 이미 설명한 것처럼, 그런 주장은 이론적이고 현실적인 근거가 전혀 없는 낭설일 따름이에요.

그런데 요즘 노동자운동 일각에서는 베네수엘라의 차베스 정부가 추구하는 볼리바르혁명이 대안으로 부상하고 있다는 소문을 들었는데, 나 위원장도 역시 비슷한 생각이신 것 같습니다. 그러나 『일반화된 마르크스주의와 대안노조』(공감, 2008)에서 지적한 것처럼, 리보위츠 같은 열렬한 볼리바르주의자조차도 차베스 정부의 한계를 인정하고 있어요. 가장 중요한 것은 노동자운동의 토대가 없다는 것인데, 얼마 전에 건설된 전위정당의 약점은 노동자운동을 토대로 하는 것이 아니라는 사실에 있지요.

차베스 정부의 한계는 단지 주체적 조건에만 국한되는 것이 아닙니다. 가장 중요한 객관적 조건은 석유위기에 따른 유가 상승인데, 금융위기에 따라 경기침체가 심화되면서 유가가 다시 하락하고 있거든요. 아시다시피 유가 상승에는 경향적 측면도 있고 순환적 측면도 있기 때문에 혁명의 물질적 토대로서는 너무나도 불안정하다고 할 수밖에 없지요.

물론 차베스 정부도 그런 상황을 간과하는 것은 아닌데, 석유지대를 토대로 해서 중남미의 경제통합을 구상하고 있기 때문입니다. 그러나 문제는 그런 구상의 실행가능성이 별로 높지 않다는 데 있어요. 메르코주르의 핵심인 브라질과 아르헨티나가 지역헤게모니를 둘러싸고 벌이고 있는 갈등은 일단 무시한다고 해도 이 두 나라와 차베스 정부 사이에도 이질성이 크기 때문이에요.

먼저 브라질의 룰라 정부는 좌파라고 할 수 없습니다. 룰라 정부는 사회자유주의, 쉽게 말해서 겉으로는 사회민주주의를 표방하지만 속으로는 신자유주의를 지향하기 때문이에요. 이 점에서 룰라 정부는 남아프리카공화국의 만델라 정부와도 유사하지요. 2002년에 룰라가 대통령으로 당선될 가능성이 높아지자 월가의 금융자본가가 아주 불안해했는데, 윌리엄슨이 룰라는 워싱턴 컨센서스에 충실하니까 걱정할 필요가 없다고 변호한 적이 있어요. 그런데 윌리엄슨은 신자유주의적 정책개혁의 핵심인 워싱턴 컨센서스를 제안한 새케인즈주의 경제학자이지요.

그 다음에 아르헨티나의 키르치네르 정부도 좌파라기보다는 인민주의를 지향합니다. 물론 차베스 정부도 인민주의적 성격이 강하지만, 넓은 의미에서는 좌파라고 할 수도 있겠지요. 『인민주의 비판』(공감, 2006)에서 설명한 것처럼, 인민주의에는 다양한 변종이 있고, 키르치네르의 인민주의와 차베스의 인민주의는 이질적이라고 할 수 있거든요. 게다가 키르치네르 정부가 집권한 몇 년 동안 얼마간 회복된 아르헨티나경제는 이번 금융위기로 인해 또다시 위기적 상황으로 접근하고 있어요.

그래서 저는 대안을 모색하더라도 기본으로 돌아갈 필요가 있다고 생각하는 것입니다. 신자유주의의 위기는 자본주의 자체의 위기이기 때문이에요. 달리 말해서 자본주의의 역사적 잠재력이 이미 소진된 상태이기 때문이지요. 그래서 제가 노동자계급이 혁명적으로 진출하지 않는다면, 앞으로의 전망은 투쟁하는 두 계급의 공멸 또는 신중세적 무질서밖에 없다고 결론지은 것이에요.

대안노조로서 사회운동노조

그밖에도 나 위원장이 운동의 전망과 관련해서 아주 다양한 문제를 제기해주셨는데, 사실 제가 해답을 제시할 수 있는 입장은 아닙니다. 저는 이런 문제를 해결하는 것은 연구자가 아니라 활동가의 과제라고 생각하거든요. 그럼에도 불구하고 이왕 이런 토론회에 나왔으니까 추상적 수준에서나마 한번 시도해보겠어요.

먼저 사회운동노조에 대해 간단하게 설명할 필요가 있겠습니다. 한 마디로 말해서 사회운동노조는 마르크스의 노동자운동론을 복원하려는 시도이지요. 역사적으로 볼 때 마르크스주의적 노동자운동론은 마르크스 자신의 노동자운동론과 괴리되어왔는데, 아시다시피 독일사민당의 사민주의와 소련공산당의 볼셰비키주의가 바로 그것입니다. 그러다가 1970년대에 들어와 유럽에서 마르크스적 노동자운동론을 복원하려는 시도가 출현하는데, 그것이 바로 사회운동노조론이라는 것이 제 생각이에요.

나 위원장은 산별노조가 중심인가 아니면 노총이 중심인가라는 쟁점을 제기하시는데, 사실 민주노총이 모델로 하는 독일 노동자운동의 가장 결정적인 한계는 산별노조에 있습니다. 달리 말해서 독일 노동자운동이 쇠퇴하는 이유는 바로 산별노조가 중심이고 그 결과 노총이 취약하다는 데 있다는 것이지요.

그런데 남한에서는 산별노조라는 명칭을 사용하지만, 이것은 조금 이상한 관행입니다. 공공운수연맹은 아직 산별노조가 아니라서 연맹이라고 부르고, 공공운수연맹 산하에 있는 공공노조와 운수노조는 산별노조이므로 노조라고 부른다는 말을 듣고 사실 저는 깜짝 놀랐어요. 제가 알기로 산별노조는 노조의 연맹(confederation)이므로 산업별 연맹이라고 부르는 것이 옳아요. 반면 노총은 노조의 총연맹(general confederation)이므로 노총이라고 부르는 것이지요.

어쨌든 산업별 연맹을 중심으로 조직되는 것이 독일의 노동자운동인 반면, 제가 준거로 하는 이탈리아의 노동자운동은 노총이 중심입니다. 그리고 사회운동노조는 산업별 연맹이 아니라 노총을 강조하는 것이지요. 민주노총의 아킬레스건은 아시다시피 비정규직 문제인데, 산업별 연맹으로는 이 문제를 해결할 수 없어요. 비정규직 문제를 해결하기 위해서라도 노총이 중심이 되어야 한다는 것이 제 생각이에요.

게다가 사회운동노조의 관점에서 보면, 지역별 연맹을 강화할 필요도 있습니다. 전노협이 해체되고 민주노총이 건설되는 과정은 남한 노동자운동이 두고두고 풀어야 할 가장 커다란 수수께끼이지요. 사회운동노조의 하나의 준거가 바로 전노협이고, 그 특징이 바로 지역별 연맹인데, 민주노총은 거꾸로 지역별 연맹을 산업별 연맹으로 대체한 셈이거든요.

전태일을따르는민주노동연구소·사이버노동대학의 김승호 선생은 민주노총이 전노협의 전투적 노조주의를 포기한 것이 문제라고 주장하시는데, 저는 그렇지 않다고 생각합니다. 전노협이 민주노총으로 대체된 궁극적 이유는 현실사회주의가 붕괴되면서 마르크스주의의 위기가 전개되는 상황에서 거의 모든 활동가와 연구자가 마르크스주의를 포기한 데 있기 때문이에요. 나 위원장은 남한에 계급의식이 존재하지 않는다고 하시지만, 일차적 책임은 활동가와 연구자 같은 지식인에게 있다는 것이 제 생각이에요.

이런 관점에서 볼 때 민주노총 내부에서 전개되는 좌·우파의 갈등은 큰 의미가 없습니다. 아시다시피 민주노총의 가장 큰 오류는 1997-98년 경제위기·외환위기 이후에 노동의 신축화를 수용한 것이에요. 노동의 신축화를 상징하는 것이 이른바 '3제'이지요. 우파는 그 중에서 정리해고제와 파견근로제를 수용합니다. 그리고 좌파가 변형근로제를 실질적으로 수용하는데, 사실 노동의 신축화의 핵심은 변형근로제이지요. 나 위원장은 민주노총과 한국노총의 차별성도 거의 소멸했다고 하시지만, 저는 아직 그 정도는 아니고 대신 민주노총의 좌·우파의 차별성은 거의 소멸했다고 생각해요.

저는 민주노총의 위기를 극복할 수 있는 대안은 전노협의 부활이 아니라 사회운동노조로의 개혁이라고 생각합니다. 그래서 현재 추진되고 있는 산업별 연맹의 건설에 앞서 노총을 강화하고 또 산업별 연맹의 건설과 함께 지역별 연맹을 강화하자고 제안하는 것이에요. 이것이 3제를 통해 양산된 비정규직이라는 난제를 해결할 수 있는 가장 현실적인 방안이기 때문이지요.

현대자동차노조의 이번 임·단협투쟁(임단투) 때문에 논란이 제기되고 있는데, 그러나 정확한 논점을 제시하면서 비판할 필요가 있습니다. 정규직이 자신의 임금과 노동조건을 위해 투쟁하는 것은 잘못이 아니에요. 다만 비정규직 문제에도 관심을 가져야 한다는 것이지요. 저는 정규직과 비정규직간 경쟁을 강화시키는 것이 자본가의 가장 중요한 전략이라고 생각해요. 그래서 정규직과 비정규직간 경쟁을 제한하기 위해 민주노총을 강화하여 정액임금인상제를 쟁취해야 한다고 제안하는 것이지요.

그러나 사회운동노조는 조직이나 전략 이상의 것이라는 사실에 주목해야 합니다. 아까 제가 마르크스는 뉴튼이나 다윈에 비견될 수 있는 과학자라고 했는데, 한 가지 중요한 차이가 있어요. 인간의 역사를 대상으로 하기 때문에 이념이라는 문제가 추가되거든요. 마르크스의 노동자운동론을 복원하려는 사회운동노조는 노조의 개혁에서 이념의 중요성을 강조하는 것이기도 합니다. 현대자동차 같은 대기업의 기업별 노조가 자신의 권리의 일부를 노총과 산업별·지역별 연맹으로 양도할 수 있는 것은 오로지 이념의 부활을 통해서일 것이기 때문이지요.

마지막으로 국유화라는 문제에 대해 설명해보겠습니다. 사실 이 문제에 대해서도 『일반화된 마르크스주의 개론』과 짝이 되는 『역사적 마르크스주의』에서 자세하게 설명한 바 있어요. 국유화가 바로 전위정당이 제시하는 정치노선의 핵심인데, 저는 평의회(코뮌·소비에트)의 관점에서 전위정당을 비판하는 동시에 사회화의 관점에서 국유화를 비판하는 입장이에요.

제 입장을 간단하게 설명해보겠습니다. 먼저 부르주아적 국유화와 프롤레타리아적 국유화를 구별할 필요가 있어요. 프롤레타리아적 국유화는 무상몰수를 의미하는 것이지요. 반면 부르주아적 국유화는 유상매입이에요. 사실 차베스 정부가 추진하는 국유화도 무상몰수는 아닌데, 석유지대로 민간자본을 매입하거든요. 그리고 현재 미국에서 진행되는 국유화는 유상매입도 아니고 오히려 구제금융일 따름이지요.

그 다음에 국유화가 사회화의 최고단계라고 생각하시는 것 같은데, 사실 그것은 케인즈의 용어법입니다. 케인즈는 국유화를 비판하면서 사회화, 즉 적자재정을 주장하지요. 그러나 마르크스의 용어법에서는 국유화보다 사회화가 더 높은 단계이고, 사회화의 주체가 바로 평의회예요. 한 마디로 말해서 평의회를 중심으로 사회화를 실현하는 사회가 바로 공산주의이지요.

어쨌든 저는 국유화가 사유화에 대한 마르크스적 대안은 아니라고 생각합니다. 물론 특수한 정세에서는 국유화를 요구할 수도 있겠지요. 그러나 그것은 원칙의 문제가 아니라 정세의 문제라는 것을 명심해야 합니다. 공기업의 사유화에 대한 입장은 현정세 속에서 경제상황이나 세력관계를 보고 판단해야 하겠지요. 그러니까 국유화를 비판하는 것은 원칙적 이념의 수준이고, 국유화가 불가피한 전략으로 채택될 수 있는가 아닌가는 정세를 보고 판단해야 한다고 할 수 있다는 말이에요.

노동자운동의 이념

조건준(금속노조 단체교섭실장) 어떤 책을 보니까 집을 그릴 때 이론가는 지붕부터 그리고 저 같은 경험주의자, 그러니까 활동가는 주춧돌부터 그린다고 합니다. 그런 차이는 자신의 위치에서 어떤 방식으로 사고하고 있는가를 반영하는 것일 텐데, 그래서 이런 자리에서 어떻게 토론할 수 있을지가 고민이에요.

기조발제문을 너무 압축적으로 쓰셔서 저 같은 활동가로서는 읽기가 아주 어려웠습니다. 먼저 일반화된 마르크스주의가 도대체 무엇인지 사실 저는 잘 모르겠어요. 그러나 더 중요한 문제는 사회운동노조라는 것이 국제노동자운동의 맥락에서도 서로 다르게 해석되고 또 남한노동자운동의 맥락에서는 전혀 다르게 이해될 수 있다는 데 있지요.

저는 개인적으로 몇 년 전부터 사회변혁적 노동운동을 주장해왔습니다. 그런데 이것은 어떤 이론적 근거를 갖는 것이기 이전에 제가 현장에서 활동하면서 갖게 된 고민을 반영하는 것이지요. 그러나 몇 가지 측면에서는 사회운동노조와 유사한 논점도 있다는 생각이 드는데, 사회변혁적 노동운동을 주장하려면 국제노동자운동에서 제기되는 이론적 논쟁에 대해 좀 더 관심을 가져야겠다는 생각이 들었어요.

저는 남한 최대의 산별노조인 금속노조, 조합원이 15만이나 되는 금속노조의 단체교섭실장으로 활동하고 있습니다. 그런데 산별노조운동이 심각한 딜레마에 빠져 있는 것은 사실이에요. 산별노조를 물신처럼 숭배하는 활동가를 저는 별신숭배자라고 부릅니다. 산별신을 숭배한다는 말이지요. 저는 조직형태가 네모인가 세모인가 동그라미인가가 중요한 것이 아니라 그 그릇에 담길 물이 중요하다고 생각해요. 네모이든 세모이든 동그라미이든 구정물이 담기면 전부 다 구정물일 따름이기 때문이지요.

그렇다고 해서 제가 산별노조 자체를 부정하는 것은 아니지만, 어쨌든 이런 관점에서 더 많은 고민을 했습니다. 15만 금속노조가 어떤 전략적 목표와 방향을 지향할 것인가는 여전히 아주 모호하기 때문이지요. 조만간 금속노조의 2008년 임단투에 대해 여러 가지 평가가 제시될 것인데, 저도 나중에 개인적 평가를 제시해볼 생각이에요.

그 다음에 현대자동차노조가 고용불안에 대한 공포를 내면화하고 있다는 사실을 무시하면 안 됩니다. 1997-98년 경제위기·외환위기 이후의 아주 충격적인 경험을 저는 '난파선 효과'라고 부르지요.

배가 난파했으니까 나머지가 살려면 몇몇은 뛰어내려야 한다는 상황에서 아비규환이 발생한다는 것이에요. 노동자에게 해고는 곧 생존의 위기이기 때문에 그 공포는 엄청나지요. 그래서 잔업·특근에 더 집착할 수밖에 없는 임금노예의 처지를 수용하는 것이에요.

이런 상황에서 노동자 내부의 식민지, 즉 사내외하청을 비롯한 다양한 비정규직이 양산되고 있습니다. 노동자계급이 중층화되고 분절화되고 위계화되어 있다는 말이지요. 이렇게 냉탕과 온탕이 교차하고 있는 계급적 현실에서 어떤 사안에 대해 노동자계급 전체가 통일된 방식으로 대응할 수는 없어요.

예를 들어 올해 금속노조의 임단투에서 주간연속2교대제를 통한 노동시간단축이라는 요구가 제기되었습니다. 금속노조로서는 아주 중요한 화두였는데, 조합원 내부에서는 전혀 다른 반응이 나왔어요. 현대자동차에서는 찬성했는데, 중소하청업체에서는 반대했던 것이지요. 노동시간이 단축되면, 곧바로 물량이 줄어들면서 비정규직이 해고될 수밖에 없거든요. 이렇게 금속노조 내부에서도 동일한 사안에 대해 동일한 반응이 나오지 않는다는 데 문제가 있어요.

이런 상황에서 제가 주장하는 사회변혁적 노동운동이나 교수님이 주장하시는 사회운동노조에 대해 계속 고민할 필요가 있을 것 같습니다. 임금노예로서 노동자가 어떻게 시민으로 형성될 것인가에 대해 고민하자는 말이에요. 정규직이든 비정규직이든 노동자가 자신의 밥그릇만 챙기는 것이 아니라 우리의 삶 전체에 대한 권리를 주장해야 하기 때문이지요.

그래서 저는 금융위기가 이런 계기, 즉 노동자가 공장이라는 울타리를 벗어나서 사회 전체를 시야에 넣고 투쟁할 수 있는 계기가 될 수도 있다는 생각이 듭니다. 우선 대부분의 조합원이 주택담보대출을 받고 있는 상황에서 신용경색으로 인해 금리가 인상된다면, 개인적 차원에서도 금융위기가 직접적 영향을 미칠 것이기 때문이지요. 또 현대자동차에서도 언젠가 위기가 발생하게 된다면, 이전과는 달리 어떻게 대응할 것인가에 대해서도 고민하고 있어요. 그런 상황에서 산별노조만으로는 역부족일 것이고 당연히 노총 차원에서의 대응이 필요하겠지요.

마지막으로 오늘 교수님의 기조발제를 들으면서 앞으로 정말 많은 대화가 필요하겠다는 생각이 들었습니다. 지붕을 먼저 그리는 사람과 주춧돌을 먼저 그리는 사람이 여러 가지 측면에서 많은 고민을 공유해야 할 시점이거든요. 금융위기에 대해서는 새로운 전문용어도 많고 해서 정말 정신이 없었는데, 교수님이 명쾌하게 설명해주셨습니다. 문제는 노조가 어떻게 대응할 것인가에 있는데, 금속노조부터 본격적 고민을 시작해야 할 것 같아요.

윤소영 시간이 얼마 남지 않은 것 같으니까 서두르겠습니다. 그렇지만 너는 지붕부터 집을 짓고 나는 주춧돌부터 집을 짓는다는 조 실장의 농담에 대해서는 한 마디 안 할 수 없군요. 제가 몽상가라는 뜻으로도 들릴 수 있거든요. 저 같은 연구자는 이론을 전공으로 하기 때문에 언뜻 보면 그렇게 보일지도 모르겠지만, 그렇다고 해서 주춧돌은 없고 지붕만 있는 그런 집을 짓는 것은 아니에요. 주춧돌에 대해서는 패널로 나오신 여러 활동가 선생께서 저보다 더 잘 아시니까 발언할 기회를 양보해드린 것이지 주춧돌을 무시한 채 지붕만 있는 그런 집을 짓는 황당한 주장을 하는 것은 아니라는 말씀을 변명 삼아 먼저 드리고 싶어요.

일반화된 마르크스주의가 도대체 뭔지 모르겠다고 말씀하시는데, 아마 이론보다는 경험을 중시하시는 조 실장의 입장 때문인 것 같습니다. 예를 들어 김승호 선생과 저 사이의 차이도 바로 여기에 있어요. 아시다시피 김승호 선생은 일찍이 노동자운동에 투신하셔서 경험을 아주 강조하시는 분이지요.

1992년에 학술단체협의회에서 마르크스주의의 위기에 대한 토론회가 열린 적이 있는데, 녹취록이 『역사적 마르크스주의』의 부록으로 실려 있으니까 나중에라도 참고하시면 좋겠습니다. 제가 기조발제를 하고 여러 정파를 대표하는 활동가가 패널로 토론에 참여했는데, 당시 제 입장에 대해 가장 큰 거부 반응을 보였던 사람이 바로 김승호 선생을 대변하던 박승호 씨였지요.

박승호 씨는 마르크스주의의 위기가 제기하는 이론적이고 정치적인 쟁점을 전혀 수용하지 않았습니다. 저는 현실사회주의의 붕괴로 인해 마르크스주의가 소멸할 수 있고 이것이 노동자운동에도 지대한 효과를 발생시킬 것이라고 주장했어요. 그러나 박승호 씨는 현실사회주의의 붕괴나 마르크스주의의 위기의 부정적 효과도 결국 노동자운동의 전진을 통해 해결할 수 있다는 입장이었지요.

그 후 제가 15년 동안 연구해온 일반화된 마르크스주의는 마르크스주의의 위기를 해결할 수 있는 대안입니다. 마르크스주의의 위기를 초래한 첫 번째 원인은 자본주의의 역사를 인식하는 데 큰 곤란이 있었다는 데 있지요. 아까 나 위원장의 질문에 대해 답변했던 것처럼, 이제까지의 마르크스주의는 자본주의의 보편적인 구조나 본질에 주목하면서 위기를 극복하는 자본주의의 재생산능력, 즉 특수한 제도나 기능을 간과해왔거든요.

두 번째 원인은 바로 이념의 공백이라는 문제와 관련되는 것입니다. 박승호 씨처럼 운동에 모든 희망을 건다는 주장에 제가 동의할 수 없었던 것은 이념이 소멸하면서 운동도 쇠퇴할 것이라는 생각 때문이었지요. 오늘 아무도 부정하지 못하는 노동자운동의 난맥상은 사실 노동자대중의 책임이 아니에요. 그 동안 이념의 공백이라는 문제를 방치해온 활동가나 연구자 같은 지식인의 책임이지요. 그래서 애꿎은 노동자대중을 비난해서는 안 된다는 것이에요.

요컨대 운동의 핵심은 이념이라는 것입니다. 그래서 『역사적 마르크스주의』의 부제를 '이념과 운동'이라고 붙인 것이지요. 아까 전노협이 해체되고 민주노총이 건설되는 과정에는 수수께끼가 있다고 했지만, 그 비밀은 이념의 소멸 또는 변질에 있다고 할 수 있어요. 조 실장의 농담에 대한 변명이 너무 길어졌는데, 집을 지을 때는 주춧돌도 중요하지만 지붕도 중요하기 때문이지요. 게다가 지붕이 없으면 집이라고 할 수도 없거든요.

그런데 조 실장도 강조하셨지만 제가 생각하기에도 우리 둘 사이에는 의견이 일치하는 부분이 더 많은 것 같습니다. 아까 노동자대중의 상태에 대해 좋은 지적을 많이 해주셨는데, 저도 대부분 공감해요. 마르크스주의자로서 저는 대중이 역사를 만든다고 생각합니다. 그리고 활동가나 연구자가 해야 할 일은 대중보다 한 발 앞서서 사태의 본질을 인식하고 그것에 따라 운동의 방향을 제시하는 것이라고 생각하지요.

저는 현대자동차노조가 자신의 이익을 위해 투쟁하는 것은 당연하다고 생각합니다. 다만 문제는 그것에 그치면 총체적으로 실패할 수밖에 없다는 데 있어요. 비정규직의 문제도 시야에 넣고 투쟁해야 한다는 말이지요. 그런데 그렇게 하기 위해서는 조직도 중요하고 전략도 중요하지만 먼저 이념을 복원해야만 합니다. 노동자계급은 혁명적이 아니라면 아무 것도 아니라고 했는데, 노동자계급이 혁명적이 되려면 먼저 이념이 부활해야만 하거든요.

1980년대를 되돌아보면, 저 자신을 포함해서 수많은 지식인이 쉽게 살 수 있는 길을 버리고 마르크스주의를 지향하는 연구자나 활동가가 되었습니다. 바로 이념 때문이었지요. 소련이나 북한에서 온 잘못된 이념이었다고 해도 이념의 힘이란 바로 그런 것이에요. 노동자대중의 일상생활을 보면 실망스럽기도 할 것입니다. 그렇지만 어떤 계기에 그들도 이념을 수용할 수 있는데, 그렇게 하기 위해서는 활동가나 연구자의 역할이 결정적이지요.

게다가 활동가나 연구자 같은 지식인보다는 오히려 노동자대중이 끝까지 투쟁의 현장에 남는 법입니다. 아까 제가 2012-13년부터 자본주의의 최종적 위기가 시작될 것이라고 예상했지만, 모르겠습니다, 저는 저 자신을 포함해서 지식인은 별로 안 남을 것이라고 생각해요. 온갖 알리바이가 많거든요. 그러나 그런 핑계가 별로 없는 노동자대중은 남을 것입니다. 광주항쟁을 보세요, 도청을 사수한 것은 노동자대중이에요.

다윈의 진화론에 따르면 모든 유기체는 이기적입니다. 그리고 스피노자의 인간학에서도 이기심이 출발점이에요. 자연계도 그렇고 인간사회도 그렇고 모두 자기애가 가장 중요하다는 것인데, 사실 이타적 행동조차도 이기적이기 때문이지요. 이기적 행동으로 인해 자기 자신도 파괴될 것으로 예상되는 상황에서 이타적 행동이 출현하는 법이거든요.

현대자동차노조의 조합원에게 단순한 경제투쟁이 아니라 한 걸음 더 나아가 사회운동의 필요성을 설득하려면, 경제투쟁의 의의를 부정하는 것이 아니라 오히려 그 한계를 지적할 필요가 있습니다. 정규직과 비정규직간 격차를 축소함으로써 노동자간 경쟁을 제한하고 단결을 쟁취하는 것이 자신에게도 이익이라는 사실을 깨닫도록 도와줘야 한다는 말이에요. 아까 투쟁하는 두 계급이 공멸하는 경우가 있다고 했지만, 노동자간 경쟁으로 인해 자본가보다 먼저 노동자가 패망할 수도 있습니다. 초민족화된 자본가의 경제적 도피와 정치적 사보타주 때문이에요.

그래서 제가 그런 극단적 상황을 예방하기 위한 대안으로 사회운동노조, 즉 노조의 사회운동으로의 진출을 제안한 것인데, 그렇게 하기 위해서는 노조가 한 단계 질적으로 비약해야 하고, 이 때 이념의 부활이 필요하다는 것입니다. 사회운동노조는 볼셰비키와 사민주의자의 노동자운동론을 극복하기 위해 마르크스의 노동자운동론을 복원하려는 시도이기 때문이지요.

사회운동노조는 보편적 쟁점과 관련되는 사회운동으로 진출하는 것입니다. 말하자면 다양한 사회운동 속에서 노동자운동의 헤게모니를 재건하려고 시도한다는 뜻이에요. 바로 이 대목에서 '6·10 촛불항쟁'이나 이번 달에 계획된 '촛불민주주의축제'에 대해 비판할 수 있습니다. 제 생각으로 촛불집회는 중간계층의 헤게모니가 관철되는 사회운동이에요. 김대중 정부 이후 사회운동에서 점차 확대되어온 중간계층의 헤게모니가 촛불집회로 계승된다는 말이지요.

아까 금융위기의 전망을 마무리하면서 신자유주의에 대한 계급분석이 필요하다고 지적했는데, 남한에서도 신자유주의의 최고의 수혜자는 역시 초민족화된 부르주아지입니다. 자본가와 최고경영자, 그리고 '머리 까만 미국인' 말이지요. 그러나 대중적 토대가 없는 신자유주의는 재생산될 수 없어요. 바로 이 대목에서 신자유주의에 대한 계급분석이 필요한 것이지요. 신자유주의의 대중적 토대가 바로 중소자본가나 기술·관리자계층입니다. 요즘 키코가 어떻고 펀드가 어떻고 하는 것이 바로 신자유주의의 대중적 토대가 광범위하다는 사실을 반영하는 사례이지요.

바로 그런 이유 때문에 자본주의 자체의 위기가 예고되는 상황에서 개혁적 대안에 대한 낭설이 풍미하는 것입니다. 사회운동의 헤게모니를 중간계층이 장악하고 있는 상황에서 개혁적 대안이 난무할 것은 충분히 예상할 수 있는 일이에요. 그리고 온갖 낯선 전문용어에 파묻혀서 노동자대중은 아무 것도 알지 못한 채 중간계층을 따라갈 수밖에 없겠지요. 저는 중간계층이 헤게모니를 행사하는 사회운동이 신자유주의의 대안이 될 수는 없다고 생각합니다. 그래서 사회운동노조를 통해 사회운동에서 노동자계급의 헤게모니를 복권시켜야 한다고 주장하는 것이지요.

이념과 현실

이한진(사무금융연맹 정책국장) 저는 자신이 무슨 주의자라고 생각해본 적이 한번도 없습니다. 그런데 교수님의 기조발제를 들으면서 제가 혹시 케인즈주의자가 아닌가라는 생각이 들더군요. 그러나 제가 관심을 갖는 것은 이념이 아니라 현실입니다. 미국발 세계금융위기가 심화되고 있지만, 제가 오지랖 넓게 미국경제나 세계경제를 걱정하는 것은 아니에요. 금융위기가 전염되면서 1997-98년에 버금가는 위기가 전개되는 상황에서 남한의 노동자대중을 걱정하는 것이지요. 새로운 세상을 언제 어떻게 만들어가야 할지도 물론 중요하겠지만, 오늘 여기서 우리의 삶의 질도 중요하다는 것이 제 생각이에요.

사실 저도 구조적 모순으로 인한 개인적 곤경 때문에 사무금융연맹에서 활동하게 되었습니다. 그러면서 왜 구조적 모순으로 인해 내 삶이 이렇게 핍박받아야 할까, 내 아들·딸이 살 세상은 이웃과 더불어 행복하게 살 수 있는 공동체로 만들어보고 싶다는 생각이 들었어요. 저는 운동은 기본적으로 인간에 대한 애정과 현실에 대한 관심에서 출발해야 한다고 생각합니다. 그런데 교수님의 기조발제를 들으면서 맥이 빠지더군요. 마르크스주의 연구자의 말을 듣다 보면 우리가 무엇을 한다는 것 자체가 무의미하지 않을까라는 무력감이 생긴다는 것이 저로서는 제일 안타까워요.

어쨌든 교수님이 기조발제를 통해 신자유주의적 금융세계화의 본질을 정확하게 분석해주셨다는 생각이 듭니다. 무엇보다도 증권화와 겸업화를 통해 지역적 차원에서 그리고 동시에 세계적 차원에서 금융기관이 독점이윤을 창출하는 방식을 자세하게 설명해주셨다는 생각이 들어요.

그러나 개념상의 혼동을 한 가지만 지적하겠습니다. 주택을 담보로 하는 대출이든 아니면 카드나 할부금융을 담보로 하는 대출이든 그런 대출을 증권화하는 것을 자산담보부증권이라고 부르거든요. 그러니까 은행이 신용을 창조하기 위해 대출을 증권화하는 것이 자산담보부증권이라는 말이에요. 따라서 자산담보부증권이라는 개념 안에는 주택담보부증권도 포함되는 것이지요.

그리고 한 가지만 질문하고 싶습니다. 교수님은 신자유주의의 몰락이 곧 자본주의의 몰락이라고 하시지만, 저는 금융위기에도 불구하고 자본은 실질적 피해를 입지 않는다고 생각해요. 금융기관이 자본의 위험을 불특정 다수의 대중에게 전가시키는 역할을 하고 있기 때문이지요. 금융위기는 자본이 기생하여 이윤을 창출하는 숙주로서 금융기관이 겪는 위기이지 자본의 위기는 아니라는 것이 제 생각이에요.

그래서 사무금융연맹에서는 자본의 숙주인 금융기관의 위기가 대중의 희생으로 나타난다는 데 주목하면서 금융기관이 대중을 수

탈하는 구조를 조금이나마 축소시키고 통제할 수 있는 운동을 모색하고 있는 중입니다. 노조가 임단투를 넘어서 금융의 사회공공성을 위해 투쟁해야 한다는 문제의식의 공감대를 조금씩 넓혀 가는 것이 저희가 설정한 과제이지요.

윤소영 마찬가지로 짧게 토론하겠지만, 너는 이념에 집착하고 나는 현실에 주목한다는 이 국장의 말씀에 대해서는 잠깐 해명할 필요가 있을 것 같습니다. 인간과 다른 동물의 차이는 이념을 통하지 않고서는 현실을 인식할 수 없다는 데 있지요. 이념 없이 현실을 인식하는 것이 바로 인간 이외의 동물이에요. 철학적으로 말해서 그것이 바로 직관, 쉽게 말해서 본능적 감각이지요. 그러나 인간의 모든 경험은 매개된 경험이에요. 현실에 대한 경험을 매개하는 것이 바로 언어를 통해 형성되는 의식이고, 이런 의식을 체계화하는 것이 바로 이념이지요.

그래서 만약 누가 이념이 아니라 직관이나 감각을 통해 현실을 인식한다고 주장하면, 사실 그는 또 다른 이념을 채택하는 셈입니다. 그것이 바로 철학에서 경험주의나 실증주의라고 부르는 이념이지요. 마르크스는 그런 경험주의적·실증주의적 이념에 대해 비판하면서 현실을 인식하기 위해서는 과학과 그것에 적합한 이념이 필요하다고 주장합니다. 저는 마르크스의 과학과 이념이 현실을 합리적으로 인식하려는 노력이라고 생각해요.

물론 이 국장이 지적하신 것처럼 마르크스의 과학과 이념만으로는 좀 막연하다는 생각이 드는 것도 사실입니다. 연구자에게는 사회운동노조라는 이념만으로 충분하다고 해도 활동가에게는 그것만으로 충분치 않기 때문이에요. 그래서 연구자와 구별되는 활동가의 과제가 있는 것인데, 현장의 구체적 경험을 통해 노동자대중에게 이념을 교육하면서 노동자대중이 일상으로부터 고양될 수 있도록 도와주는 것이 바로 활동가가 할 일이지요. 연구자로서 저는 다만 현재의 엄중한 정세를 돌파하기 위해서는 이념의 부활이 필요하고 사회운동노조가 그런 이념일 것 같다는 의견을 활동가 여러분에게 제안할 따름이에요.

이런 관점에서 한두 가지만 말씀드리겠습니다. 500년에 걸친 자본주의의 역사에서 네 가지 형태의 자본주의가 출현했는데, 미국 자본주의가 그 마지막 형태이지요. 그런데 역사적으로 보면, 늘 어떤 개혁을 통해 낡은 형태의 자본주의가 새로운 형태의 자본주의로 이행했습니다. 영국자본주의에서 미국자본주의로 이행하면서 경험한 마지막 개혁이 바로 케인즈주의적 대안이었지요. 물론 당시에도 케인즈주의적 대안만 있었던 것은 아니고, 레닌주의적 대안이나 파시즘적 대안도 있었지요.

현재의 상황에서도 여러 가지 대안을 구상할 수 있을 것입니다. 이 국장은 스스로도 인정하신 것처럼 케인즈주의나 케인즈주의와 유사한 개혁적 대안을 모색하시는 것 같아요. 너무 뜬구름만 잡으려고 하지말고 애정을 갖고 대중의 일상사를 챙겨야 한다는 것은 지당하신 말씀이지요. 그러나 그렇다고 해서 개혁적 대안이 타당한 것은 아니에요.

이 국장이 제안하시는 금융의 사회공공성은 현실성이 없는 대안입니다. 제가 버냉키를 비판하면서 강조했듯이, 증권회사의 위기를 극복하기 위해 새케인즈주의가 제시하는 대안은 은행업과 증권업을 겸업화하는 것이에요. 그리고 이 국장이 저보다 더 잘 아시겠지만, 한·미자유무역협정을 보완하기 위해 노무현 정부가 제정한 자본시장통합법이나 이명박 정부가 추진하는 금산분리법의 완화도 핵심은 그런 겸업화에 있는 것이지요.

더 중요한 문제는 금융위기를 해결한다고 해서 경기침체가 해결되지는 않는다는 데 있습니다. 이미 강조한 것처럼, 미국자본주의를 대불황에서 구원하는 데는 2차 세계전쟁이 필요했거든요. 그렇다면 오늘도 새로운 세계전쟁을 수용해야 하는가라고 반문하고 싶어요. 저는 세계전쟁보다는 오히려 지역전쟁이나 국지전쟁의 현실성이 더 크다고 생각하는데, 문제는 그것이 바로 동아시아나 한반도에서 발생할 수 있다는 데 있지요.

이 국장이 말씀하신 무력감은 사실 공포심입니다. 물론 저 자신도 2012-13년 이후의 상황을 예상하면 공포스러울 때가 많아요. 그리고 당연하게도 저 자신보다는 제 딸아이나 그 아이의 친구들의 앞날이 더 걱정되지요. 그런데 스피노자가 말한 것처럼, 공포를 극복하는 것은 이성밖에 없습니다. 달리 말해서 마르크스주의의 유일한 강점인 이론, 즉 과학과 이념밖에 없어요.

이름 없는 수많은 열사와 함께 끝까지 도청을 지킨 윤상원 선생은 자신의 이념으로 공포를 극복했을 것입니다. 이 국장이 말씀하신 것처럼 내 아들·딸이 살 세상은 이웃과 더불어 행복하게 살 수 있는 공동체로 만들어보고 싶다는 꿈이 바로 제가 말하는 이념이에요. 이념이란 달리 말해서 이상이거든요. 그리고 제가 말하는 그런 이념이나 이상은 현실을 합리적으로 설명하는 마르크스의 과학에 의해 지지되는 것이지요.

자본의 위기인가 금융의 위기인가라는 쟁점에 대해서는 이미 5분짜리 경제위기론 보강에서 충분하게 설명했기 때문에 생략하기로 하겠습니다. 대신 이 국장이 지적하신 개념적 혼동에 대해 한 마디만 하겠어요. 주택담보부증권은 자산담보부증권의 일종이라고 하시는데, 물론 그렇다고 할 수도 있겠지요. 그러나 양자를 구별하는 것이 관행이에요. 저도 자료를 더 찾아보겠지만, 이 국장도 그러시는 것이 좋겠다는 생각이 드는군요.

반면 주택담보부증권이나 자산담보부증권을 일종의 신용창조로 이해하시는 것 같은데, 이 점에서는 오히려 이 국장에게 개념적 혼동이 있습니다. 은행의 대부 또는 신용의 기초는 예금이에요. 그리고 물론 예금할 수 있는 것은 화폐뿐이지요. 최초의 예금이 승수효과를 통해 몇 배의 신용으로 증가하는 것이 바로 신용창조입니다. 그런데 금융혁신에서 문제가 되는 것은 예금이라는 기초가 없는 파생금융상품이에요. 쉽게 말해서 돌려막기라는 것이지요.

김연탁(공공노조 전북본부 사무처장) 저도 패널로 초청을 받았는데, 기조발제를 듣고서 거절하길 잘했다는 생각이 듭니다. 그래도 사회자인 박준형 국장이 논평을 요청하시니까 플로어에서나마 한두 마디만 하겠어요. 저는 현재 공공노조 전북본부에서 사무처장으로 활동하고 있는데, 이전에는 전북지역 평등노조 위원장으로 지역일반노조운동과 관련된 활동을 한 경험이 있지요. 이제까지 활동해온 과정에서 갖게 된 몇 가지 고민을 논평을 대신해서 말씀드리도록 하겠어요.

첫 번째로 민주노총의 위기는 결국 노조운동의 주체의 위기라는 생각을 해봅니다. 실제로 1987년 노동자대투쟁의 주체가 이미 40대 중후반이나 50대 초반에 접어들면서 지역에서 새로운 돌파구를 만들어갈 수 있는 동력이 많이 사라진 상태이지요. 그런 상태에서 새로운 주체를 형성하기 위해서는 과연 무엇을 해야 할 것인가를 고민해야 한다는 것이 제 생각이에요.

두 번째로 노조운동을 중심으로 한 그 주위의 운동에 대한 문제가 있습니다. 실제로 노조운동이 1996년부터 2003년까지의 7년 투쟁에서 김대중·노무현 정부에게 패배한 가장 큰 이유는 투쟁의 주체가 노동자밖에 없었기 때문이라고 생각하거든요. 그래서 노조운동을 엄호하는 동시에 노조운동과 병행할 수 있는 사회운동을 어떻게 형성할 수 있을까를 고민해야 한다는 것이 제 생각이에요.

이런 고민을 중심으로 지역에서 활동하고 있다는 말씀입니다. 사실 저는 이번에 교수님의 강의를 처음 들었는데, 오늘 들은 내용을 조합원에게 풀어내야 한다고 생각하면서도 풀어낼 수 있는 길이 별로 없어요. 다른 활동가도 마찬가지일 것이라고 생각하는데, 노조운동의 이념이나 목적을 조합원에게 풀어낼 수 없는 활동가의 한계가 분명히 있거든요. 조합원의 상태나 현실을 핑계로 오히려 도피하는 것이 현재 활동가가 처해 있는 상황이에요.

과거의 지역활동은 공동의 의제, 가령 민주화면 민주화 같이 모두가 공유할 수 있는 의제가 있었기 때문에 가능했다고 생각합니다. 저는 현재 그런 의제로는 비정규직 이외에도 사회공공성이 있다고 생각해요. 그래서 민주노총 전북본부를 위시하여 공공연대로 포진하고 있는 여러 단체들, 그러니까 공공노조의 여러 단위노조, 진보정당, 시민사회단체 등 22개 단체가 모여서 사회공공성·공교육강화전북네트워크를 구성하여 일제고사에 대한 대응을 비롯한 사회공공성과 관련된 의제를 개발하고 있지요.

윤소영 비정규직에 대해서는 아까 토론한 바 있으니까 생략하겠습니다. 김 처장은 사회공공성에 공교육을 포함하시는데, 저는 생각해봐야 할 문제가 있다고 생각합니다. 저도 1980년대 후반 전교조투쟁에 대해서는 얼마간 알고 있는데, 그러나 최초의 선배활동가가 해고된 다음 후배활동가가 새로이 진입하면서 전교조투쟁이 실리주의적으로 변질되었다고 생각해요.

예를 들어 지금 말씀하신 공교육 강화란 평준화 유지를 의미하는데, 그것은 교육운동의 목표가 될 수 없다는 것이 제 생각입니다. 아까 부르주아지가 초민족화된다고 했지만, 요즘은 초등학생이나 중·고등학생도 모두 조기유학을 가고 있어요. 달리 말해서 초민족화된 부르주아지는 자본을 도피시킬 뿐만 아니라 두뇌도 도피시킨다는 것이에요. 몇 년 전에 민주노동당이 주장한 것처럼, 서울대를 폐지하면 공교육이 강화될 것이라는 주장도 전혀 근거가 없어요. 서울대를 없애면 연·고대가 '서울대'가 될 것이기 때문이지요. 저는 공교육을 강화하기 이전에 조기유학이나 두뇌도피라는 문제를 제기해야 한다고 생각해요.

김 처장은 노조운동과 결합할 수 있는 사회운동에 대한 고민이 필요하다고 지적하시는데, 제가 제안하는 사회운동노조에 적합한 사회운동은 정확한 내용을 갖는 것입니다. 과천연구실에서 그런 사회운동을 제안하는 책을 이미 여러 권 출판했는데, 교육운동이나 보건의료운동 이외에도 여성운동과 생태운동과 평화운동을 강조하는 것이 제 입장이에요.

달리 말해서 사회운동노조는 공공성과 관련되는 교육이나 보건의료라는 문제에만 관심을 갖는 것이 아니라 여성이나 생태나 평화라는 문제에도 관심을 갖는다는 것입니다. 그리고 이런 다양한 문제를 중간계층의 관점이 아니라 노동자계급의 관점에서 해결하려고 시도한다는 것이지요. 나중에라도 과천연구실의 책을 참고하시면 김 처장에게 큰 도움이 될 것 같아요.

2009년 경제정세*)

작년 10월 초에 저는 공공노조가 주최한 토론회에서 2007-08년 금융위기가 대불황을 예고한다고 예상한 적이 있습니다. 당시 제가 제시한 금융위기의 전개과정과 정책대응에 대한 설명을 녹취한 것이 「2007-08년 금융위기의 분석과 전망」(이 책에 실림)이지요. 오늘 이런 설명을 반복할 여유는 없으므로 「2007-08년 금융위기의 분석과 전망」을 전제하겠어요.

다만 한두 가지 논점만 지적해두겠습니다. 우선 금융위기의 전개과정에서는 2007년 8월에 시작된 신용위기가 2008년 9-10월에 국책모기지회사를 비롯하여 증권회사와 보험회사의 위기로 심화된다는 사실에 주목해야 하지요. 또 금융위기에 대한 정책대응의 핵심은 연방준비제도이사회(FRB, 연준)와 재무부가 겸업화와 인수·합병(M&A)을 기조로 유지하면서 불가피한 경우에는 구제금융과 국유화를 실행한다는 사실에 있어요.

그 결과 2009년 3월부터 금융위기가 얼마간 진정됩니다. 최근에 올해 하반기에는 경기가 회복될 것이라는 예상이 제시되고 있는 것은 이 때문이지요. 그러나 그런 예상은 별로 근거가 없어요. 그래서 오늘 강의의 전반부에서는 연준과 재무부의 추가적 정책대응을 분

*) [ ] 안의 문장은 사회운동학교 이후에 추가한 것이다.

석하면서 금융위기가 은행위기, 나아가 증시붕괴와 달러위기로 심화되어 더블딥(double dip, 이중침체)이 발생할 가능성에 대해 설명해보겠어요.

나아가 오늘 강의의 후반부에서는 이제까지 여러 마르크스주의자들이 제시한 바 있는 금융위기에 대한 분석과 대안에 대해서도 검토해보겠습니다. 특히 뒤메닐과 아리기에게 주목하면서 그들의 입장과 제 입장을 비교해볼 생각이에요. 남한의 경우에는 주목할 만한 논자가 별로 없는 것이 사실이지만, 그러나 어쨌든 간단하게 평가해보겠어요.

주가, 환율, 금값의 변동

먼저 대표적 금융지표인 주가, 환율, 금값을 보면, 올해 3월부터 금융위기가 얼마간 진정되었음을 알 수 있습니다. 2009년 3월 초에 다우존스산업평균지수는 6500까지 하락하는데, 고점인 2007년 10월의 14000과 대비하여 50% 이상 하락한 수준이지요. 그 후 다우지수는 반등에 성공하여 7월에 9000을 돌파해요. 주가가 상승하는 주된 요인으로는 보통 은행을 비롯한 금융기관의 주가 회복을 지적하고 있어요. [10월 이후 주가는 1년만에 10000을 회복한다.]

마찬가지로 2007년 10월에 2000을 돌파한 남한증시는 2008년 10월에 1000까지 하락합니다. 그러나 2009년 3월부터 반등하여 7월에는 1500을 돌파해요. 주가가 상승하는 주된 요인으로는 보통 4월부터 시작된 외국인의 귀환을 지적하지요. 그 결과 시가총액에서 외국인이 차지하는 비중도 30%를 회복하는데, 그것은 2008년 중반, 즉 금융위기가 폭발하기 직전 수준이에요. 1997년의 12%에서 2004년의 43%로 상승한 외국인 비중은 금융위기가 폭발하면서 2008년 10월에 27%까지 하락하거든요. [9월에 1700을 돌파한 주가는 10월에 1500으로 하락하다가 11월 중순에 1600으로 반등한다.]

또 2007년 10월에 6000을 돌파한 상하이증시는 2008년 11월에 1700까지 폭락하다가 2009년 7월에 3400을 회복합니다. 주가가 상승하는 데는 다양한 요인이 있을 것인데, 다만 거품이 아닌가라는 논란이 또다시 제기되고 있다는 사실만 지적하도록 하겠어요. [8월 이후 하락세로 반전된 주가는 9월에 2800까지 하락하다가 11월 중순에 3300으로 반등한다.]

한편 2008년 3-7월에 저점에 도달한 달러가치는 금융위기가 심화되면서 8월부터 강세로 반전되어 올해 3월에는 기준점을 절반 정도 회복합니다. 「2007-08년 금융위기의 분석과 전망」에서 그래프로 제시한 것처럼, 달러가치의 기준점은 달러위기가 시작되기 직전인 1973년의 수준을 의미하고, 저점은 달러위기의 정점인 1979년의 수준을 의미하지요. 반면 달러가치의 고점은 일정치 않아요.

어쨌든 올해 3월부터 금융위기가 얼마간 진정되면서 달러가치는 약세로 반전되는데, 7월에는 다시 절반 정도 하락합니다. 마음 속으로 그래프를 그려보면서 생각해보세요. 기준점을 절반 정도 회복한 수준에서 다시 그 절반 정도가 하락한다는 것이지요. 달리 말해서 아직 저점에 도달하지는 않았다는 것이에요. [그러나 달러가치의 약세가 지속되면서 11월 중순에는 거의 저점에 도달한다.]

2008년 1월의 달러당 900원에서 11월의 1500원으로 상승한 원의 환율은 12월에 1200원으로 하락하다가 올해 2월에 다시 1600원까지 상승합니다. 작년 말과 올해 초에 환율이 마치 롤러코스터를 탄 것처럼 요동친 것인데, 그래서 제가 외환위기가 재발할 가능성이 있다고 예상한 것이지요. 환율이 5월에 1200원으로 하락하고 7월까지 이 수준을 유지하는 것은 3월 이후 달러가치가 약세로 반전된 덕분이지요. [달러가치의 약세가 지속되면서 9월 이후에는 1100원으로 하락한다.]

위안은 원처럼 환율의 변동이 급격하지 않습니다. 다양한 요인이 있겠지만, 2005년에 변동환율제로 이행한 다음에도 중앙은행인 인민은행이 외환시장에 개입하여 위안의 평가절하를 유지하기 때문이라는 것이 통설이지요. 게다가 작년 6월 이후에는 아예 고정환율제로 복귀하거든요. 그 결과 위안은 현재 20-40% 정도 평가절하된 상태라고 추정되고 있어요.

달러가치와 비교해볼 수 있는 것이 금값입니다. 2008년 1월에 온스당 900달러로 상승한 금값은 3월과 7월에 1000달러까지 상승하다가 8월 이후 금융위기가 심화되고 달러가치가 강세로 반전되면서 11월에는 700달러까지 하락하지요. 그러나 2009년 2월과 6월에 다시 1000달러까지 상승하는데, 금융위기가 얼마간 완화되면서 달러가치가 약세로 반전되기 때문이에요. 금값은 당분간 900달러와 1000달러 사이에서 등락을 반복할 것 같아요. [그러나 달러가치가 약세를 지속하면서 9월에 1000달러, 10월에 1050달러를 유지하다가 11월 중순에는 1150달러까지 상승한다.]

오늘 강의의 주제는 아니지만, 유가와 곡가의 동향에 대해서도 잠깐 주목해보겠습니다. 작년 9월 토론회의 녹취록인 「현정세와 사회운동노조」의 서론(이 책에 실림)에서 설명한 것처럼, 유가는 작년 7월에 150달러까지 상승하지요. 금융위기와 달러강세로 인해 9월부터 하락세로 반전된 유가는 올해 2월에는 30달러에 도달해요. 그러나 그 후 반등하여 7월부터 70달러를 유지합니다. 또 작년 7월에 1980년대 이후 최고치에 도달한 곡가는 올해 7월까지 하락세를 유지하다가 8월부터 얼마간 반등하지요.

연준의 수량완화정책

이렇게 금융지표만 보면, 금융위기가 완화된 것은 누구도 부정할 수 없습니다. 그러나 문제는 금융위기가 완전하게 해결된 것이 아니라는 데 있어요. 금융위기에 대응하여 연준과 재무부가 여러 가지 정책을 실행하는데, 그 중에서도 가장 중요한 것은 역시 연준의 통화정책이지요. 그런데 이번에 연준이 실행한 통화정책은 교과서에 나오는 전통적 통화정책과는 상당히 거리가 멀어요. 게다가 연준의 비전통적 통화정책 자체가 더블딥의 가능성을 내포하고 있다고 할 수 있어요.

전통적 통화정책에 대한 마르크스적 설명은 제가 얼마 전에 출판한 『마르크스의 '자본'』(공감, 2009)을 참조하시기 바랍니다. 여기서는 그것과 비교하면서 연준의 비전통적 통화정책에 대해 설명해 보겠어요. 경제학을 전공한 사람은 쉽게 이해할 수 있겠지만, 그렇지 않은 사람은 조금 난삽할지도 모르겠어요. 그러나 이런 설명을 생략하고 경제정세를 분석할 도리는 없어요.

제가 늘 강조하는 것처럼, 화폐·금융론은 경제학의 난제 중 하나입니다. 마르크스도 화폐와 금융에 대한 완전한 설명을 제시한 적은 없어요. 그래서 『마르크스의 '자본'』에서 부르주아 화폐·금융론에 대한 마르크스적 비판을 재구성해보려고 시도한 것이에요. 오늘은 중앙은행의 통화정책을 중심으로 이런 시도를 보충해보겠어요.

통화정책은 거시경제적 목적(goal) 또는 최종목표(objective)를 달성하기 위해 몇 가지 도구(tool)를 사용하는데, 문제는 양자의 관계가 직접적이 아니라는 데 있습니다. 통화정책의 도구와 최종목표를 매개해주는 연결고리는 두 가지인데, 하나는 수단목표(instrument target) 또는 운용목표(operating target)이고, 또 하나는 중간목표(intermediate target)이지요.

통화정책의 도구를 대표하는 것이 공개시장조작입니다. 여기서 공개시장은 국채의 발행시장이 아니라 유통시장을 의미하는데, 미국에서는 국채를 재무부증권이라고 부르지요. 전통적 통화정책의 도구에는 공개시장조작 이외에도 지불준비율조작과 재할인율조작이 있어요. 전통적 통화정책의 도구에 대한 설명은 『마르크스의 '자본'』을 참조하세요.

공개시장조작, 지불준비율조작, 재할인율조작을 통해 중앙은행이 관리할 수 있는 운용목표가 바로 기준금리입니다. 미국에서 기준금리는 연방기금의 금리를 의미하는데, 연방기금은 은행이 연준에 예치하는 지불준비금이고, 연방기금금리는 연방기금의 은행간 거래에 적용되는 단기이자율이지요. 나아가 기준금리를 통해 관리할 수 있는 중간목표가 바로 국채수익률이에요. 국채수익률은 기준금리와 달리 장기이자율이지요.

통화정책은 이렇게 공개시장, 지불준비율, 재할인율을 조작하여 기준금리, 국채수익률을 관리함으로써 최종목표를 달성합니다. 이것을 통화정책의 전달메커니즘(transmission mechanism)이라고 불러요. 전달메커니즘을 둘러싸고 여러 가지 논쟁이 제기되는데, 가장 중요한 쟁점은 역시 이자율의 변화가 투자의 변화를 초래할 수 있는가 여부이지요.

통화정책의 전달메커니즘에 대한 이런 설명은 물론 케인즈주의적인 것입니다. 반면 통화주의에서는 이자율이 아니라 통화량에 주목하지요. 연준도 한때 통화량을 중시한 적이 있는데, 그러나 『마르크스의 '자본'』에서 설명한 것처럼, 통화 개념이 점차 확대되면서 다시 이자율을 중시하게 되지요.

케인즈주의에서는 통화정책의 최종목표가 완전고용, 달리 말해서 고용안정이라고 주장합니다. 반면 통화주의는 고용안정이 아니라 물가안정이 통화정책의 최종목표라고 주장하지요. 그런데 연준은 양자의 주장을 결합하여 고용안정과 물가안정을 통화정책의 두 가지 최종목표로 설정하고 있어요.

제가 늘 강조하는 것처럼, 이 대목에서 신보수주의와 신자유주의를 구별할 필요가 있습니다. 신보수주의는 고용안정이라는 케인즈주의적 최종목표를 물가안정이라는 통화주의적 최종목표로 대체하지요. 반면 신자유주의는 이 두 가지 최종목표를 결합하는 것인데, 이런 입장을 새케인즈주의(New Keynesianism)라고 불러요.

당연하지만, 고용안정과 물가안정은 연준 그 자체의 최종목표가 아닙니다. 통화정책의 최종목표를 결정하는 것은 정부와 의회, 결국 정부와 의회가 대표하는 국민이거든요. 그래서 미국에서는 고용안정과 물가안정을 연준의 '이중위임'(dual mandate)이라고 부르기도 해요. 정부와 의회, 결국 국민이 연준에게 두 가지 최종목표를 위임한다는 말이지요.

어쨌든 연준의 통화정책은 통화주의가 아니라 새케인즈주의, 신보수주의가 아니라 신자유주의라고 할 수 있다는 것인데, 이제부터 무엇이 전통적 통화정책과 달라지는가를 설명해보도록 하겠습니다. 비전통적 통화정책의 핵심은 한 마디로 말해서 제로금리정책과 수량완화정책에 있어요.

2007년 9월부터 2008년 4월까지 연준은 연방기금금리를 5.25%에서 2%로 인하합니다. 그러나 금융위기가 심화되면서 2008년 10월에는 1%, 12월에는 결국 0.25-0%로 인하하지요. 금리가 0.25-0%라는 것은 사실상 제로금리정책을 의미합니다. 제로금리정책 이후에 채택할 수 있는 것은 수량완화정책밖에 없어요.

좀 더 자세하게 설명해보겠습니다. 신용위기에 대응하여 중앙은행은 통화완화정책(ME)을 실행하지요. 통화완화정책에는 두 가지가 있는데, 하나는 가격완화정책(PE)이고 또 하나는 수량완화정책(QE)이에요. 가격을 완화하는 정책이 전통적 통화정책입니다. 여기서 가격은 은행의 지불준비금(≡본원통화 －현금)의 가격, 즉 연방기금금리이고, 가격완화정책은 연방기금금리의 인하를 의미하기 때문이지요.

문제는 신용위기가 은행위기로 심화되는 경우입니다. 『마르크스의 '자본'』에서 설명한 것처럼, 신용위기는 유동성위기인 반면 은행위기는 건전성위기이지요. 그럴 경우 기준금리를 계속 인하할 수밖에 없는데, 그러나 기준금리가 마이너스가 될 수는 없어요. 쉽게 말해서 돈을 빌려주면서 웃돈까지 얹어줄 수는 없다는 것이에요. 제로금리정책 이후에 사용할 수 있는 통화정책이 바로 수량완화정책이라는 것이 버냉키의 주장이지요.

버냉키는 내년 1월 말로 4년 임기가 만료되는데, 최근 외신을 보니까 그의 후임으로 누가 적당한지 경제학자들을 대상으로 설문조사를 한 결과 70-90%가 버냉키의 연임에 찬성했답니다. 「2007-08

년 금융위기의 분석과 전망」에서도 지적한 것처럼, 버냉키말고 이번 금융위기에 대처할 만한 사람은 없는 것 같아요. [8월 말에 오바마 대통령은 차기 연준의장으로 버냉키를 재지명한다.]

사실 수량완화정책은 이전에도 몇 번 사용한 적이 있습니다. 전형적 사례가 2001년부터 2006년까지 일본은행이 실행한 수량완화정책인데, 그것은 중앙은행의 자산의 증가와 그에 따른 부채의 증가를 의미해요. 중앙은행의 자산은 국채이고, 부채는 본원통화(≡현금 +지불준비금)이지요.

수량완화정책은 공개시장조작과 전혀 다른 것입니다. 이미 지적한 것처럼 공개시장은 국채의 유통시장을 의미하는데, 공개시장이 조작되더라도 이미 발행된 국채의 수량은 변동하지 않거든요. 다만 그것을 보유하는 것이 은행인가 아니면 중앙은행인가에 차이가 있을 따름이에요. 중앙은행은 공개시장조작을 통해 본원통화의 수량을 관리하는데, 국채를 구입하면 본원통화량이 증가하고 국채를 판매하면 본원통화량이 감소하거든요.

반면 수량완화정책에서는 국채의 발행시장이 문제입니다. 즉 정부의 세입보다 세출이 큰 적자재정으로 인해 그만큼 국채가 발행되는 것이고, 그렇게 발행된 국채를 구매하기 위해 중앙은행이 본원통화를 신규로 발행해야 한다는 것이에요. 그것을 적자재정으로 인한 국채의 '화폐화'(monetizing)라고 부르지요.

그런데 버냉키(http://www.federalreserve.gov/newsevents/)는 연준의 수량완화정책이 일본은행의 수량완화정책과 차이가 있다고 주장합니다. 2008년 10월부터 재무부의 구제금융, 즉 2008년긴급경제안정화법에 따른 부실자산구제계획이 시행되면서 본격화되는 연준의 수량완화정책은 단지 자산을 증가시키는 것이 아니라 오히려 자산의 구성을 변화시키기 때문이라는 것이에요.

좀 더 자세하게 설명해보겠습니다. 연준의 수량완화정책은 장기정책과 단기정책으로 구별할 수 있어요. 나아가 단기정책은 간접정책과 직접정책으로 구별할 수 있지요. 장기정책은 방금 설명한 것처럼 정부에 대한 대부, 즉 재무부증권의 구매를 의미하지요. 또 달러가 사실상 세계화폐의 기능을 수행하고 있기 때문에 외국의 정부가 발행한 국채의 구매까지도 포함하지요.

단기간접정책은 은행을 비롯한 금융기관에 대한 대부를 의미합니다. 또 외국의 중앙은행에게 사실상 세계화폐인 달러를 대부해주는 통화교환을 포함하지요. 반면 단기직접정책은 대기업에 대한 대부와 중소기업·소비자에 대한 대부를 의미합니다. 대기업에 대한 대부는 특히 대기업이 발행한 기업어음(CP)이나 그것을 증권화한 자산담보부기업어음(ABCP)의 구매이고, 중소기업·소비자에 대한 대부는 자산담보부증권(ABS)의 구매이지요. 기업어음, 자산담보부기업어음, 자산담보부증권에 대한 설명은 「2007-08년 금융위기의 분석과 전망」을 참조하세요.

연준의 수량완화정책의 핵심은 장기정책이 아니라 단기정책에 있다는 것이 버냉키의 주장입니다. 즉 이번 금융위기에서 연준은 '정부의 은행'이 아니라 '은행의 은행', 게다가 '기업·소비자의 은행'이라는 역할을 담당하고 있다는 것이에요. 은행의 은행이라는 역할을 '최종대부자'라고 부른다면, 기업·소비자의 은행이라는 역할은 '최초대부자'라고 부를 수 있겠지요.

중앙은행이 최초대부자로서 기업·소비자의 은행의 역할을 담당해야 한다는 것은 신용위기가 은행위기로 심화될 가능성이 있음을 의미하는 것입니다. 뿐만 아니라 최종대부자로서 은행의 은행의 역할도 이번에는 아주 특이하다고 할 수 있어요. 평상시에 중앙은행은 공개시장조작 등을 통해 그런 역할을 하는데, 이번에는 은행의 자산 중 국채가 아닌 다른 자산도 구매해주기 때문이지요. 게다가 은행이 아닌 금융기관, 즉 증권회사와 보험회사의 자산도 구매해주기 때문이에요.

연준의 수량완화정책은 연준법에 따른 것입니다. 연준법을 보면, '비상위급상황'(unusual and exigent circumstances)에서 은행뿐만 아니라 또한 증권회사나 보험회사 같은 비은행금융기관, 심지어 기업과 소비자에게도 직접 대부할 수 있는 연준의 권한이 규정되어 있거든요. 그런데 1932년에 추가된 이 권한은 1930년대 대불황 이후에는 한번도 사용된 적이 없어요. 달리 말해서 이번 금융위기에서 두 번째로 사용된다는 것이에요.

이런 의미에서 연준의 수량완화정책은 역사적 예외로 취급되던 사례를 복원시킨 것입니다. 그런데 놀랍게도 2002-04년에 연준 이사로 재직하던 버냉키가 수량완화정책에 대한 연설을 몇 번 한 적이 있어요. 물론 버냉키가 이번 금융위기를 예상한 것은 아니고 작년 초반까지는 사태를 너무 낙관한 것도 사실이지만, 그러나 나름대로 대비책을 갖고 있었다는 것이에요.

어쨌든 연준의 수량완화정책은 대불황에 대응하는 정책의 대표적 사례입니다. 또 다른 사례는 방금 언급한 재무부의 구제금융인데, 그것은 곧 설명할 것처럼 은행위기를 해결하기 위해 1932년에 설립된 재건금융공사(RFC)를 부활시킨 것이에요. 저도 「2007-08년 금융위기의 분석과 전망」에서 대불황의 재발을 예상한 적이 있지만, 버냉키도 올해 2월의 인터뷰에서 '작년 10월에 우리는 2차 대불황에 아주 근접했었다'고 회고하고 있지요.

연준의 수량완화정책의 규모에 대해서도 설명해보겠습니다. 2007년 말과 2008년 말의 연준의 대차대조표를 비교해보면, 자산은 0.92조달러에서 2.24조달러로 1.32조달러만큼 증가하지요. 그런데 재무부증권은 0.74조달러에서 0.48조달러로 오히려 0.26조달러만큼 감소해요. 따라서 자산과 재무부증권의 차액의 증가만큼 단기정책에 따른 대부가 증가한 것임을 알 수 있지요. 연준이 정부의 은행이 아니라 은행의 은행, 게다가 기업과 소비자의 은행이라는 역할을 한다는 사실을 이렇게 설명할 수 있는 것이에요.

부채도 0.88조달러에서 2.20조달러로 1.32조달러만큼 증가하는데, 그 결과 자산과 부채의 차액인 자본은 거의 불변입니다. 이미 설명한 것처럼, 부채는 본원통화를 의미하는데, 은행을 제외한 민간이 보유하는 본원통화인 현금은 0.79조달러에서 0.85조달러로 약간 증가하지요. 반면 은행이 보유하는 본원통화인 지불준비금은 0.02조달러에서 0.86조달러로 대폭 증가해요. 은행이 연준에서 대부받은 자금의 상당 부분을 지불준비금으로 예치하거든요. 어쨌든 본원통화가 0.90조달러만큼 증가한 셈인데, 이것이 금융위기를 얼마간 진정시킨 주된 요인이에요.

재무부의 구제금융

이제 재무부의 구제금융을 설명해야 하는데, 복잡한 데다가 논쟁도 아주 많습니다. 2009년 2월에 재무부는 7000억달러 규모의 1차 구제금융인 부실자산구제계획(TARP)을 보충하는 2차 구제금융으로 2조달러 규모의 금융안정계획(FSP)을 발표하는데, 그 핵심은 1조달러 규모의 공사제휴투자계획(PPIP)에 있어요. 공사제휴투자계획은 저축대부조합(S&L)의 위기에 대처하기 위해 1989년에 설립한 정리신탁공사(RTC)의 변종이라고 할 수 있지요.

정리신탁공사는 금융기관이나 기업의 부실자산을 구매해주는 것입니다. 공사제휴투자계획을 굳이 그 변종이라고 부른 이유는 공사제휴라는 조건 때문이에요. 여기서 공(公) 또는 관(官)은 재무부와 연방예금보험공사(FDIC)를 의미하는 반면 사(私) 또는 민(民)은 사모펀드, 헤지펀드, 투자신탁기금(뮤추얼펀드), 연금기금 같은 기관투자가를 의미하지요. 그래서 말 그대로 공사(公社)인 정리신탁공사와 달리 공사제휴투자계획은 그 변종이라고 부른 것이에요. 1차 구제금융을 보충하는 2차 구제금융은 민간이 참여하기 때문에 의회의 승인을 필요로 하는 것은 아니지요.

여기서 1차 구제금융과 2차 구제금융의 관계에 대한 설명을 보충할 필요가 있습니다. 「2007-08년 금융위기의 분석과 전망」에서 설명한 것처럼, 1차 구제금융은 원래 정리신탁공사로 구상된 것이에요. 그런데 의회의 토론과정에서 민주당의 주장대로 재건금융공사와의 결합으로 유권 해석되지요. 그러나 금융위기가 심화됨에 따라 기업과 소비자에게도 구제금융이 확대 적용되면서 정리신탁공사의 역할을 할 수 없게 됩니다. 그래서 정리신탁공사를 추가할 필요가 발생한 것인데, 그러나 의회가 더 이상 승인해줄 것 같지 않으니까 공사제휴투자계획이라는 고육지책을 채택한 것이에요.

그런데 올해 3월부터 금융위기가 완화되면서 그런 구상 자체가 유야무야됩니다. 그럼에도 불구하고 재무부의 구제금융에 대한 설명이 필요한 이유는 그것을 둘러싸고 국유화 논쟁이 전개되기 때문이지요. 다양한 국유화론자들이 있는데, 특히 주목할 만한 논자는 루비니와 국제경제연구소의 일부 연구원, 특히 포젠과 존슨이라는 것이 제 생각이에요.

뉴욕대학 교수인 루비니에 대해서는 「2007-08년 금융위기의 분석과 전망」에서 소개한 적이 있습니다. 이번에 새로 소개하는 국제경제연구소의 부소장 포젠은 1990년대 일본의 장기불황에 대한 전문가이고, 존슨은 국제통화기금(IMF) 수석경제학자를 역임하고 얼마 전부터 매서추세츠공과대학(MIT) 교수로 재직하면서 국제경제연구소에도 관여하는 화폐·금융전문가이지요.

이번 금융위기를 예상한 경제학자로 유명한 루비니의 웹사이트(http://www.rgemonitor.com/)는 잘 아실 것인데, 금융위기가 심화되면서 국제경제연구소의 웹사이트(http://www.iie.com/)에도 특별코너가 설치되었습니다. 하나는 '실시간 경제문제 워치(watch, 불침번)'이고, 또 하나는 '시사문제인터뷰'이지요. 신문이나 방송 같은 대중매체를 통해서는 잘 알 수 없는 깊숙한 내막을 알고 싶다면, 이 두 웹사이트를 찾아볼 필요가 있어요.

루비니, 포젠, 존슨은 모두 재무부의 구제금융을 비판합니다. 1차 구제금융은 물론이고 2차 구제금융도 신용위기가 은행위기로 심화될 수 있음을 예상하지 못한다는 것이 주된 이유이지요. 『마르크스의 '자본'』이나 「2007-08년 금융위기의 분석과 전망」에서 설명한 것처럼, 금융위기에 대한 이론은 거의 없어요. 부르주아 경제학도 그렇지만, 마르크스의 경제학 비판도 마찬가지이지요. 금융위기론을 나름대로 체계화한 사람은 버냉키인데, 신용위기가 은행위기로 심화되는 메커니즘에 대한 분석이 그 핵심이에요.

어쨌든 신용위기가 은행위기로 심화될 경우에 구제금융은 유효성을 상실한다고 비판하면서 루비니, 포젠, 존슨이 제시하는 대안의 요점은 씨티그룹이나 아메리카은행(BOA) 같은 은행의 한시적 국유화와 분할 사유화에 있습니다. 물론 그들 사이에도 강온의 차이는 있어요. 루비니가 가장 온건하고 존슨이 가장 강경하거든요. 포젠은 존슨과 유사하면서도 약간 온건하지요.

금융위기가 심화되면서 주목할 만한 논자로 부상한 사람이 바로 존슨입니다. 얼마 전에 남한에도 왔었는데, 국제통화기금 수석경제학자 출신치고는 아주 강경하지요. 금융과두제(financial oligarchy) 같은 레닌주의적 용어까지 동원하면서 미국의 금융제도를 비판하거든요. 아무튼 재미있는 사람이에요. 포젠은 중간적인데, 그러나 루비니보다는 오히려 존슨과 비슷합니다. 그럴 수밖에 없는 것이 싱크탱크의 부소장이니까 존슨처럼 강경할 수는 없겠지요.

물론 존슨과 포젠의 의견이 국제경제연구소를 대표하는 것은 아닙니다. 국제경제연구소 내부에서도 논쟁이 전개되는데, 가장 낙관적인 입장을 제시하는 사람은 존슨과 마찬가지로 국제통화기금 수석경제학자 출신인 무사이지요. 국제경제연구소 소장인 버그스텐을 비롯한 주류적 의견은 아무래도 재무부와 연준을 지지하는 것인데, 나중에 더블딥 논쟁과 관련하여 자세하게 설명하겠어요.

구제금융을 둘러싸고 논쟁이 전개되는 와중인 2월 말에 씨티그룹의 국유화가 발표됩니다. 2008년 10월과 11월에 두 차례의 구제금융을 통해 재무부가 보유하게 된 450억달러의 우선주 중에서 250억달러를 보통주로 전환하는 것이 바로 국유화이지요. 결국 재무부가 36%의 지분을 보유하게 되거든요.

『마르크스의 '자본'』에서 설명한 것처럼, 보통 주식이라고 부르는 것이 보통주입니다. 반면 우선주는 주식이면서도 채권과 비슷하지요. 우선주도 배당을 받는데, 그러나 보통주보다 배당을 많이 받고 게다가 채권의 이자처럼 배당이 고정되어 있어요. 대신 우선주는 보통주와 달리 의결권이 없지요. 그래서 우선주는 주식과 채권의 성격을 혼합한다고 할 수 있어요.

씨티그룹에 대한 재무부의 구제금융은 우선주를 구매한 것입니다. 그러다가 우선주의 절반 이상을 보통주로 전환함으로써 재무부가 씨티그룹의 대주주가 된 것이지요. 또 국부펀드를 비롯한 외국투자자도 재무부를 따라 우선주를 보통주로 전환하여 38%의 지분을 보유하게 되지요. 그 결과 기존 주주의 지분은 26%로 감소하게 됩니다. 게다가 우선주를 보통주로 전환하여 의결권을 갖게 된 재무부는 씨티그룹의 이사진을 교체할 것을 요구하지요.

씨티그룹의 국유화의 핵심은 이렇게 기존 주주의 지분을 감소시키는 동시에 이사진을 교체하는 데 있습니다. 한 마디로 말해서 씨티그룹의 국유화는 그 지배구조(governance)를 변경하는 데 목적이 있다는 것이지요. 그 결과 씨티그룹은 6월에 다우지수에서 퇴출되고 말아요.

잘 아시다시피 뉴욕증시의 주가지수는 두 가지가 있습니다. 30개의 최우량주로 구성되는 다우지수는 세계 정상을 차지하는 초민족적 기업이나 은행만을 대상으로 하지요. 또 다른 지수가 스탠더드앤푸어스500(S&P500)인데, 문자 그대로 500개 기업과 은행을 대상으로 하는 것이에요. 저는 스탠더드앤푸어스500보다는 다우지수를 애용하는 편이지요.

어쨌든 루비니, 포젠, 존슨은 이번 조치를 '사실적'(de facto) 국유화에서 '법률적'(de jure) 국유화로의 전환으로 해석하면서 몇몇 조치를 추가할 것을 요구합니다. 우선 부분 국유화를 전면 국유화로 확대해야 한다는 것인데, 우선주 450억달러 전체를 보통주로 전환하면 재무부의 지분이 60% 정도로 상승할 수 있거든요.

그런데 그들의 주장의 핵심은 국영화, 달리 말해서 국가에 의한 은행의 관리에 있는 것이 아니라는 데 주목해야 합니다. 국유화는 국영화가 아니라 소유자 청산과 관리자 교체를 통해 지배구조를 반전시키는 데 있다는 것은 재무부의 입장과 마찬가지예요. 다만 지배구조의 반전을 통해 구조조정을 실행해야 한다고 주장하는데, 이것이 아주 핵심적인 쟁점이지요. 겸업화와 인수·합병, 나아가 구제금융과 국유화를 통해 금융위기를 해결하려던 기존 정책을 수정해야 한다는 주장인 셈이거든요.

미국의 싱크탱크에서 그런 주장이 제기된다는 것은 아주 의미심장한 일입니다. 「2007-08년 금융위기의 분석과 전망」에서 설명한 것처럼, 재무부와 연준의 정책의 한계는 사실 겸업화와 인수·합병을 통해 금융위기를 해결하려는 데 있거든요. 구제금융과 국유화라는 추가적 정책도 그런 한계를 지양하는 것이 아니에요. 이따가 설명할 것처럼, 바로 여기서 남한의 경우에 대한 중요한 시사를 발견할 수 있지요.

'국가소유-민간관리'(GOPO)라는 의미의 국유화의 선례는 2차 세계전쟁 중 재건금융공사의 자회사로 설립된 방위설비공사(DPC)입니다. 대불황을 극복하는 데 결정적 역할을 담당한 것이 전시 고정자본 투자의 60%를 담당한 방위설비공사인데, 그 대부분은 전후에 헐값으로 사유화되지요. 1930년대 대불황을 극복하고 1950-60년대 자본주의의 황금기를 가능케 한 것이 재건금융공사와 그 자회사인 방위설비공사인 셈이에요.

관련해서 겸업은행의 상징이던 씨티그룹이 1월 말에 건전자산을 보유하는 씨티코프와 부실자산을 보유하는 씨티홀딩스로 형식적으로 분할된다는 사실에도 주목해야 합니다. 씨티그룹은 상업은행업무인 예금·대부업무와 투자은행본업인 기업공개·증자를 위한 증권발행업무, 인수·합병업무를 담당하는 씨티코프만 유지하고, 보험업무와 증권유통중개업무, 자산운용업무를 담당하는 씨티홀딩스는 매각하거나 파산시킬 예정이라고 해요. 그러나 아직까지는 내용상 별다른 진전이 없는 것 같은데, 금융위기의 전개 상황에 따라 씨티홀딩스의 운명이 결정되겠지요.

상업은행인 씨티은행과 보험·증권회사인 트래블러스그룹이 씨티그룹으로 합병된 것이 1999년에 금융서비스현대화법이 제정되면서 1933년의 글래스-스티걸은행법이 폐지되는 결정적 계기였음을 고려할 때 씨티그룹의 분할은 나름대로 의미가 있습니다. 「2007-08년 금융위기의 분석과 전망」에서 설명한 것처럼, 이번 금융위기를 야기한 직접적 원인 중 하나인 금융혁신을 가능케 한 것이 겸업화와 인수·합병이고 또 겸업화와 인수·합병을 가능케 한 것이 금융서비스현대화법의 제정과 글래스-스티걸법의 폐지이거든요.

금융서비스현대화법의 제정과 글래스-스티걸법의 폐지를 주도한 사람이 바로 골드먼삭스 회장 출신으로 클린턴 정부의 재무부 장관이던 루빈입니다. 그 공로를 인정받아 씨티그룹의 회장으로 취임한 그는 이번에 씨티그룹이 분할되면서 사임하지요. 그러나 그의 사임을 둘러싸고 고육지책이 아닌가라는 논란이 제기되고 있어요. 루빈은 오바마 정부의 재무부장관 가이트너와 국가경제평의회(NEC) 의장 서머스의 대부라고 할 수 있거든요. 그래서 조금 이따가 설명할 것처럼, 오바마 정부가 진정한 금융개혁을 추진하는 것은 어려울 것이라는 우려가 제기되는 것이에요.

어쨌든 루비니, 포젠, 존슨이 주장하는 국유화는 겸업화를 부분적으로 해체하고 건전은행과 부실은행을 분리함으로써 은행위기를 예방하려는 조치이기도 합니다. 앞에서 설명한 것처럼, 신용위기가 은행위기로 심화되는 것을 예방하기 위해서라도 겸업화의 부분 해체, 건전은행과 부실은행의 분리가 필요하다는 것이지요. 그들이 국유화(nationalization)라는 용어를 둘러싼 오해를 회피하기 위해서는 파산관리(receivership)나 파산후견(conservatorship)이라는 용어를 사용해야 한다고 주장하는 것은 이 때문이에요.

「2007-08년 금융위기의 분석과 전망」에서 설명한 것처럼, 작년 9-10월에 금융위기가 폭발하면서 국책모기지회사인 패니메이·프레디맥과 보험회사인 미국국제그룹(AIG)이 국유화됩니다. 당시 남한에서도 국유화를 둘러싸고 얼마간 논란이 있었는데, 이제 그 의미를 정확히 이해하실 수 있겠지요. 국유화는 본질적으로 예비사유화(pre-privatization)일 따름이거든요.

씨티그룹에 이어서 3월에는 미국국제그룹을 법률적으로 국유화하자는 주장도 제기됩니다. 2008년 9월 이후 1800억 달러의 구제금융을 받아 사실상 국유화된 미국국제그룹의 우선주도 보통주로 전환하자는 것이지요. 그럴 경우 재무부는 80%의 지분을 보유하게 되어 씨티그룹보다 훨씬 더 전면적으로 국유화되는 셈이에요. 미국국제그룹은 이미 작년 9월에 다우지수에서 퇴출되지요.

사실상 국유화가 법률적 국유화로 전환되든 아니든 간에, 미국국제그룹의 국유화는 '금융대량살상무기'라고 불리기도 하는 신용부도스왑(CDS) 문제를 해결하기 위한 것입니다. 그런데 그것은 결국 그 고객인 은행, 특히 증권회사에서 은행으로 전환한 골드먼삭스에 대한 간접적 구제금융이라고 할 수 있지요. 따라서 미국국제그룹의 국유화도 은행위기를 예방하기 위한 것이에요.

구제금융을 둘러싼 논쟁을 이렇게 자세하게 설명하는 이유는 금융지표만 보면 금융위기가 얼마간 진정된 것 같지만 사실 그 내막은 훨씬 더 복잡하다는 것을 강조하기 위해서입니다. 세계 1위의 은행이던 씨티그룹이 국유화되고, 세계 1위의 보험회사이던 미국국제그룹이 국유화되지요. 게다가 제로금리정책과 함께 거의 1조달러를 신규 발행하는 수량완화정책이 실행되지요. 그 덕분에 3월부터 금융지표가 개선된 것이에요.

포젠은 국유화를 통해 은행의 겸업화가 부분적으로 해체되고 건전성이 얼마간 회복되어 다시 사유화되는 데는 3-4년 정도가 소요될 것으로 예상하고 있습니다. 1930년대 대불황에서도 금융위기가 해결되는 데 3-4년 정도가 필요했다는 것이에요. 이런 대목에서도 이번 금융위기를 1930년대 대불황과 비교하면서 논쟁이 전개되고 있음을 알 수 있지요.

그런데 존슨이 지적하는 것처럼, 문제는 그들이 주장하는 국유화의 '실행가능성'(feasibility)이 별로 없다는 데 있습니다. 제가 늘 강조하는 것처럼, 모든 정책은 실행가능성이라는 조건을 만족해야 하지요. 여기서 실행가능성은 경제적 조건뿐만 아니라 이데올로기적 조건도 포함해요. 달리 말해서 실행가능한 정책은 경제적 조건과 이데올로기적 조건에 대한 정세분석에서 도출되는 것이에요.

존슨이 국유화의 실행가능성에 대한 의문을 제기하는 것은 오바마 정부도 금융과두제로부터 독립적이지 않기 때문입니다. 방금 지적한 것처럼, 가이트너와 서머스는 루빈의 분신이지요. 그래서 1월에 루빈이 퇴진한 것은 새롭게 출범하는 오바마 정부에 가이트너와 서머스를 진출시키기 위한 고육지책일 수 있다는 것이에요.

그러나 존슨 자신이 제시하는 대안, 즉 금융을 대체하는 실물경제, 금융혁신을 대체하는 기술혁신도 실행가능하지 않기는 마찬가지입니다. 그가 주장하는 실물경제와 기술혁신이 무엇인지는 분명치 않은데, 어쨌든 1990년대의 정보기술(IT) 정도로는 불충분할 수밖에 없어요. 1930년대의 대불황을 해결한 것은 자동차산업·가전산업의 출현 같은 새로운 산업혁명인데, 그러나 현재의 조건에서 그런 현실성은 별로 없다는 것이 제 생각이에요.

마지막으로 올해 2월에 의회에서 통과된 7870억달러 규모의 미국재건재투자법(ARRA)이 있습니다. 그것은 경기부양을 위한 재정정책인데, 그 중 30%는 가계에 대한 감세, 30%는 교육·보건의료와 관련된 지출, 10%는 사회안전망과 관련된 지출, 10%는 사회간접자본과 관련된 지출이지요. 동시에 2750억달러 규모의 주택소유자구매력안정화계획(HASP)도 발표됩니다. 그 핵심은 주택소유자에 대한 직접 지원이 아니라 국유화된 국책모기지회사인 패니메이·프레디맥을 통한 간접 지원에 있어요.

루비니, 포젠, 존슨은 이 두 정책의 효과가 아주 제한적이라고 주장합니다. 반면 남한에서는 아주 중요한 정책으로 주목받고 있는데, 경제학에 대한 무지를 반영할 따름이지요. 경기침체(recession)가 불황(depression)으로 심화되는 것을 예방하기 위해서는 재정정책이 아니라 통화정책이 우선이고, 나아가 통화정책의 핵심이 무엇인가를 이해할 필요가 있거든요.

1930년대 대불황과 마찬가지로 이번에도 문제는 금융위기, 즉 신용위기와 은행위기, 나아가 증시붕괴와 달러위기에 있습니다. 아까 지적한 것처럼, 금융위기론을 나름대로 체계화한 것은 버냉키인데, 그는 금융위기의 메커니즘을 '금융가속기'(financial accelerator)라고 부르고 있어요. 경기침체를 불황으로, 즉 순환적 위기를 구조적 위기로 심화시키는 것이 바로 금융위기라는 것이에요.

연준의 감독자본평가계획

2월부터 4월까지 연준은 은행위기를 예방하기 위한 감독자본평가계획(SCAP)을 실시합니다. 감독자본평가계획은 연준을 비롯한 연방은행감독기구가 은행의 자본건전성에 대해 평가한다는 의미인데, 여기서 자본은 보통주를 의미하지요. 그런데 감독자본평가계획이라는 명칭이 너무 난해하고 복잡하니까 보통 스트레스테스트라고 불러요.

스트레스테스트의 대상은 2008년 말 현재 1000억달러 이상의 자산을 보유한 19개 은행입니다. 그런데 19개 은행이 전은행의 자산 2/3와 대부 1/2을 차지하고 있어요. 은행의 자산 중 대부분은 대부이므로, 그런 차이는 아마도 증권화 때문이라고 해석할 수 있을 것 같아요. 금융혁신의 핵심이라고 할 수 있는 '신용의 증권화'에 대해서는 「2007-08년 금융위기의 분석과 전망」을 참조하세요.

자산에 따른 순위를 보면 아메리카은행 1.6조달러, 모건체이스 1.3조달러, 웰즈파고 1.1조달러, 씨티그룹 1.0조달러, 골드먼삭스 0.4조달러, 모건스탠리 0.3조달러입니다. 작년 9-10월에 금융위기가 폭발하기 직전에 아메리카은행 2.7조달러, 모건체이스 2.3조달러, 씨티그룹 2.1조달러, 웰즈파고 1.4조달러, 골드먼삭스 1.1조달러, 모건스탠리 1.0조달러였던 것과 비교하면, 전체 자산의 46%인 4.9조달러가 소멸한 것이에요. 어쨌든 이것이 6대 은행인데, 스트레스테스트 이후에는 간발의 차이로 모건스탠리와 메트라이프의 순위가 바뀌지요. 그러나 6대 은행이라고 할 때는 메트라이프가 아니라 모건스탠리를 포함시키는 것이 보통이에요.

반면 자본은 아메리카은행 745억달러, 모건체이스 870억달러, 웰즈파고 339억달러, 씨티그룹 229억달러, 골드먼삭스 344억달러, 모건스탠리 178억달러입니다. 따라서 자산 대비 자본의 비율에 따른 순위는 바뀌는데, 예컨대 아메리카은행은 자산으로는 1위이지만 자본비율은 그렇지 않거든요. 그래서 스트레트테스트가 필요한 것이에요. 자본비율은 아메리카은행 4.6%, 모건체이스 6.5%, 웰즈파고 3.1%, 씨티그룹 2.3%, 골드먼삭스 7.7%, 모건스탠리 5.7%이지요.

5월 초에 연준은 스트레스테스트의 결과를 발표하면서 앞으로 경기침체가 상당히 심화될 경우에도 은행위기는 발생하지 않을 것으로 예상합니다. 그렇지만 2010년 말 현재 자본비율이 4%에 미달할 것으로 예상되는 은행은 증자가 필요하다는 것이에요. 6대 은행 중 4개 은행이 증자가 필요한데, 아메리카은행 339억달러, 웰즈파고 137억달러, 씨티그룹 55억달러, 모건스탠리 18억달러이지요.

씨티그룹의 증자 규모가 비교적 작은 것은 구제금융으로 인한 우선주의 절반 이상인 250억달러를 이미 보통주로 전환했기 때문입니다. 또 골드먼삭스는 미국국제그룹을 통해 간접적으로 구제금융을 받았기 때문에 증자할 필요가 별로 없어요. 결국 6대 은행 중 실질적으로 독자생존이 가능한 것은 모건체이스뿐이라는 것이 중평이라고 할 수 있지요.

스트레스테스트의 결과가 예상보다 유리하자 씨티그룹을 제외한 9개 은행이 구제금융의 조기상환을 신청하는데, 재무부는 6월에 이를 승인합니다. 게다가 7월에는 한 걸음 더 나아가 공사제휴투자계획의 규모를 1조달러에서 400억달러로 축소하는데, 한 마디로 말해서 용두사미라고 할 수 있겠지요.

국유화의 실행가능성이 없다는 존슨의 우려는 이렇게 사실로 확인되는 것입니다. 구제금융이라는 사실상 국유화를 법률적 국유화로 전환하고 나아가 부분 국유화를 전면 국유화로 확대하여 은행의 지배구조를 변화시킴으로써 구조조정을 통해 겸업화를 부분적으로나마 해체하자는 국유화론자들의 주장과 정반대의 방향으로 재무부가 정책을 전환하는 셈이거든요.

그런데 문제는 올해 3월 이후 금융위기를 완화시킨 가장 중요한 정책, 즉 제로금리정책·수량완화정책과 함께 구제금융·스트레스테스트의 적합성을 둘러싸고 논쟁이 전개된다는 데 있습니다. 제로금리정책·수량완화정책을 둘러싼 논쟁은 조금 이따가 더블딥에 대한 논쟁과 관련하여 설명하겠어요. 또 구제금융을 둘러싼 논쟁은 방금 설명한 국유화에 대한 논쟁과 관련되는 것이지요. 그래서 여기서는 스트레스테스트를 둘러싼 논쟁에 대해서만 설명하겠어요.

스트레스테스트를 둘러싼 논쟁의 핵심은 자본건전성을 평가하는 회계표준의 변경에 대한 논쟁과 관련되는 것입니다. 은행위기가 발생하지 않을 것이라는 연준의 예상은 금융회계표준위원회(FASB)가 자산의 시가평가제를 원가평가제, 달리 말해서 장부평가제로 변경했기 때문에 가능하다는 것이에요.

회계표준으로서 시가평가제는 너무나도 당연한 것입니다. 그런데 놀랍게도 시가평가제는 1980년대 저축대부조합의 위기를 해결하면서 비로소 도입되었다고 해요. 그런 것을 보면 부르주아 경제학도 참 주먹구구라는 생각이 들지요. 시가평가제에 최초로 주목한 사람은 다름 아닌 마르크스인데, 그의 경제학 비판은 시가, 즉 재생산가격으로 자산을 평가해야 한다는 원칙을 견지하거든요. 부르주아 회계학이 현대화되는 데도 마르크스가 큰 기여를 한 셈이지요.

시가평가제는 1997-98년 동아시아 경제위기에서 미국이 전가의 보도로 사용한 것이기도 합니다. 예를 들어 남한에서 기업이나 은행의 자산이 부채에 미달하는 자본잠식이 발생하게 된 것은 자산에 대한 시가평가제 때문이에요. 그래서 김대중 정부가 구제금융을 통해 기업과 은행을 일단 회생시킨 다음에 미국을 비롯한 외국의 자본에게 헐값으로 매각한 것이지요.

그런데 이번 금융위기에서 시가평가제가 원가평가제로 변경되었다는 것입니다. 물론 반론이 없는 것은 아니에요. 버냉키는 신용위기가 은행위기로 심화되면서 경기침체가 불황, 그것도 대불황으로 심화될 것인데, 그런 상황에서는 자산 그 자체에 대한 시가평가가 아니라 현금흐름, 즉 자산의 부실화로 인한 예상 손실에 대한 시가평가가 합리적이라고 주장하거든요.

버냉키의 주장은 이론적으로는 궤변이지만, 실용주의적 관점에서 보면 합리적일 수도 있습니다. 만약 시가평가제를 적용하여 6대 은행 중 모건체이스만 제외하고 모두 파산시킨다면, 곧바로 2차 대불황이 발생할 것이기 때문이지요. 한 마디로 말해서 이번 금융위기는 이제까지의 위기와는 차원이 다르다는 것이에요. 그래서 버냉키의 주장이 단순한 이론적 궤변이 아니라 실용주의적 합리성을 갖는다고 할 수도 있겠지요.

어쨌든 버냉키는 시가평가제를 '대체'한 것이 아니라 '완화'했다고 주장합니다. 버냉키의 주장에도 일리는 있어요. 그래서 연준의 정책을 둘러싼 논쟁의 핵심은 스트레스테스트보다는 오히려 제로금리정책과 수량완화정책에 있는 것이지요. 요즘 와서는 회계표준에 대해 문제를 제기하는 사람은 별로 없거든요.

스트레스테스트를 둘러싼 논쟁에서 자본비율이 쟁점으로 제기되기도 합니다. 자본비율이 4%로 하락한 것은 최근의 일인데, 금융세계화의 초기 단계인 1970-80년대에도 6%를 유지하거든요. 그래서 자본비율을 6%로 상향조정할 필요가 있다는 주장이 제기되는 것이에요. 구체적 수치에 대해서는 아직 이견이 존재하지만, 그런 문제제기는 대체로 수용되고 있어요.

어쨌든 금융위기가 완화되고 있음에도 불구하고, 그 와중에 제너럴모터스는 결국 파산합니다. 6월에 파산보호를 신청한 제너럴모터스는 부실자산과 건전자산을 분리하여 7월에 새로운 제너럴모터스로 회생하지요. 그런데 새로운 제너럴모터스도 씨티그룹이나 미국

국제그룹처럼 국유화됩니다. 잘 아시다시피 제너럴모터스는 20세기 미국경제를 상징하는 기업이지요. 그런데 그런 기업이 파산하여 국유화된 것이에요. 그래서 제너럴모터스도 6월에 씨티그룹과 함께 다우지수에서 퇴출되지요.

새로운 제너럴모터스의 지분은 미국정부 60.8%, 캐나다정부 11.7%, 노조 17.5%, 채권단 10%인데, 미국정부와 캐나다정부의 지분은 구제금융, 노조의 지분은 퇴직자건강보험기금 출연금, 채권자의 지분은 출자전환입니다. 결국 기존의 주식은 완전히 소각된 셈이지요. 구조조정의 핵심은 두 가지인데, 하이브리드카나 전기자동차 같은 환경친화적 생산기술로의 전환과 관리직 35%, 사무직 20%, 생산직 25%의 정리해고가 그것이에요.

더블딥 논쟁

금융지표만 보면 금융위기가 완화되었음을 부정할 수는 없습니다. 그러나 이제까지 설명한 것처럼, 금융위기가 해결된 것은 아니고, 나아가 경기침체가 경기회복으로 반전된 것도 아니라는 데 문제가 있지요. 그것이 바로 더블딥 논쟁이 전개되는 배경이에요. 영어에서 'dip'은 하강이라는 의미이므로 더블딥은 경기가 잠시 회복되다가 다시 침체한다는 의미이지요. 그래서 이중침체라고 번역하기도 하는 것이에요.

대중매체를 보면, 더블딥의 전망에 대한 반대가 찬성보다 많다는 경제학자들에 대한 여론조사가 보도되기도 합니다. 그러나 과학에서 여론조사는 아주 웃기는 짓이지요. 뉴튼이나 마르크스가 아니라고 하면 아닌 것이 과학이거든요. 더블딥의 가능성을 주장하는 사람들은 일반 경제학자가 아니라 아주 비중 있는 경제학자입니다. 그들이 제시하는 논거가 상당한 의미를 가지므로 더블딥 논쟁에 대해 자세하게 설명해보겠어요.

더블딥 논쟁의 핵심적 쟁점은 금융위기와 경기침체의 관계에 있는데, 그것이 바로 경기순환의 메커니즘입니다. 「2007-08년 금융위기의 분석과 전망」에서 설명한 것처럼, 경기순환에 대한 완전한 이론은 존재하지 않고, 다만 몇 가지 이론적 요소가 존재할 따름이지요. 한 가지는 실물경제의 위기, 즉 경기침체를 설명하는 이론이고, 또 다른 한 가지는 금융위기를 설명하는 이론이에요.

경기순환론을 체계화하는 것이 쉽지 않은 이유는 경기침체와 금융위기가 상호작용하는 메커니즘이 아주 복잡하기 때문입니다. 아까 소개한 버냉키의 금융가속기이론이 그런 메커니즘을 설명하려는 시도이기는 한데, 그러나 아직 부족한 점이 많아요. 『마르크스의 '자본'』에서 설명한 것처럼, 부르주아 경제학을 비판하면서 마르크스적 경기순환론을 재구성할 필요가 있다고 할 수 있겠지요.

더블딥 논쟁은 본질적으로 경기순환의 메커니즘을 둘러싸고 전개되는 것입니다. 핵심적으로 제기되는 쟁점은 금융위기와 경기침체의 관계는 무엇인가, 나아가 금융위기가 해결된 것인가 아닌가라는 데 있지요. 더블딥 논쟁의 준거는 1930년대 대불황인데, 당시에도 신용위기가 은행위기로 심화되면서 정상적 경기순환이 대불황으로 귀결되거든요. 그래서 버냉키가 주장하는 것처럼, 대불황을 예방하기 위해서는 먼저 은행위기를 예방해야 하는 것이지요.

더블딥 논쟁이 국제경제연구소 내부에서 전개된다는 것은 아주 의미심장한 일입니다. 미국의 싱크탱크 중에서 브루킹스연구소가 가장 유명하기는 한데, 그러나 그것은 경제연구소 자체는 아니에요. 경제연구소로 가장 유명한 것이 바로 국제경제연구소이지요. 조금 이따가 설명하겠지만 이번 금융위기와 관련된 몇몇 경제정책은 사실 국제경제연구소가 제안한 것이에요. 그런데 그 연구소의 몇몇 핵심 연구원이 더블딥 논쟁을 제기하고 있다는 것이지요.

4월에 더블딥 논쟁을 최초로 제기한 사람이 포젠입니다. 그 전에는 경기침체가 V자형인가 아니면 U자형이나 L자형인가를 둘러싸고 논쟁이 전개되지요. 포젠의 동료인 무사가 주장하는 V자형 경기침체론이 주류적 의견인데, 경기가 급격하게 침체했다가 마찬가지로 급격하게 회복된다는 것이에요. V자형에서 경기침체는 8-12개월 지속되는데, 이번 경기침체는 2007년 말에 시작되었으므로 늦어도 2009년 초에는 경기회복으로 반전된다는 예상인 셈이지요.

반면 루비니는 U자형 아니면 L자형 경기침체를 예상합니다. U자형에서 경기침체는 18-24개월 지속되는데, 그 선례는 1974-75년이지요. 아직 경기회복으로 반전되지 않았다면, 이번에도 경기침체가 18개월 이상 지속되는 셈이에요. L자형에서 경기침체는 훨씬 더 장기적으로 지속되는데, 그 선례는 1930년대 미국경제나 1990년대 일본경제이지요. 루비니는 U자형 경기침체의 가능성이 2/3이고, L자형 경기침체의 가능성이 1/3이라고 주장해요.

포젠이 주장하는 더블딥은 일시적 경기회복 직후에 경기침체가 반복되는 것이므로 W자형이라고 할 수 있습니다. 만일 두 번째 경기침체가 첫 번째 경기침체보다 심각하다면 찌그러진 W자형이 되겠지요. 포젠이 지적하는 W자형 경기침체의 사례는 1979-80년과 1981-82년입니다. 2차 세계전쟁 이후 가장 심각한 경기침체는 1974-75년과 1981-82년인데, 후자가 전자보다 더 심각했지요. 그러나 이번 경기침체는 1981-82년보다 더 심각하다고 할 수 있어요.

「2007-08년 금융위기의 분석과 전망」에서 저도 포젠과 비슷한 예상을 제시한 바 있는데, 주된 논거는 금융위기에 대한 연준과 재무부의 정책이 미봉책이라는 데 있었습니다. 포젠의 주장처럼 금융위기가 완화되면서 경기침체가 경기회복으로 반전되더라도 일시적일 수밖에 없는 것도 같은 이유라고 할 수 있겠지요.

2차 세계전쟁 이후 경기순환의 주기는 4-5년이고 진폭도 상당하여 V자형으로 진행되어 왔다고 할 수 있습니다. 그러다가 1980년대 이후 신자유주의가 출현하면서 주기는 9-10년으로 연장되고 진폭도 완화되지요. 따라서 W자형 경기침체는 경기순환의 주기와 진폭이 원상 회복되는 과정이라고 할 수 있어요. 달리 말해서 신자유주의가 종료되는 과정이라는 것이에요.

더블딥의 원인에 대한 설명은 아주 다양합니다. 포젠은 은행위기의 가능성에 주목하지요. 그는 재무부와 연준의 정책, 특히 구제금융과 스트레스테스트가 근본처방이 아니라 대증요법이라고 비판해요. 요즘 미국에서 유행하는 말처럼, '그럭저럭 버티면서'(muddling through) '시간을 번다'(buying time)는 것인데, 이 때문에 언젠가 은행위기가 폭발할 수밖에 없다는 것이에요.

포젠이 준거하는 현실은 1930년대의 사례입니다. 1929년에 뉴욕증시가 붕괴한 이후 대불황이 전개되는 과정, 특히 1932년의 일시적 경기회복 직후에 발생한 1933년 초의 은행위기에 주목해야 한다는 것이에요. 달리 말해서 2009년 말에 일시적으로 경기가 회복된다고 하더라도 2010년 말이나 2011년 말에 은행위기가 폭발할 수 있다는 것이지요. 물론 가능성을 지적하는 것입니다. 은행위기의 가능성이 거의 없다는 연준과 재무부의 입장과 달리 그렇지 않을 가능성에 대해서도 대비해야 하기 때문이지요.

존슨은 한 걸음 더 나아가 아주 구체적으로 설명합니다. 그는 구제금융 자체가 더블딥의 원인이라고 주장하고 있어요. 포젠도 비슷한 생각일 것 같은데, 그러나 존슨처럼 강경하게 발언할 수는 없겠지요. 국책연구소는 아니지만 주요 싱크탱크를 책임지는 직책을 담당하고 있으니까요.

그런데 그런 문제는 사실 버냉키도 인정하고 있습니다. 그는 대형은행을 비롯해서 증권회사나 보험회사의 파산·회생절차가 부재한 상황에서는 인수·합병이 불가능할 경우 구제금융이 불가피하다고 주장하고 있어요. 「2007-08년 금융위기의 분석과 전망」에서 설명한 것처럼, 작년에 파산상태에 처한 두 개의 증권회사, 즉 5위 베어스턴스와 3위 메릴린치는 각각 모건체이스와 아메리카은행에 의해 인수·합병되지요. 버냉키는 베어스턴스나 메릴린치처럼 인수·합병할 원매자가 없을 경우 구제금융이 불가피한데, 그 이유는 파산·회생절차의 부재에 있다고 주장하는 것이에요.

연방파산법은 기업이나 중소은행의 파산·회생절차를 규정하고 있습니다. 만일 대기업이든 중소기업이든 파산할 위험이 있을 경우 파산보호를 신청하면 되는데, 남한에서는 파산보호를 법정관리라고 불러요. 이미 설명한 제너럴모터스가 그런 경우이지요. 또 만일 중소은행이 파산할 위험이 있을 경우 연방예금보험공사가 파산관리 또는 파산후견을 하게 되는데, 그것이 남한에서 말하는 은행의 국유화이지요.

문제는 대형은행을 비롯해서 증권회사나 보험회사에게는 파산·회생절차가 규정되어 있지 않다는 것입니다. 그런데 중소은행을 제외한 금융기관이 파산할 경우에는 2차 대불황이 시작된다는 것이에요. 버냉키는 가장 뛰어난 부르주아 경제학자 중 한 사람인데, 그러나 이런 대목에서는 실용주의적 면모를 보이고 있지요.

어쨌든 연준과 재무부가 불가피하게 씨티그룹이나 아메리카은행에게 구제금융을 제공할 수밖에 없었다는 것이 버냉키의 변명입니다. 또 증권회사인 골드먼삭스와 모건스탠리에게도 구제금융을 제공하기 위해 은행으로의 전환을 허용했다는 것이지요. 변명하기 쉽지 않은 경우가 바로 미국국제그룹에 대한 구제금융인데, 보험회사를 은행으로 전환할 수는 없거든요. 그래서 버냉키는 그 문제만 생각하면 '분통이 터진다'고 고백하기도 하지요.

이런 맥락에서 3월에 재무부가 대형은행을 비롯해서 증권회사나 보험회사 같이 '체계적 중요성을 갖는 금융회사'(SSFC) 또는 '체계적 중요성을 갖는 금융기관'(SIFI)의 해산을 담당할 수 있는 기구를 신설하려는 법안을 의회에 제출하는 것입니다. 이때 체계적 중요성(systemic significance/importance)은 시스템리스크(systemic risk)를 우회적으로 표현한 것이에요. 또 해산(resolution)은 파산후견·보호를 통한 회생, 아니면 청산(liquidation)을 의미하지요. 신설될 해산기구로 연방예금보험공사를 확대하려는 것이 재무부가 제안한 법안의 핵심이에요.

여담이지만, 부도(default)와 파산(bankruptcy)은 동일한 사실을 표현하는 경제적이고 법적인 용어입니다. 경제적으로 부채가 자산보다 커서 자본이 잠식되는 것이 부도예요. 그래서 부도를 채무불이행이나 지불불능이라고 하기도 하지요. 어쨌든 채권자와 갈등이 발생할 수 있기 때문에 채무자가 법정에 채권-채무관계의 조정을 신청하는데, 그것이 법정관리입니다. 그래서 법관이 부도가 확실하다고 판정하는 것이 파산이에요. 그러나 부도가 발생하면 대부분 파산으로 귀결되기 때문에 두 용어를 혼용하는 것이지요.

그러나 존슨의 비판은 구제금융이 무원칙하다는 데서 끝나지 않습니다. 그래서 해산기구의 신설도 해답은 아니라고 주장하는 것이에요. 존슨은 금융위기와 관련하여 회자되는 '대마불사'(too big to fail)에 대해서도 비판하거든요. 금융위기의 와중에 인수·합병을 통해 부실자산을 키워 몸집을 불리는 이유가 대마불사 때문이라는 것이에요. 어차피 연준과 재무부가 구제금융을 안 해줄 수는 없으리라는 배짱인 셈이지요.

그런데 문제는 대마불사가 '대마불생'(too big to exist)이기도 하다는 데 있습니다. 달리 말해서 금융위기와 구제금융 이후 대형은행의 좀비화(zombification)가 발생했다는 것이에요. 이미 죽은 것이 산 것처럼 움직이고 있거든요. 대마불사는 곧 대마불생이므로 좀비일 수밖에 없다는 것이 존슨의 주장이지요.

「2007-08년 금융위기의 분석과 전망」에서 설명한 것처럼, 작년에 아주 우스꽝스런 일이 있었습니다. 파산할 위험에 처한 4위 은행인 와코비아의 인수·합병을 둘러싸고 당시 1위 은행인 씨티그룹과 5위 은행인 웰즈파고가 분쟁을 벌이거든요. 며칠 사이에 와코비아는 씨티그룹으로 갔다가 다시 웰즈파고로 갔다가 법정투쟁 끝에 결국 웰즈파고로 가게 되지요. 그것이 대마불사와 대마불생의 전형적 사례라고 할 수 있어요.

존슨은 좀비은행으로 인해 시스템리스크가 확대재생산된다고 주장합니다. 좀비은행 때문에 은행위기가 폭발하면서 더블딥이 발생한다는 것이지요. 게다가 존슨이 우려하는 것처럼, 오바마 정부에서는 한시적 국유화와 분할 사유화의 실행가능성이 존재하지 않으므로 더블딥의 가능성은 훨씬 커지겠지요. 그러나 이미 설명한 것처럼, 존슨이 대안으로 제시하는 금융혁신을 대체할 수 있는 기술혁신도 현실성이 없기는 마찬가지예요.

존슨도 포젠처럼 현재의 상황을 1930년대 대불황과 비교합니다. 그런데 나중에 자세하게 설명할 것처럼, 그 유사성에도 불구하고 양자를 구별할 필요가 있지요. 일단 현상적으로 보아도 정반대의 특징을 지적할 수 있습니다. 우선 1930년대 대불황을 극복하는 데 중요한 역할을 한 것은 글래스-스티걸법이고 또 그 최대의 피해자는 바로 모건인데, 글래스-스티걸법이 폐지된 상황에서 발생한 이번 금융위기의 거의 유일한 승자가 바로 그 후예인 모건체이스이거든요. 또 1920년대 이후 미국의 실물경제를 주도하던 제너럴모터스는 이번 금융위기로 파산하고 말지요.

포젠은 더블딥의 원인으로 은행위기의 가능성과 함께 제로금리정책과 수량완화정책으로부터의 출구전략(exit strategy), 쉽게 말해서 통화를 환수하려는 전략이라는 문제를 지적하고 있습니다. 출구전략은 베트남전쟁에서 사용된 군사용어라고 하는데, 비상위급상황에서 질서 있게 퇴각할 수 있는 전략을 의미하지요. 아까 경제정책과 관련하여 정세분석에 대해 언급했었는데, 이제는 군사용어까지 동원되는 것 같아요.

포젠은 출구전략이 너무 빠르게 실행되는 경우에 더블딥이 발생할 것이라고 예상합니다. 대표적 사례로는 역시 1981-82년을 제시하고 있어요. 카터 정부 말기에 볼커가 연준의장으로 취임하면서 신보수주의로의 전환을 시도합니다. 그 와중에 1979-80년에 경기침체가 발생하는데, 1980-81년에 일시적으로 경기가 회복되지요. 그러나 볼커가 통화를 긴축하면서 1981-82년에 전후 최악의 경기침체가 발생하는 것이에요. 그래서 포젠은 1981-82년처럼 시기상조의 출구전략이 더블딥을 야기한다고 주장하는 것이지요.

포젠은 명시적으로 언급하고 있지 않지만, 1930년대 대불황에서도 그런 종류의 더블딥이 발생한 적이 있습니다. 1937년에 경기가 일시적으로 회복되자 연준이 출구전략을 실행하고 그 결과 1938년에 경기침체가 재발하거든요. 1939년부터 미국이 군비경쟁에 돌입하고 결국 1941년에 참전을 결정하게 되는 것도 더블딥 때문이라고 할 수 있겠지요.

그러나 2차 세계전쟁 자체가 1930년대 대불황을 해결하고 1950-60년대 자본주의의 황금기를 초래하는 것은 아니라는 사실을 강조해둘 필요가 있습니다. 모든 전쟁은 파괴하는 것인데 어떻게 전쟁을 통해 번영이 가능하겠습니까. 전쟁을 수행하는 과정에서 무엇인가 새로운 정책이 실행되는 것이고, 이미 설명한 것처럼, 바로 이 대목에서 재건금융공사의 자회사인 방위설비공사에 주목할 필요가 있는 것이에요.

어쨌든 포젠은 시기상조의 출구전략으로 인해 더블딥이 발생한다는 예상을 제시합니다. 그러나 버냉키도 당분간 출구전략을 실행할 가능성을 배제하고 있어요. 명시적으로 언급하고 있지는 않지만, 적어도 내년 상반기까지는 출구전략을 실행하지 않을 것 같아요. 지난 주말에 '금융안정과 거시정책'이라는 주제로 개최된 전세계 중앙은행총재 연례심포지엄에서는 하반기부터 출구전략을 실행해도 될 것 같다는 주장도 제기되었다고 하지요. 그러나 버냉키는 그렇게 생각하지 않는 것 같아요.

한두 가지 증거를 제시해보겠습니다. 아직까지 제로금리정책을 폐기할 조짐은 전혀 없어요. 게다가 올해 3월에 버냉키는 적어도 내년 초까지는 수량완화정책을 유지하겠다고 발표하거든요. 물론 금융위기가 완화되면서 약간의 수정은 필요한데, 지금까지 연준의 자산에서 축소되어온 재무부증권을 0.30조달러만큼 구매하여 금융위기가 시작된 2007년 8월 이전 수준인 0.78조달러를 복원하고, 나아가 국유화된 국책모기지회사가 발행한 주택담보부증권(MBS)을 1.25조달러만큼 구매한다는 것이 핵심이에요.

이미 설명한 것처럼, 수량완화정책은 자산담보부기업어음, 자산담보부증권, 신용부도스왑 같은 파생금융상품을 구매하는 것인데,

이제부터는 주택담보부증권도 구매하겠다는 것입니다. 그렇다면 수량완화정책에서 구매하지 않는 유일한 파생금융상품은 주택담보부증권과 함께 이번 금융위기의 직접적 원인으로 지목되는 부채담보부증권(CDO)뿐인데, 그것은 공사제휴투자계획의 대상이지요. 따라서 용두사미로 끝난 공사투자계획을 연준이 대체한다고 할 수 있겠지요. 주택담보부증권과 부채담보부증권에 대한 설명은 「2007-08년 금융위기의 분석과 전망」을 참조하세요.

부채담보부증권을 제외한 거의 대부분의 파생금융상품을 구매하는 것이 수량완화정책의 핵심입니다. 그래서 아주 이상한 일이 벌어지고 있는 것이에요. 금융기관이나 기업의 부실자산인 파생금융상품을 연준의 자산으로 옮겨놓는 셈이거든요. 존슨이 비판하는 좀비은행이 출현하는 것은 이 때문이지요.

어쨌든 버냉키는 수량완화정책을 견지하고 있습니다. 7월까지 재무부증권 0.21조달러를 구매하고 주택담보부증권 0.53조달러를 구매하거든요. 연준의 대차대조표를 보면, 단기정책에 따른 대부가 감소한 결과 자산은 2.24조달러에서 2.07조달러로 얼마간 감소합니다. 부채도 거의 비슷하게 감소하는데, 본원통화는 큰 변동이 없어요. 또 자산과 부채의 차액인 자본도 거의 변화가 없지요.

[9월 말 현재 연준의 자산은 2.14조달러로 약간 증가하는데, 그 중 재무부증권은 0.77조달러이고 주택담보부증권은 0.82조달러이다. 또 부채도 2.09조달러로 약간 증가하는데, 그 중 현금은 0.87조달러이고 지불준비금은 0.85조달러이다. 따라서 자산과 부채의 차액인 자본도 0.05조달러로 약간 증가한다.]

루비니도 5월에 들어와서 더블딥의 가능성을 인정하고 있습니다. U자형 회복 직후 침체가 발생할 수 있다는 것이지요. 그런데 그는 출구전략이 너무 빨리 실행되는 경우뿐만 아니라 너무 늦게 실행되는 경우에도 더블딥이 발생할 수 있다고 지적하고 있어요. 그럴 경우 재무부증권의 가격이 폭락하는 동시에 달러가치가 급락할 수 있기 때문이에요. 달리 말해서 재정위기가 심화되면서 달러위기가 발생하는 것이 더블딥의 원인이 될 수 있다는 것이지요.

루비니는 포젠이나 존슨과는 조금 다른 관점에서 더블딥의 가능성을 예상하고 있는 셈인데, 그것도 아주 중요한 논점입니다. 이번 금융위기로 인해 재무부증권을 비롯한 국가부채는 국민소득 대비 40% 정도에서 80% 이상으로 상승하거든요. 그것은 전후 최고치인데, 물론 1930년대 대불황과 2차 세계전쟁 시기에는 130%까지 상승한 적도 있어요. 어쨌든 출구전략이 통화 환수뿐만 아니라 재정건전성과도 관련된다는 데 주목해야 한다는 것이지요.

루비니의 지적처럼, 재정위기가 발생하여 재무부증권의 가격이 폭락한다면 증시가 붕괴할 것입니다. 『마르크스의 '자본'』에서 설명한 것처럼, 증시의 토대는 국채시장이에요. 따라서 국채시장이 동요하면 증시가 붕괴하는 것이지요. 남한이나 중국의 증시가 취약한 것은 국채시장이 발달하지 못했기 때문이에요. 물론 미국도 그런 점이 없지는 않겠지만, 남한이나 중국의 증시는 정말 노름판처럼 돈 놓고 돈 먹기라고 할 수 있어요.

국채시장이 동요하면서 증시가 붕괴된다면 어느 정도일지 예상해볼 수 있습니다. 1929-32년에 뉴욕증시는 80-90% 하락하거든요. 2007년 10월의 고점에서 다우지수가 14000이었으니까 만일 같은 규모로 증시가 붕괴한다면 2000-3000으로 폭락하는 셈이지요. 달리 말해서 7월에 다우지수가 9000이니까 1/3 내지 1/4 수준으로 하락한다는 것이에요.

마찬가지로 달러위기가 발생한다면 어느 정도일지 예상해보겠습니다. 2차 세계전쟁 이후 달러위기는 한번 발생했는데, 그것이 1979년이에요. 석유달러의 '금으로의 도피'가 발생하면서 현재의 달러가치로 계산한 금값이 온스당 2000달러를 돌파하거든요. 7월에도 금값은 1000달러를 돌파하지 못하고 있는데, 수출달러의 금으로의 도피가 발생하지 않기 때문이지요. 만일 달러위기가 발생한다면, 이번에도 금값은 1000달러를 돌파하여 폭등하겠지요.

루비니는 주택가격에도 주목하고 있습니다. 그는 주택가격이 올해 4월까지 2006년 7월의 고점과 대비하여 33% 하락한 것에 주목하면서 2010년에는 40%까지 하락할 것이라는 기존의 예상을 견지하고 있어요. 주택가격의 하락세가 올해 3월부터 약화되고 5월부터 상승세로 반등하는 것은 주택소유자구매력안정화계획의 효과일 따름이라는 것이에요. [주택가격은 8월까지 4개월 연속 상승하는데, 그러나 그 폭은 대단치 않다.]

고점 대비 33% 하락한 주택가격은 서브프라임 모기지론(비우량 주택담보대출)이 확산되기 시작하는 2003년 수준입니다. 그러나 서브프라임 모기지론이 확산되기 이전인 2002년에 이미 주택시장의 거품이 형성되지요. 주택가격 하락폭이 40%일 것이라는 루비니의 예상은 2002년 이전의 수준에 도달하여 거품 자체가 완전히 붕괴되어야 한다는 의미이겠지요.

루비니가 주택가격의 지속적 하락을 주장하는 근거는 실업률의 지속적 상승입니다. 2007년에 4.5%이던 실업률은 2009년 4월에는 8.9%로 상승하지요. 연말에는 실업률이 1982년 수준인 10%를 돌파한다는 것이 일반적 예상이에요. 6월에 9.5%로 상승한 실업률이 7월에는 9.4%로 하락하는데, 그러나 이 정도로는 그런 예상을 번복할 정도가 아니거든요. [8월과 9월에 9.7%와 9.8%로 상승한 실업률은 10월에 결국 10.2%까지 상승한다. 또 10월의 노동주는 전후 최저치인 33시간으로 단축된다.]

물론 실업이 악화된다는 것이 경기회복을 부정하는 것은 아닙니다. 경기순환은 국민소득의 변동을 의미하는데, 투자는 경기순환에 선행하는(leading) 실물경제지표인 반면 고용은 지체하는(lagging) 실물경제지표이거든요. 투자를 결정하는 이윤율도 선행지표인데, 그러나 부르주아 경기순환론에서는 대체로 무시하고 있어요. 어쨌든 경기가 회복된 이후에도 고용이 개선되지 않아 실업이 악화될 수 있다는 것이지요. 그러나 내년에야 비로소 경기가 본격적으로 회복된다는 것이 루비니의 예상이에요.

6월에 국제경제연구소의 클라인과 윌리엄슨도 루비니와 비슷한 의견을 제시합니다. 클라인은 외채·외환위기 전문가이고, 윌리엄슨은 잘 아시다시피 워싱턴 컨센서스의 주창자이지요. 그들은 더블딥의 원인으로 이중적자에 주목하고 있습니다. 이중적자가 심화되면서 재정위기와 달러위기가 발생할 수 있다는 것이에요. 「2007-08년 금융위기의 분석과 전망」에서 설명한 것처럼, 이중적자는 무역적자와 재정적자를 의미하거든요.

클라인과 윌리엄슨은 2006년에 국민소득의 6%를 초과한 무역적자가 2009년에는 3%로 감소할 것으로 예상하고 있습니다. 이번 금융위기로 인해 수출보다 수입이 더 빠르게 감소하기 때문이지요. 반면 재정적자는 국민소득의 2%에서 12%로 증가할 것으로 예상하고 있습니다. 이번 금융위기로 인해 재정적자가 증가하는 것은 당연한 일이겠지요.

재정적자와 무역적자의 차이는 국민소득의 9%인데, 그 중 3%는 실물경제에서 가계의 소비 감소와 기업의 투자 감소에 따른 민간흑자로 설명할 수 있습니다. 정부의 적자를 가계와 기업의 흑자가 상쇄한다는 것이지요. 반면 나머지 6%의 차이는 국민회계상의 문제라고 할 수 있습니다. 즉 5%는 구제금융에 수반되는 예상손실로 인한 재정적자로 설명할 수 있고, 1%는 감세나 이전지출로 인한 재정적자로 설명할 수 있다는 것이지요.

그런데 이미 지적한 것처럼, 2008년 8월 이후 달러가치가 강세로 반전되어 2009년 3월에는 기준점인 1973년 수준을 절반 정도 회복합니다. 클라인과 윌리엄슨은 이렇게 달러가치의 강세가 지속된다면, 2012-13년부터 이중적자가 악화될 것으로 예상하고 있어요. 즉 무역적자는 6%로 다시 상승하는 반면 재정적자가 3%로 하락해도 민간적자가 3%로 상승하면서 2006년과 비슷한 삼중적자가 재발한다는 것이에요.

「2007-08년 금융위기의 분석과 전망」에서 설명한 것처럼, 이번 금융위기의 직접적 원인으로는 '세계적 불균형'(global imbalance), 특히 미국과 중국의 불균형이 있습니다. 미국의 입장에서 볼 때 이

것이 바로 달러의 발권이익(seigniorage)을 토대로 하는 이중적자, 즉 무역적자와 재정적자이지요. 조금 이따가 설명할 것처럼, 이번 금융위기에 대처하는 과정에서 미국과 중국의 협력이 가장 중요한 것도 이 때문이지요.

그러나 문제는 2012-13년에 다시 이중적자나 삼중적자가 폭발할 경우 과연 지금처럼 미국과 중국의 협력이 가능하겠는가라는 데 있습니다. 그런 문제와 관련해서 국제경제연구소가 여러 가지 대안을 제시하고 있어요. 이중적자나 삼중적자를 예방하는 동시에 여의치 않을 경우에도 대비하는 이른바 '플랜 B'도 준비하고 있다는 것인데, 조금 이따가 설명하겠어요.

일단 더블딥 논쟁을 간단하게 정리해봅시다. 더블딥의 원인과 관련하여 포젠과 존슨은 신용위기가 은행위기로 심화될 수 있다는 데 주목하고 있어요. 반면 루비니나 클라인과 윌리엄슨은 증시붕괴와 달러위기에 주목하고 있지요. 한 마디로 말해서 논자마다 강조점의 차이에도 불구하고 모두 더블딥의 원인으로 이번 금융위기가 완전하게 해결된 것이 아니라 얼마간 진정되었을 따름이라는 사실을 지목하고 있다는 것이에요.

결국 더블딥 논쟁의 핵심적 쟁점은 금융위기라는 것입니다. 그런데 이제까지의 설명은 너무 도식적이기 때문에 몇 가지 논점을 보충해야 할 필요가 있어요. 우선 버냉키 자신도 지적하는 것처럼, 이번 금융위기의 한 가지 특징은 신용위기와 은행위기가 구별되지 않는다는 데 있지요.

『마르크스의 '자본'』에서 설명한 것처럼, 배저트가 '유동성위기'라고 부른 신용위기는 은행이 대부할 수 있는 자금이 부족하다는 의미인데, 그래서 보통 신용경색이라고 부릅니다. 반면 배저트가 '건전성위기'라고 부른 은행위기는 은행의 자산이 부채보다 작아서 자본이 잠식되는 상태를 의미하는데, 흔히 말하는 것처럼 은행 자체가 파산한다는 것이에요.

그런데 이미 설명한 것처럼, 좀비은행이 횡행하는 상황에서는 은행의 자본잠식으로 인해 은행이 대부할 수 있는 자금이 부족하게 되어 신용위기와 은행위기가 결합되는 것입니다. 좀비은행이 출현하게 된 것은 물론 금융혁신으로 인한 신용의 증권화 때문이지요. 「2007-08년 금융위기의 분석과 전망」에서 설명한 것처럼, 바로 이것이 이중적자와 함께 이번 금융위기의 또 다른 직접적 원인이라고 할 수 있어요.

마찬가지로 「2007-08년 금융위기의 분석과 전망」에서 설명한 것처럼, 1930년대 대불황에서는 증시가 붕괴하면서 신용위기가 은행위기로 심화된 다음 결국 달러위기가 발생하지요. 이번에는 순서가 어떻게 바뀔지 아직 알 수는 없겠지만, 증시의 충격이 민간경제의 충격과 결합하는 것은 마찬가지라는 것이 제 생각이에요. 파생금융상품이 은행은 물론이고 기업이나 가계의 자산 중 상당 부분을 차지하고 있거든요.

이미 설명한 것처럼, 연준의 수량완화정책이나 재무부의 구제금융은 민간경제의 부실자산을 연준의 부실자산, 결국 국가의 부실자산으로 이전하는 것입니다. 또 달러는 연준의 부채이고, 결국 국가의 부채이지요. 그러나 연준이나 국가가 파산하여 좀비가 될 것 같지는 않다는 것이 제 생각이에요.

『마르크스의 '자본'』에서 설명한 것처럼, 관리통화제는 결국 '국부본위제'라고 할 수 있습니다. 연준이 파산하지 않는다는 것은 결국 국가가 파산하지 않는다는 것인데, 국부라고 부를 수 있는 국가의 자본이 잠식되는 것은 쉽지 않거든요. 대신 국채의 가격이 폭락하고 그 이자율이 상승하는 재정위기가 발생할 수는 있습니다. 또 재정위기로 인해 국가의 지불능력이 의문시되면서 달러가치가 폭락하는 달러위기가 발생할 수도 있지요.

재정위기와 달러위기에 대해서는 아직 완성된 이론이 없습니다. 『마르크스의 '자본'』에서처럼, 신용위기·은행위기·증시붕괴까지는 어떻게든 설명해볼 수 있는데, 그러나 환율을 설명하는 이론은 마땅치 않거든요. 제가 볼 때 가장 그럴듯한 이론을 소개해놓기는 했습니다만, 그것도 완성된 이론이라고 할 수는 없어요. 게다가 『마르크스의 '자본'』에서는 재정위기를 아예 논외로 하고 있지요.

미-중 전략및경제대화

제가 더블딥 논쟁에 대해 관심을 갖는 것은 단지 제 구미에 맞아서가 아닙니다. 물론 지난 10년 동안 2012-13년이 신자유주의적 금융세계화가 종료되는 동시에 자본주의가 붕괴되는 시점이라는 예상을 견지해온 제 입장에서 이 논쟁은 아주 흥미로운 것이지요. 지금까지 설명한 것처럼, 이 논쟁을 검토하면서 2012-13년에 대한 저의 예상을 구체화해볼 수 있는 계기를 발견할 수 있거든요.

제가 더블딥 논쟁에 관심을 갖는 또 다른 이유는 부르주아 경제학에서는 그런 상황에 이미 대비하고 있다는 데 있습니다. 아까 '그럭저럭 버틴다'고 했는데, 속된 말로 '그냥 개긴다'는 뜻은 전혀 아니에요. '시간을 벌기' 위해 그러는 것이지요. 이 점에서도 부르주아 경제학에서 배울 것이 있다는 것이 제 생각이에요.

작년 9월에 「현정세와 사회운동노조」(『금융위기와 사회운동노조』, 공감, 2008에 실림)에 대해 토론하면서 제 주관적 소망까지 덧붙여 지금 망하면 안 된다고 한 적이 있습니다. 그 동안 밀린 공부도 하고 흐트러진 심기도 가다듬는 데 적어도 4-5년은 걸리거든요. 오늘 강의 후반부에서 자세하게 설명하겠지만, 아마 작년에 망했으면 아수라장이 되었겠지요.

어쨌든 부르주아 경제학이 어떻게 대비하고 있는지에 대해서도 설명해보겠습니다. 작년 연말에 개최된 국제경제연구소 심포지엄의 특별보고서가 올해 5월에 출판되었는데, 그 핵심은 재정위기와 달러위기에 대한 클라인의 분석이에요. 이미 설명한 클라인과 윌리엄슨의 분석은 당시의 분석을 더욱 진전시킨 것이지요.

그런데 특별보고서의 입장을 전반적으로 정리하면서 버그스텐은 가장 큰 문제인 달러위기를 예방하려면 무역적자를 2001년 수준인 4%로 유지해야 하고, 따라서 달러를 평가절하해야 한다고 제안하고 있습니다. 좀 더 구체적으로 말해서 달러가치를 2008년 3-7월에 도달한 저점인 1979년의 수준에서 안정화하면서 무역적자를 감소시켜야 한다는 것이지요. 7월에 국제경제연구소의 연설에서 서머스도 버그스텐의 입장을 지지합니다. 올해 3월부터 금융위기가 완화되면서 달러가치가 약세로 반전되는 것은 단순한 시장의 논리가 아니라 그런 정책 제안을 반영한다는 것이에요.

나아가 버그스텐은 달러위기를 예방하기 위해서는 미국과 중국의 협력이 결정적이라고 주장합니다. 곧 설명할 미-중 전략및경제대화는 버그스텐이 이미 2004년에 제안한 주요2개국(G2)을 구체화한 것이라고 할 수 있어요. 나아가 「2007-08년 금융위기의 분석과 전망」에서 설명한 것처럼, 2007년에 버그스텐이 달러의 평가절하와 위안의 평가절상을 위한 '아시아판 플라자합의'를 제안한다는 사실에도 주목해야 하지요.

특별보고서에서 포젠은 달러위기의 이면에 안보위기가 존재한다고 주장합니다. 방금 인용한 연설에서 서머스는 포젠의 입장도 지지하지요. 제가 늘 강조하는 것처럼, 금융세계화와 군사세계화는 결합되어 있는데, 따라서 하나의 위기는 또 하나의 위기라고 할 수 있어요. 물론 포젠은 부르주아 경제학자이므로 이런 개념을 사용하지는 않지만, 저 같은 마르크스주의자와 동일한 관점을 갖고 있다고 할 수 있겠지요.

어쨌든 올해 7월에 개최된 1차 미-중 전략및경제대화에 주목해야 합니다. 전략및경제대화는 물론 국무부나 재무부의 정책적 판단에 따른 것이겠지만, 2004년에 주요2개국이라는 구상을 최초로 제기한 것은 역시 버그스텐이에요. 전략및경제대화는 이번 금융위기에 대처하는 과정에서 미국과 중국의 관계가 더 긴밀해졌다는 증거이기도 한데, 버그스텐은 중국이 세계적 통치성을 위한 '대등한 파트너'라고까지 주장하고 있지요.

전략및경제대화(S&ED)는 고위급전략대화(SD)와 전략경제대화(SED)를 결합하는 것입니다. 국무부는 2005년부터 중국과 고위급전략대화를 개최하는데, 여기서 전략은 안보를 의미하지요. 또 재무부는 2006년부터 중국과 전략경제대화를 개최해요. 이번에 미-중 수교 30주년을 기념하여 두 대화를 결합한 것이 바로 전략및경제대화인데, 게다가 고위급전략대화를 전략경제대화와 마찬가지로 차관급에서 장관급으로 격상하는 것이에요.

이번 전략경제대화의 핵심적 의제는 재무부증권의 발행 규모와 달러가치의 안정성입니다. 버그스텐의 주장처럼 이번 금융위기를 해결하는 데 미국과 중국의 협력이 결정적이거든요. 대신 위안의 평가절상은 의제로 상정되지는 않아요. 그러나 주요20개국 정상회의와 관련하여 설명할 것처럼, 아시아판 플라자합의라는 버그스텐의 제안이 기각된다고 할 수는 없어요.

또 고위급전략대화의 핵심적 의제는 미국의 당면과제인 아프가니스탄 전쟁과 중국의 당면과제인 신장위구르 사태입니다. 그런데 제가 주목하고 싶은 것은 오히려 고위급전략대화의 의제 중 하나로 이란과 함께 북한의 핵문제가 포함되었다는 사실이에요. 물론 구체적으로 어떤 논의가 이루어졌는지 알 수는 없지만, 국제경제연구소의 놀랜드의 입장을 통해 나름대로 추론해볼 여지는 있어요.

놀랜드는 한반도 문제 전문가인데, 9월부터 부소장직을 담당할 것이라고 합니다. 포젠이 영국은행(BOE)의 통화정책위원으로 발탁되거든요. 놀랜드의 기본 입장은 김대중-노무현 정부의 포용정책이 북한의 개혁·개방을 무시한 '정치적 공납'(political tribute), 즉 '퍼주기'일 따름이라는 것이지요. 잘 아시다시피 김대중 정부의 포용정책이 노무현 정부에 와서 크게 굴곡을 겪는데, 그 때 놀랜드의 역할이 컸어요. 노무현 당선자의 대통령직인수위원회에 김대중 정부의 포용정책을 비판하면서 수정을 요구하는 제안서를 보내거든요. 말이 제안서이지 일종의 경고장 같은 것인데, 그래서 대북송금에 대한 특검이 실시된 것이에요.

놀랜드는 9·19공동성명이 채택된 2005년 직후에 북한이 스탈린주의로 복귀했다고 주장하는데, 특히 천리마운동의 부활을 그 증거로 제시하고 있습니다. 그런데 그런 주장에는 이견을 제기할 수 있을 것 같아요. 김정일 위원장이 권력을 승계할 때도 천리마운동이 부활했다고 하거든요. 달리 말해서 권력 승계를 전후해서 천리마운동으로 생산을 배가하는 것이 관례라는 것이에요. 물론 셋째 아들 김정은 씨로의 권력 승계는 최근에 공식화된 것이지만요.

놀랜드가 포용정책에 대해 비판적이라고 해도 남한의 보수주의자처럼 포용정책의 결과가 곧 북한의 핵무장이라는 식으로 주장하는 것은 아닙니다. 그는 2008년 8월 영변핵시설 불능화작업 중단과 원상복구작업 개시, 2009년 5월 2차 핵실험이 2008년 8월 김정일 위원장의 건강 악화, 2009년 5월 김정은 씨로의 권력 승계와 관련될 것이라고 판단하고 있거든요. 달리 말해서 핵문제는 포용정책과 다른 차원의 문제라는 것이지요.

그런데 바로 그런 판단 때문에 핵문제가 심각하다는 결론이 도출되는 것입니다. 놀랜드는 김정은 씨로의 권력 승계와 관련되기 때문에 중국이 북한의 핵무장을 용인할 가능성이 있다고 판단하거든요. 김정은 씨가 5월에 중국을 극비 방문했다는 설은 그런 판단을 지지하는 방증이라고 할 수 있겠지요. 그러나 미국으로서는 북한의 핵무장을 용인할 수 없으니까 중국에게 동북아 핵무기경쟁의 위험성이라는 카드를 제시해야 한다는 것이 그의 주장이에요.

올해 6월에 개최된 한-미정상회담에서 오바마 대통령이 남한에 핵우산을 제공할 것을 약속한 것은 이런 맥락에서 해석될 수 있습니다. 곧 이어 개최된 한-일정상회담에서 아소 총리는 일본의 핵무장 가능성을 언급하기도 하지요. [9월 총선에서 전후 최초로 정권교체에 성공한 민주당의 실권자 오자와 간사장도 하토야마 총리와는 달리 핵무장론자이다.]

또 백악관이 7월 한국전쟁 휴전기념일에 최초로 조기를 게양한 사실에도 주목해야 합니다. 게다가 태평양사령부 키팅 사령관은 의회에서 북한의 '급변사태'에 대비한 군사계획이 있다고 증언하지요. 그것은 김정일 위원장의 유고로 인한 정권 교체나 대량살상무기 유출 등에 대비한 '개념계획 5029'가 '작전계획 5029'로 구체화되었음을 시사하는 것이에요. 1999년으로 소급되는 개념계획 5029를 작전계획 5029로 구체화하려는 시도는 2004년에 출현하는데, 2005년에 잠정 중단되지요.

어쨌든 미국은 북한의 핵무장을 용인할 수 없고, 만약 중국이 그것을 용인한다면 동아시아에서 핵무기경쟁이 불가피하다는 것입니다. 북한의 핵문제가 권력 승계 같은 내부 사정과 관련된다고 하더라도, 한반도의 군사정세가 그렇게 만만치는 않다는 데 주목해야 하겠지요. 이따가 남한의 정세와 관련하여 다시 설명하겠어요.

놀랜드는 4월에 북한이 실시한 미사일실험이 오히려 더 위험할 수도 있다고 평가합니다. 장거리 미사일은 아주 부정확해서 미국으로 날아가다가 일본에 떨어질 가능성이 있대요. 또 중단거리 미사일은 남한이나 일본에 있는 미군기지를 타격할 가능성이 있답니다. 그래서 군사적 충돌가능성이라는 점에서는 오히려 미사일실험이 핵실험보다 더 위험하다는 것이지요.

또 미국과 남한의 26개 주요 웹사이트에 대한 디도스(DDoS, 분산서비스거부) 공격과 관련하여 북한의 정보전에 대해서도 대비할 필요가 있다고 지적합니다. 디도스 공격의 진원지가 어디인지에 대해서는 아직 논란이 많고, 또 놀랜드도 북한이라고 단정하는 것은 아니에요. 그러나 북한의 정보전 능력이 크게 향상되었기 때문에 대비할 필요가 있다는 것이지요. [10월에 열린 국회 정보위원회의 국정감사에서 원세훈 국가정보원장은 디도스 공격을 주도한 것이 북한 체신청이라고 주장한다.]

제가 놀랜드의 분석에 전적으로 찬성한다는 것은 물론 아닙니다. 다만 한반도의 군사정세의 심각성에 대해 경고하기 위해 미국의 핵심 브레인의 사고의 단편을 제시해본 것이에요. 게다가 전쟁에는 합리적 선택의 측면도 있지만 비합리적 선택의 측면도 있거든요.

나중에 남한의 정세와 관련하여 설명하겠지만, 이런 상황을 돌파하기 위해서는 또다시 평화운동을 개시할 수밖에 없다는 것이 제 생각이에요.

주요20개국과 아시아태평양경제협력체

전략및경제대화가 현안 해결을 위한 단기적 구상이라면, 「2007-08년 금융위기의 분석과 전망」에서 설명한 것처럼, 중장기적 구상은 역시 주요20개국(G20) 정상회의라고 할 수 있습니다. 나아가 버그스텐이 강조하는 것처럼 아시아태평양경제협력체(APEC)도 무시할 수 없겠지요. 주요20개국 정상회의나 아시아태평양경제협력체에 관한 분석도 역시 국제경제연구소의 웹사이트를 참조할 필요가 있다는 것이 제 생각이에요.

누차 강조한 것처럼, 2012-13년을 전후로 해서 신용위기와 은행위기, 나아가 증시붕괴와 달러위기로 인해 더블딥이 발생한다면, 그것은 곧 2차 대불황의 발생을 의미하는 것입니다. 그런데 이번 대불황에서는 1930-40년대와 같은 해법이 불가능하다는 것이 제 생각이에요. 달리 말해서 신자유주의적 금융세계화와 군사세계화가 종료되는 동시에 자본주의가 붕괴한다는 것이에요.

오해가 너무나도 많기 때문에 간단하게 설명해두겠습니다. 자본주의가 따로 있고 신자유주의가 따로 있다고 생각하는 사람들에게는 그렇지 않겠지만, 신자유주의가 곧 현재의 자본주의라고 생각하는 제 입장에서 보면 신자유주의의 위기가 자본주의의 위기이지요. 따라서 신자유주의에 대한 비판이나 대안과 자본주의에 대한 비판이나 대안은 동일할 수밖에 없어요.

또 자본주의의 붕괴에 대해서도 오해가 아주 많은데, 여기서 붕괴는 '빅크런치'를 의미하는 것이 아닙니다. 잘 아시다시피 이것은 '빅뱅'의 반대말인데, 후자는 우주의 발생을 설명하는 이론인 반면 전자는 그 소멸을 설명하는 이론이지요. 물론 빅크런치에 대해서는 논란이 있지만, 아무튼 우주의 소멸은 그 발생처럼 무(無)로 되돌아 간다는 것이에요.

자본주의의 붕괴는 오히려 진화론의 대멸종과 유비할 수 있습니다. 이제까지 다섯 번의 대멸종이 있었는데, 평균적으로 말해서 지구에 살던 종의 2/3 정도가 소멸하지요. 대멸종에서 살아남는 종도 물론 많아요. 예를 들어 공룡은 멸종되었지만, 포유류의 조상인 쥐는 살아남거든요. 어쨌든 자본주의의 붕괴는 빅크런치보다는 오히려 대멸종과 유사하다는 것이 제 생각이에요.

자본주의의 붕괴라는 개념에 대해 오해하고 있으니까 자본주의가 붕괴된 이후의 상황이 막연할 수밖에 없는 것입니다. 그러나 주요20개국 정상회의, 나아가 아시아태평양경제협력체에 대한 미국의 구상을 분석해보면 그렇게 막연한 것만은 아니에요. 물론 미국이 최종적으로 선택할 수 있는 대안은 전통적 고립주의로의 복귀, 즉 아메리카대륙으로의 후퇴라고 할 수 있지요. 그러나 아직까지는 극단적 보수주의자가 아니라면 그런 구상을 제시하는 경우는 별로 없는 것 같아요.

먼저 주요20개국과 아시아태평양경제협력체에 대해 간단하게 소개해보겠습니다. 세계경제에서 주요20개국의 비중은 무역 80%, 소득 85%, 인구 67%이고, 아시아태평양경제협력체의 비중은 무역 60%, 소득 50%, 인구 40%이지요. 달리 말해서 주요20개국과 아시아태평양협력체의 합집합이 거의 세계 전체를 포괄한다는 것이에요. 반면 둘의 교집합은 미국, 캐나다, 멕시코, 오스트레일리아 4개국과 남한, 일본, 중국, 인도네시아 4개국, 그리고 러시아까지 모두 9개국이지요.

주요20개국과 아시아태평양경제협력체의 교집합은 미국의 사활적 이익이 어디에 있는가를 보여줍니다. 러시아나 심지어 중국은 어떨지 몰라도, 이 나라들을 포기하기는 쉽지 않거든요. 특히 일본과 남한이 그럴 것인데, 이 두 나라를 포기한다면 태평양 건너 하와이까지, 심지어 아메리카대륙까지 후퇴하는 셈이에요. 여기에 미국과 특수관계인 영국, 영국과 특수관계인 남아프리카공화국을 추가할 수 있겠지요. 또 사우디아라비아는 물론이고, 인도나 브라질도 쉽게 포기하지는 않겠지요. 이 나라들은 아시아태평양경제협력체에 포함되지는 않지만, 주요20개국에는 포함되어 있어요.

반면 아르헨티나를 비롯한 라틴 아메리카 대부분과 유럽은 상대화될 수 있습니다. 특히 존슨이 그렇지만, 국제경제연구소의 전반적 분위기는 유럽에 대해 아주 비판적이에요. 라틴 아메리카도 그렇지만, 유럽이 미국과 맺고 있는 경제관계는 아주 특이하지요. 미국의 사활적 이익이 달려 있는 나라들은 대체로 수출달러나 석유달러를 환류시키는 나라들인 반면 유럽은 라틴 아메리카처럼 주로 자본을 도피시키거든요.

「2007-08년 금융위기의 분석과 전망」에서 설명한 것처럼, 이른바 '세계적 통치성'(global governance)을 상징하는 것이 바로 주요20개국 정상회의입니다. 물론 주요20개국도 이번에 출현한 것은 아니에요. 1997-98년 동아시아 경제위기 직후인 1999년부터 경제장관회의로 시작된 것이지요. 그러다가 2008년 11월에 정상회의로 격상되는 것이에요.

올해 4월에 2차 정상회의가 개최되는데, 그 성과에 대해서는 논란이 분분합니다. 그러나 1997-98년 동아시아 경제위기 이후에 상대화된 국제통화기금(IMF)을 재건하려는 시도가 있었다는 데 주목해야 한다는 것이 제 생각이에요. 주요20개국 정상회의를 통해 세계적 통치성을 유지하려면 국제통화기금을 재건해야 하거든요.

이번 정상회의에서는 미국의 제안에 따라 국제통화기금의 자본을 2500억 달러에서 7500억달러로 증자하자는 합의가 도출됩니다. 일본은 지난번에 이미 1000억달러의 출연을 약정했는데, 그래서 제가 일본은 미국에게 '올인'했다고 한 것이에요. 그리고 이번에 미국과 유럽연합도 각각 1000억달러, 중국은 400억달러의 출연을 약정하지요. 물론 나머지 회원국도 약간씩 출연하겠지요.

또 한 가지 주목해야 할 것은 특별인출권(SDR)의 발행입니다. 특별인출권은 1970년대 1차 달러위기를 계기로 국제통화기금이 발행한 준통화인데, 그 후에는 별다른 주목을 받지 못했어요. 그러다가 이번 정상회의에서 2500억 달러를 신규 발행하기로 합의하지요. 이제까지 국제통화기금이 발행한 특별인출권은 214억달러인데, 그 10배 이상을 신규 발행하기로 합의한 것이에요. [10월에 버그스텐은 '달러의 다운사이징'을 위해 향후 5년간 1조달러의 특별인출권을 추가 발행할 것을 제안한다.]

국제통화기금의 재건이라는 구상은 2006-07년에 국제경제연구소가 제안한 것입니다. 특히 국제통화기금의 지분 및 의결권에서 유럽의 비중을 축소하고 중국을 비롯한 신흥국의 비중을 확대하자는 것이 핵심이에요. 2008년에 주요20개국의 비중은 63.4%인데, 주요7개국(G7)은 44.5%인 반면 신흥국은 18.9%이지요. 좀 더 구체적으로 말해서, 미국 16.8%, 일본 6.0%, 독일 5.9%, 영국 4.9%, 프랑스 4.9%, 이탈리아 3.2%, 캐나다 2.9%인 반면 중국 3.7%, 러시아 2.7%, 인도 1.9%, 브라질 1.4%, 멕시코 1.4%, 남한 1.3%, 그리고 산유국인 사우디 아라비아 3.2%이지요. [9월에 개최된 3차 정상회의에서는 신흥국의 비중을 최대 5% 포인트 상향하기로 합의한다.]

나아가 국제경제연구소는 총재의 선출과정도 개방하자고 제안합니다. 국제통화기금의 총재는 유럽인이 담당하고 미국인은 부총재를 담당하는 것이 관례이거든요. 국제통화기금 총재의 임기는 들쭉날쭉한데, 요즘은 3-4년 정도인 것 같아요. 3년이라면 2010년에, 4년이라면 2011년에 차기 총재를 선출해야 하겠지요. 미국의 복안은 인도나 브라질 출신을 추대하려는 것 같아요. [3차 정상회의에서 국제통화기금의 개혁 시한은 2011년 1월로 합의된다.]

어쨌든 미국의 구상대로 국제통화기금이 재건되면서 국제통화기금의 지배구조가 탈유럽화된다면, 유럽연합과 유럽중앙은행(ECB)의 영향력, 즉 신보수주의의 영향력이 약화될 것입니다. 아까도 강조한 것처럼, 신자유주의와 신보수주의는 구별할 필요가 있어요. 독일을 중심으로 하는 유럽연합은 신보수주의를 신봉하고 있는 반면 미국은 신자유주의를 견지하고 있지요. 그래서 국제통화기금, 나아가 주요20개국 정상회의의 방향을 둘러싸고 미국과 유럽연합 사이에서 갈등이 발생하는 것이에요.

잘 아시다시피 이번 정상회의에서 중국은 국제통화기금의 역할을 강화하기 위해 특별인출권기금을 신설하자고 제안하는데, 이것을 둘러싸고 남한에서 약간의 논란이 있습니다. 진보주의자들은 이것을 아전인수식으로 해석하여 드디어 중국이 미국에게 도전한다고 주장하는데, 저는 전혀 그렇지 않다고 생각하고 실제로도 전혀 그렇지 않아요.

우선 특별인출권이 달러를 대체할 수 없다는 사실을 알아야 합니다. 준통화, 좀 더 정확하게 말해서 복합통화인 특별인출권의 가치는 달러 44%, 유로 34%, 파운드 11%, 엔 11%의 비중으로 결정되지요. 물론 환율이 변동하고 있으므로 그 비중은 5년마다 변경되는데, 다음번은 2010년 말이에요. 그 때 어떻게 될지는 물론 알 수 없겠지만, 급격한 변화는 없을 것으로 예상할 수 있어요.

게다가 전세계 외환보유액에서 특별인출권이 차지하는 비중은 아주 약소합니다. 2008년 말 현재 금을 제외한 전세계 외환보유액 6.7조달러에서 특별인출권 214억달러가 차지하는 비중은 0.3%에 불과하거든요. 특별인출권 2500억달러를 신규 발행하더라도 그 비중은 4% 정도이지요. [물론 버그스텐의 제안대로 1조달러를 추가 발행할 경우 그 비중은 19%로 상승할 것이다.]

반면 달러의 비중은 64%이고, 유로는 26%, 파운드는 4%, 엔은 3%입니다. 따라서 합계 97%이지요. 1979년 달러위기 이후 60%를 유지하던 달러의 비중은 1985년 플라자합의 이후 하락하여 1990년에 50%에 도달하지요. 그 후 1997-2000년의 70%로 상승하다가 이번에 64%로 하락한 것이에요. 반면 1985년 이전의 3%에서 1991년의 9%로 상승한 엔의 비중은 3%로 원상 복귀하고, 1985년 이전의 30%에서 1997-98년의 20% 미만으로 하락한 유로의 비중은 26%로 얼마간 회복한 것이지요.

따라서 유로조차 달러를 대체할 수 있는 상황이 아니라는 사실을 알 수 있습니다. 유럽연합의 국민소득 18조달러가 미국의 국민소득 14조달러를 훨씬 초과하는 반면 외환보유액에서 유로의 비중 26%는 달러의 비중 64%의 절반에도 미달하는 것은 다 이유가 있어요. 흔히 유로가 달러보다 유동성이 부족하다고 하는데, 유럽중앙은행의 신보수주의로 인해 유로 표시 국채의 발행시장이 제약되는 데다가 유통시장도 별로 발달되지 않거든요.

사실 중국이 제안한 특별인출권기금은 이미 1970년대 말에 버그스텐이 제안한 대체계정(substitution account)과 본질적으로 동일한 것입니다. 2007년에 버그스텐이 제안한 아시아판 플라자합의의 조건이 바로 대체계정의 부활이에요. 이미 설명한 것처럼, 이번 전략및경제회담에서 아시아판 플라자합의는 의제로 상정되지 않았는데, 그러나 그 조건이라고 할 수 있는 대체계정에 대한 논의는 계속되고 있는 중이지요.

대체계정은 달러를 과잉보유한 나라가 그 일부를 특별인출권으로 태환할 수 있게 해주는 제도입니다. 달러가 평가절하될 때 중국은 달러를 특별인출권으로 태환함으로써 환차손을 회피할 수 있고, 동시에 미국은 달러가 외환시장에 투매되지 않으므로 평가절하의 속도를 관리할 수 있다는 것이 핵심이지요. 그러니까 대체계정은 미국과 중국의 입장에서 모두 윈윈게임이라는 것이에요.

사실 중국은 달러를 과잉보유하고 있습니다. 중국의 외환보유액 2.1조달러는 전세계 외환보유액 6.7조달러의 1/3이에요. 그 중에서 달러 표시 자산의 비중은 전세계 평균치 64%와 거의 일치할 것으로 추정되지요. 물론 중국의 경제통계는 완전치 않습니다. 북한도 마찬가지이지만요. 그러나 북한에는 경제통계가 아예 없는 것 같고, 중국은 있긴 한데 제대로 발표하지 않는 것 같아요. 그래서 추정할 수밖에 없는데, 평균치와 비슷하다는 것이 통설이에요. 따라서 중국은 1.3-1.4조달러를 보유하고 있는 셈이지요. [9월에 2.3조달러에

도달한 중국의 외환보유액은 내년에 3조달러를 돌파할 것으로 예상된다.]

『마르크스의 '자본'』에서 설명한 것처럼, 외환보유액에는 금도 포함됩니다. 현재 전세계 중앙은행의 금 보유량은 2.5만톤이지요. 그런데 일본이나 남한은 물론이고, 중국도 금을 거의 보유하지 않아요. 상당한 규모의 동아시아 외환보유액이 대부분 달러라는 사실에 주목해야 합니다. 그래서 일본이나 남한은 말할 것도 없고, 중국조차도 당분간 미국에게 '올인'할 수밖에 없는 것이에요. 어쨌든 중국이 미국에게 도전하고 있다는 것은 전혀 사실이 아니지요.

[3차 정상회의에서 주요20개국은 주요7개국을 대체하는 '최고위급 포럼'(premier forum)으로 공식화된다. 그런데 이번 전상회담에서 사르코지는 주요20개국 정상회의를 주요14개국(G14) 정상회의로 축소하자는 의견을 제시하기도 한다. 주요14개국은 2005년에 블레어가 기후온난화 문제를 검토하기 위해 제안한 주요13개국, 즉 주요7개국, 브릭스(BRICs, 브라질, 러시아, 인도, 중국), 멕시코, 남아프리카공화국에다가 이집트를 추가한 것이다.

[이번 정상회의의 3대 안건은 출구전략의 시기, 세계적 불균형의 해결, 은행 자본비율의 상향 조정이다. 그런데 출구전략은 내년까지 연기하기로 쉽게 합의하지만, 세계적 불균형의 해결이나 은행의 증자에 대해서는 논란이 제기된다. 유럽연합이 소극적이기 때문인데, 세계적 불균형은 미국과 중국의 문제인 반면 유럽 은행의 증자는 미국 은행의 경우보다 훨씬 더 곤란하다는 것이다.]

그러나 미국의 구상은 훨씬 더 복잡한 것입니다. 이 대목에서 올해 7월에 아시아태평양경제협력체 20주년을 기념하여 버그스텐이 한 연설에 주목할 필요가 있어요. 그는 '개방적 지역통합'을 지향하던 아시아태평양경제협력체가 최근에 들어와 너무 상대화되었다는 문제를 제기합니다. 그 이유로는 두 가지를 지적하는데, 1997-98년 경제위기 이후 역내 분업구조의 변화와 2001년 9·11테러 이후 아세안(ASEAN, 동남아시아국가연합) 플러스 3(중국·일본·남한)의 약진이 그것이에요. 아시아-태평양지역의 양자간 무역협정은 1997-98년에 8개에 불과하지만, 2007년에는 150개의 협정이 이미 체결되거나 협상중이라고 해요.

그러나 버그스텐도 인정하듯이, 중국의 '경제기적'은 별로 대단할 것이 없습니다. 2001년에 세계무역기구(WTO)에 가입하면서 중국의 수출이 급증하더라도, 그것은 사실 중계무역일 따름이거든요. 즉 동아시아의 다른 나라에서 수입한 부품·소재를 조립·가공하여 미국을 비롯한 선진국에 수출하는 것이에요. 그리고 그 토대가 바로 저임금과 평가절하이지요.

역내 분업구조가 변화했다는 것은 쉽게 말해서 이전에는 남한이나 동남아시아도 독자적으로 미국으로 수출할 수 있었는데 이제는 중국의 저임금과 평가절하로 인해 수출경쟁력을 상실했다는 것입니다. 그래서 동남아시아는 일종의 하청공장이 된 것이고, 남한은 중국과 일본 사이에서 '샌드위치'가 된 것이에요. 일본은 물론 핵심적 부품·소재를 생산할 수 있는 첨단기술을 갖고 있지요.

좀 더 구체적으로 설명해보면, 저임금에 기인하는 중국의 부가가치는 1/2에 미달한다는 것이 일반적 평가입니다. 특히 대미수출의 경우에는 1/3밖에 안 된다고 해요. 또 중국의 수출기업 중 외국계가 1/2 정도이고, 수출시장 중 1/2이 미국이라는 것이 일반적 평가입니다. 물론 중국정부가 경제통계를 제대로 발표하지 않기 때문에 추계일 따름인데, 좌·우파를 막론하고 일반적으로 인용하는 통계이기 때문에 신뢰할 만하다는 것이 제 생각이에요.

결국 동아시아 분업구조의 변화나 중국의 경제기적이 그렇게 대단한 것은 아니지만, 그러나 그럼에도 불구하고 동아시아 경제통합의 가능성에 대해서는 경계해야 한다는 것이 버그스텐의 입장입니다. 그래서 아시아태평양경제협력체를 부활시키고, 나아가 아시아태평양자유무역지대(FTAAP)로 발전시키자고 제안하는 것이지요. 달리 말해서 북미자유무역지대(NAFTA)를 아시아-태평양지역까지 확대하자는 셈이에요. 그래서 아시아태평양자유무역지대에 대한 중국의 입장이 유보적인 것이지요.

어쨌든 이런 맥락에서 버그스텐이 주요2개국에 대응하는 개념으로 주요3개국(G3)의 협력, 즉 미국과 일본·남한의 협력을 제안한다는 사실에도 주목해야 합니다. 그는 브릭스에 남한을 추가한 브리크스(BRICKs)라는 새로운 용어를 사용하기도 하지요. 아울러 미국이 주장하는 주요20개국과 달리 프랑스가 주장하는 주요14개국에는 남한이 제외된다는 사실을 지적할 수 있어요.

[11월에 싱가포르에서 개최된 아시아태평양경제협력체 정상회의에서는 2010년까지 아시아태평양자유무역지대를 구축하는 방안을 모색하기로 합의한다. 그것은 클린턴 정부 시절인 1994년에 인도네시아에서 개최된 아시아태평양경제협력체 정상회의에서 합의한 바 있는 '보고르 선언'의 이행을 재확인하는 것이다.]

따라서 미국의 입장에서는 한-미자유무역협정과 미-일자유무역협정이 아주 중요한 것입니다. 지금은 금융위기로 인해 조야가 정신이 없는 상황이지만, 자동차배기가스조항에 대한 협상만 추가되면 내년에라도 한-미자유무역협정을 비준할 것 같아요. 또 조만간 미-일자유무역협정도 추진할 것으로 예상할 수 있지요.

그런 것이 미국의 중장기적 구상이라고 한다면, 남한 노동자운동의 입장에서는 어떤 구상이 가능할까 생각해볼 필요가 있을 것입니다. 그래서 제가 「현정세와 사회운동노조」에서 혹시 노동표준과 환경표준을 중심으로 하는 대안자유무역협정이 가능하지 않을까라고 제안한 것인데, 별다른 반응이 없는 것 같아요. 나중에 남한의 정세와 관련하여 다시 설명해보겠습니다.

금융위기에 대한 뒤메닐의 분석

전반부에서 저는 올해 7월[11월 중순]까지의 경제정세를 분석하면서 부르주아 경제학자들 사이에서 전개된 몇 가지 논쟁, 특히 더블딥 논쟁을 설명했습니다. 후반부에서는 이번 금융위기를 둘러싼 마르크스주의 경제학자들의 논쟁을 설명할 것인데, 주로 뒤메닐과 아리기의 분석과 대안에 대해 검토해보겠어요. 또 이데올로기정세에 대해서도 간단하게나마 검토해보겠어요.

금융위기에 대해 여러 마르크스주의자가 다양한 분석과 대안을 제시하고 있는데, 가장 주목할 만한 것은 역시 뒤메닐의 경우라고 할 수 있습니다. 그의 웹사이트(http://www.jourdan.ens.fr/levy/)를 보면 몇몇 논문, 칼럼, 인터뷰가 게재되어 있어요. 또 지금까지의 분석을 종합하는 저서 『신자유주의의 위기』가 내년에 출판될 예정이라고 해요. 또한 셰네에게도 주목할 만한데, 그의 논문도 웹사이트(http://www.carre-rouge.org/)에 게재되어 있지요.

잘 아시다시피 「2007-08년 금융위기의 분석과 전망」은 뒤메닐의 분석을 셰네의 분석과 결합한 것입니다. 따라서 뒤메닐의 분석과 저의 분석에 차이가 있는 것은 당연한 일이겠지요. 그런데 지난 5월에 뒤메닐이 방한하여 민주노총을 비롯하여 몇몇 대학에서 강연을 한 다음, 제가 뒤메닐을 오해하고 있다는 소문이 인터넷에 떠돈다는 얘기를 들었어요.

작년에도 제가 발리바르나 아리기를 잘못 해석하고 있다는 소문이 인터넷에 떠돈 적이 있었는데, 그 때나 지금이나 제 생각은 마찬가지입니다. 마르크스주의를 연구해본 적도 없고 제 책을 제대로 읽은 적도 없는 몇몇 인터넷 논객의 단견일 따름이라는 것이지요. 저는 인터넷 논쟁에는 별로 관심이 없는데, 게시판이나 블로그에 글을 올리는 짓은 화장실 벽에 낙서하는 짓과 별반 다르지 않다고 생각하거든요.

사실 뒤메닐과 저의 차이에 대해서는 『일반화된 마르크스주의 개론』(공감, 2006; 개정판, 2008)에서 이미 자세하게 설명한 적이 있습니다. 한 마디로 말해서 20세기 미국경제를 분석하려면 뒤메닐의 『이윤율의 경제학』(1993; 1996년 불어 증보개정판의 제목은 『자본의 동역학』)과 아리기의 『장기20세기』(1994)를 결합해야 한다는 것이 제 생각이에요.

게다가 20세기 미국경제에 대한 뒤메닐의 분석과 아리기의 분석이 반드시 마르크스의 관점과 일치하는 것은 아니라는 사실에도 주목할 필요가 있습니다. 그래서 『자본』의 관점에서 『이윤율의 경제학』과 『장기20세기』를 재구성해야 하는 것인데, 이런 시도에 대해서는 『마르크스의 '자본'』을 참조하세요.

한 마디만 더 하겠습니다. 『일반화된 마르크스주의 개론』 초판과 『마르크스의 '자본'』에 뒤메닐의 논문 「마르크스주의 경제학의 현재성」(2001)이 국역되어 부록으로 실려 있습니다. 이 논문에 몇 개의 역주를 붙였는데, 이것만 잘 읽어보셔도 제가 뒤메닐과 아리기를 어떻게 결합해야 한다고 주장하는지 아실 수 있어요.

어쨌든 저는 뒤메닐의 『이윤율의 경제학』에 주목하는 것인데, 다 이유가 있습니다. 얼마 전에 국역된 『위기와 탈위기』(2000; 2004년 영어판의 제목은 『자본의 부활』)에서 뒤메닐의 입장이 변화하는데, 제 생각으로는 문제가 아주 많거든요. 이번에 국역된 『마르크스주의적 자본주의 경제학』(2003)은 이렇게 변화된 입장을 정리하고 있는 교과서라고 할 수 있지요.

아리기의 입장도 변화한 것은 마찬가지인데, 얼마 전에 국역된 『현대세계체계의 카오스와 거버넌스』(1999)가 그렇습니다. 『베이징의 애덤 스미스』(2007)는 이렇게 변화된 입장을 집대성하는 대작인데, 언젠가는 국역될지도 모르겠어요. 그러나 『장기20세기』와 비교해볼 때 아리기의 변화된 입장에도 문제가 아주 많아요.

뒤메닐과 아리기의 대표작으로 『이윤율의 경제학』과 『장기20세기』를 거론하는 이유는 마르크스주의의 역사에서 차지하는 의미가 아주 크기 때문입니다. 『마르크스의 '자본'』에서 설명한 것처럼, 이 두 책이 엥겔스가 『자본』을 완간한 1894년 이후에 전개된 마르크스주의 경제학의 '100년 논쟁', 특히 가치에서 생산가격으로의 전형이나 이윤율의 하락을 둘러싼 논쟁을 해결하는 데 기여하거든요.

그래서 발리바르의 경우도 그렇지만 뒤메닐이나 아리기에 대한 해석의 오류라는 주장도 무지의 발로일 따름이라는 것이 제 생각입니다. 그럼에도 불구하고 이번 기회에 제 입장을 다시 한번 자세하게 설명해보겠어요. 처음에는 쉽지만 점점 더 어려워질 것인데, 별다른 도리가 없어요. 그렇지만 참을성 있게 잘 들어보시면, 제가 어떤 추론 과정을 거쳐서 뒤메닐과 아리기를 평가하는지 웬만큼은 아실 수 있겠지요.

먼저 『이윤율의 경제학』과 『위기와 탈위기』에서 제시되는 20세기 미국경제의 이윤율에 대한 뒤메닐의 분석에 차이가 있다는 사실에 주목해야 합니다. 『이윤율의 경제학』에서는 1910-50년대의 상승 추세와 1960-80년대의 하락 추세를 대비하고 있어요. 물론 여기서도 1990년대 이후에 이윤율이 상승 추세로 반전될 수 있다는 예상이 제시되고 있는데, 그러나 아직까지는 아주 조심스런 수준일 따름이에요.

그런데 『위기와 탈위기』에서는 시기구분이 수정됩니다. 1900-40년대의 상승 추세, 1950-70년대의 하락 추세, 1980-90년대의 상승 추세를 대비하고 있거든요. 달리 말해서 1990년대뿐만 아니라 1980년대도 상승 추세로 해석한다는 것인데, 그런 새로운 해석을 위해 시기구분이 전체적으로 10년씩 앞당겨진다는 사실에도 주목할 필요가 있지요. 나아가 20세기 전반기는 50년간 상승 추세인 반면 후반기는 30년간 하락 추세와 20년간 상승 추세라는 비대칭성에도 주목해야 하겠지요.

게다가 『위기와 탈위기』에서 뒤메닐은 구조적 위기를 두 가지로 구별하고 있습니다. 이윤율이 하락하면서 발생하는 실물경제의 '수익성 위기'가 있고, 이윤율이 상승하면서 발생하는 금융의 '헤게모니 위기'가 있다는 것이지요. 그러면서 수익성 위기의 사례로 1890년대의 대불황과 1970년대의 대불황을 들고 있고, 헤게모니 위기의 사례로 1930년대의 대불황을 들고 있어요.

뒤메닐이 이번 금융위기를 실물경제의 수익성 위기가 아니라 금융의 헤게모니 위기라고 해석하는 것은 바로 이 때문입니다. 달리 말해서 현재의 상황을 1930년대의 상황과 동일시한다는 것이지요. 그가 제시하는 대안이 '새로운 뉴딜' 또는 '새로운 브레튼우즈'인 것도 같은 이유라고 할 수 있겠지요.

물론 뒤메닐도 1930년대의 상황과 현재의 상황의 차이를 지적하고 있습니다. 그것이 바로 미국경제의 이중적자인데, 이미 설명한 것처럼, 이런 지적은 타당한 것이지요. 또 기존의 뉴딜이나 브레튼우즈보다 더 급진적인 대안이 필요하다는 단서를 추가하기도 합니다. 그가 제시하는 일종의 케인즈주의적 대안의 문제점에 대해서는 나중에 별도로 검토하겠어요.

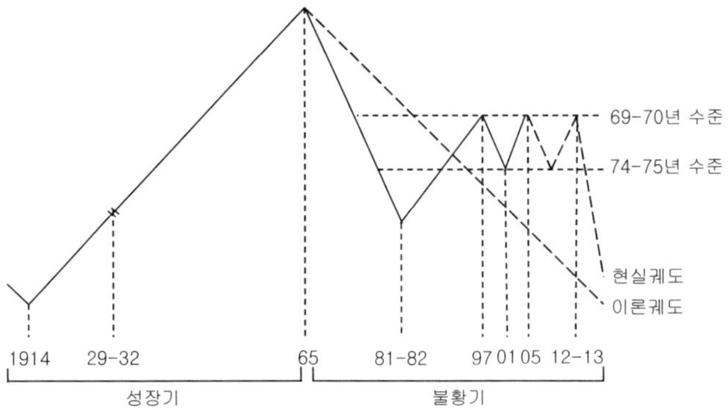

어쨌든 문제는 1980년대 이후 미국경제의 이윤율 운동을 해석하는 것인데, 먼저 『일반화된 마르크스주의 개론』이나 「2007-08년 금융위기의 분석과 전망」에서 제시한 위의 그래프를 검토해보겠습니다. 이 그래프는 구체적 수치를 적시하지 않고 비교를 위한 기준점만 제시하는데, 이런 것을 '벤치마킹'(benchmarking)이라고 부르지요. 분석자에 따라 수치가 다른 반면 추세는 비슷한데, 그 추세를 해석하는 것이 중요한 일이거든요.

이 그래프를 보면 1981-82년 이후에 이윤율이 상승한다는 것은 누구도 부정할 수 없는 사실입니다. 1980년대 말에는 1974-75년 수준을 회복하고 1997년에는 1969-70년 수준을 회복하거든요. 그런데 1969-70년 수준은 대불황으로 진입하기 직전을 의미하고, 1974-75년 수준은 대불황의 개시를 의미하지요. 물론 1965년 수준은 고점인 반면 1981-82년 수준은 저점이에요.

그러나 1997년 이후에는 1969-70년 수준과 1974-75년 수준에서 이윤율이 변동하고 있습니다. 달리 말해서 1981-82년부터 1997년까지는 이윤율이 상승하는 것이 사실이라고 하더라도, 1997년부터는 하락과 상승을 반복하는 것도 또한 사실이라는 것이에요. 내년에 출판될 책에서는 어떨지 모르겠는데, 뒤메닐은 2000년대 이후의 이윤율 운동을 분석하지 않아요. 아마 이런 문제 때문이 아닐까 추측해보는데, 두고 볼 일이지요.

어쨌든 이윤율의 이런 운동을 해석하는 것이 문제인데, 『일반화된 마르크스주의 개론』에서 지적한 것처럼, 뒤메닐이 수학적·구조적 방법 대신 주로 통계학적·경험적 방법을 사용하고 있다는 사실에 주목해야 합니다. 그런 방법 때문에 그가 시기구분을 수정하고, 특히 1990년대의 이른바 '신경제'를 과대평가하거든요.

저는 뒤메닐과 달리 통계학적·경험적 방법 대신 주로 수학적·구조적 방법을 사용하고 있습니다. 그래서 위의 그래프에서 이윤율의 현실궤도와 구별되는 이론궤도를 설정하는 것이에요. 이론궤도에서 이윤율은 지속적으로 하락하는 반면 현실궤도에서는 이윤율이 아주 빠르게 하락하다가 상승으로 반전한 다음 일정한 범위에서 변동하고 있어요.

결국 이윤율의 이론궤도와 현실궤도가 괴리될 수밖에 없다는 것인데, 바로 이것을 설명할 수 있어야 합니다. 그런데 이런 괴리를 설명하려면 실물적 축적에서 금융적 축적으로의 이행, 달리 말해서 금융화 메커니즘에 주목해야 한다는 것이 제 생각이에요. 바로 이 대목에서 뒤메닐의 『이윤율의 경제학』을 아리기의 『장기20세기』와 결합할 필요가 있다는 것이지요.

그렇다고 해서 아리기가 금융화 메커니즘을 분석한다는 것은 물론 아닙니다. 『장기20세기』에서 아리기는 브로델을 따라 실물적 축적에서 금융적 축적으로의 이행을 '자본주의의 가을'로 특징짓지요. 그런데 막상 금융화 메커니즘에 대해서는 국가간 군비 경쟁과 헤게모니 전쟁을 특권화하면서 다양한 역사적 유비(analogy)를 제시할 따름이에요.

그래서 마르크스적 관점에서 금융화 메커니즘을 분석할 필요가 있다는 것인데, 그 출발점을 브뤼노프에게서 발견할 수 있다는 것이 제 생각입니다. 물론 브뤼노프의 기여는 화폐론에 국한되는 것은 아닌데, 노동력에 대한 분석도 아주 중요하거든요. 『마르크스의 '자본'』에서 설명한 것처럼, 마르크스주의 경제학에서 그녀의 업적은 마르크스주의 철학에서 알튀세르의 업적에 비견되는 것이에요.

금융화 메커니즘에 대한 브뤼노프의 분석은 부르주아 경제학자, 특히 케인즈에 대한 비판을 전제로 하는 것입니다. 이런 의미에서 리카도에 대한 마르크스의 비판을 현대화하는 셈이지요. 저는 버냉키에 대한 비판을 통해 브뤼노프의 분석을 계승할 수 있다고 생각해요. 이미 지적한 것처럼 금융화, 특히 금융위기 메커니즘을 나름대로 분석한 사람은 아직까지 버냉키밖에 없거든요.

한 걸음 더 나아가 신자유주의적 금융화, 즉 금융세계화의 구체적 양상을 분석하기 위해서는 셰네의 분석에도 주목해야 합니다. 은행 중심에서 증시 중심으로 금융화가 변화하면서 초민족적 법인자본 자체가 금융화되는 과정, 나아가 자본수출을 자본수입이 대체하는 과정이 금융세계화의 핵심적 메커니즘이라는 사실을 마르크스적 관점에서 분석한 사람이 바로 셰네이거든요. 자세한 설명은 『마르크스의 '자본'』을 참조하세요.

『역사적 마르크스주의: 이념과 운동』(공감, 2004; 개정판, 2010 예정)에서 소개한 것처럼, 셰네의 동료인 세르파티(http://www.c3ed.uvsq.fr/c3ed2007/?q=biblio/author/Serfati)는 금융세계화와 군사세계화의 결합에 대해 분석합니다. 그는 특히 세계전쟁이 아니라 지역전쟁에 주목하고 있는데, 한반도가 서아시아와 함께 세계의 화약

고인 상황에서는 그의 작업에도 관심을 갖지 않을 수 없겠지요.

어쨌든 뒤메닐과 저의 차이는 이렇게 다양한 논점과 관련되는 것인데, 그 핵심은 역시 이윤율의 운동을 분석하는 방법의 차이라고 할 수 있습니다. 다시 한번 강조하자면, 그는 현실궤도에 대한 통계학적·경험적 방법을 사용하는 반면 저는 이론궤도에 대한 수학적·구조적 방법을 사용한다는 것이에요.

그런데 뒤메닐이 통계학적·경험적 방법을 주로 사용한다고 하더라도 수학적·구조적 방법을 전혀 사용하지 않는 것은 아닙니다. 아주 예외적인 논문이 몇 편 있는데, 그의 웹사이트를 참조하세요. 경제학을 전공하지 않은 분, 아니 경제학을 전공하더라도 수리경제학을 전공하지 않은 분은 읽기가 쉽지 않겠지만 말이에요.

그렇지만 아주 중요한 논문들이므로 간단하게 검토해보겠습니다. 이 논문들에서 뒤메닐은 이윤율이 하락하더라도 자본은 성장을 지속한다고 주장합니다. 달리 말해서 자본축적은 정상상태(定常狀態, stationary state)에 도달하지 않는다는 것이지요. 정상상태는 성장이 정지하는 상태를 가리키는 물리학적 개념인데, 리카도나 마르크스도 사용하고 있어요. 아까 진화론의 대멸종에 대해 언급했는데, 대멸종도 정상상태에서 발생하는 것이지요.

제가 2000년에 쓴 「이윤율의 경제학: 헨릭 그로스만(1881-1950)을 위하여」는 뒤메닐의 그런 주장을 반박하는 것입니다. 이 글은 1년 동안 『한겨레신문』에 쓴 '가리사니' 칼럼을 수학적·통계학적으로 보충하는 것인데, 칼럼과 함께 『이윤율의 경제학과 신자유주의 비판』(공감, 2001)에 실려 있지요. 그런데 이 글을 읽어본 사람은 별로 없는 것 같아요.

객담이지만, 『이윤율의 경제학과 신자유주의 비판』은 공감에서 나온 베스트셀러 중 하나입니다. 출판되자마자 곧 1000부가 매진되었거든요. 그런데 아쉽게도 이 책을 읽은 사람은 대부분 경제관료나 경제연구소 연구원이에요. 심지어 금융위원회의 어떤 위원조차 한 수 배우고 싶다고 과천연구실을 찾아올 정도였으니까요.

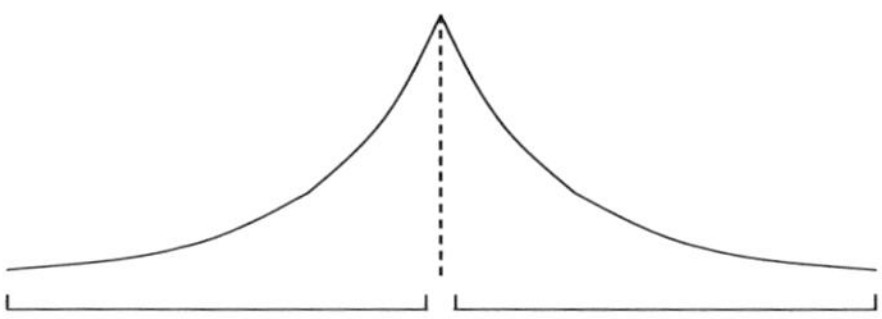

어쨌든 뒤메닐은 이윤율의 이론궤도가 위의 그래프처럼 산 모양이라고 주장합니다. 일단 불황기에만 주목하면, 이윤율의 이론궤도는 L자형이지요. 『일반화된 마르크스주의 개론』에서 설명한 것처럼, 이윤율은 자본생산성에 비례해요. 따라서 자본생산성의 이론궤도도 L자형인데, 이것은 자본생산성의 하락률, 즉 수익성 있는 기술진보의 곤란성이 감속된다는 의미이지요.

마찬가지로 『일반화된 마르크스주의 개론』에서 설명한 것처럼, 이윤율의 이론궤도에서 고정자본의 이론궤도를 도출할 수 있습니다. 이윤율의 이론궤도가 L자형일 경우 고정자본의 이론궤도는 그것과 대칭적인 J자형이 되지요. 즉 고정자본의 이론궤도가 발산한다는 것인데, 그래서 자본축적에는 정상상태가 존재하지 않는다는 것이 뒤메닐의 주장이에요.

요약하자면, 고정자본의 이론궤도가 J자형인 것은 이윤율의 이론궤도가 L자형이기 때문이라고 할 수 있습니다. 또 이윤율의 이론궤도가 L자형인 것은 자본생산성의 이론궤도가 L자형이기 때문이지요. 달리 말해서 자본축적에 정상상태가 존재하지 않는 것은 수익성 있는 기술진보의 곤란성이 감속되기 때문이에요.

제가 이견을 제기하는 곳이 바로 여기인데, 아리기의 『장기20세기』에서 아주 중요한 시사를 받았습니다. 이것이 바로 자본축적의 이론궤도는 S자형, 즉 로지스틱 성장모형이라는 것이지요. 반면 J자형 이론궤도는 일종의 지수 성장모형이에요. 어쨌든 실물적 축적에서 금융적 축적으로의 이행, 즉 금융화 메커니즘을 근거짓는 것이 바로 로지스틱 성장모형이지요.

로지스틱 성장모형은 아주 수학적이기 때문에 아리기가 그것을 분석하는 것은 물론 아닙니다. 그래서 제가 『이윤율의 경제학』에서 로지스틱 성장모형을 수학적으로 분석한 것인데, 필요한 수학적 도구에 대해서도 고등학교 문과 수학을 배운 사람이면 알 수 있을 정도로 설명하고 있어요. 게다가 로지스틱 성장모형을 이용하여 1970-90년대 한국경제를 통계학적으로 분석하기도 하지요.

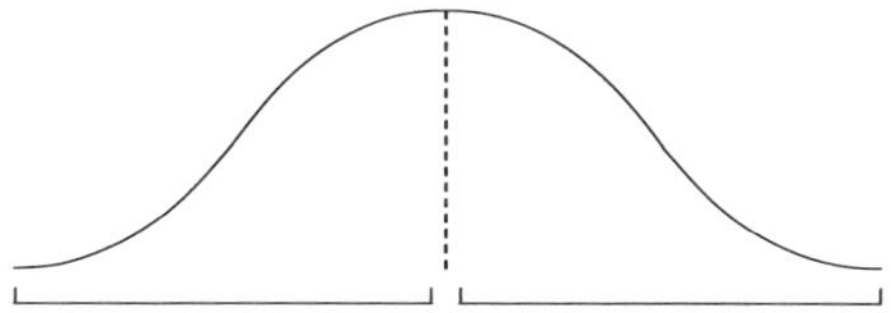

로지스틱 성장모형에 대해 간단하게 설명해보겠습니다. 로지스틱 성장모형에서는 불황기에 고정자본의 이론궤도가 S자형으로 수렴하여 정상상태에 도달하지요. 그 이유는 위의 그래프처럼 이윤율의 이론궤도가 종 모양이어서 불황기에는 역(逆)S자형이기 때문이에요. 로지스틱 성장모형에서도 이렇게 이윤율의 이론궤도와 고정자본의 이론궤도는 대칭적입니다. 나아가 자본생산성의 이론궤도도 역S자형인데, 이것은 자본생산성의 하락률, 즉 수익성 있는 기술진보의 곤란성이 가속된다는 의미이지요.

정리하자면, 뒤메닐의 일종의 지수 성장모형은 자본축적의 정상상태를 부정하는 반면 저의 로지스틱 성장모형은 자본축적의 정상상태를 긍정하는 데 차이가 있습니다. 그리고 이런 차이는 결국 자본생산성의 하락률, 즉 수익성 있는 기술진보의 곤란성이 감속되는가 아니면 가속되는가라는 데 달려 있다고 할 수 있어요.

기술진보의 수학적 모형은 너무 어렵기 때문에 여기서는 알기 쉽게 미국경제의 사례를 이용하여 설명해보겠습니다. 미국경제의 성장기는 1960년대까지인 반면 불황기는 1970년대부터이지요. 뒤메닐은 불황기가 지속되면서 수익성 있는 기술진보의 곤란성이 점차 완화된다고 주장하는 셈이에요. 반면 저는 그런 곤란성이 점차 심화된다고 주장하는 것이지요.

뒤메닐의 그런 주장은 1990년대의 신경제, 특히 정보기술에 대한 과대평가와 관련된다는 것이 제 생각입니다. 달리 말해서 1980-90년대에 관찰되는 이윤율의 상승 추세는 새로운 성장기로의 진입을 의미한다는 것이지요. 그러나 저로서는 찬성할 수 없는데, 산업혁명과 교통·통신혁명은 구별되어야 하거든요. 20세기 미국경제에서 산업혁명과 교통·통신혁명에 대한 설명은 『일반화된 마르크스주의 개론』을 참조하세요.

뒤메닐의 분석에 대한 철학적 보론

이제까지는 뒤메닐에 대해 제가 이미 제기한 반론을 설명한 것입니다. 오늘은 이런 반론을 철학적으로 좀 더 심화해보려고 하는데, 아주 난해하고 너무 현학적이라고 생각하실지도 모르겠어요. 그러나 뒤메닐과 저의 차이를 설명하기 위해서는 생략할 수 없어요. 나중에라도 강의록을 다시 한번 꼼꼼하게 읽어보세요.

뒤메닐과 저의 차이는 『자본』의 변증법적 방법에 대한 해석의 차이와 관련되는 것이기도 합니다. 한 마디로 말해서 뒤메닐은 이윤율 하락의 법칙을 1권의 본질론으로 이해하는 것이 아니라 2권의 현상론을 매개로 하는 3권의 현실론으로 해석하는 것이에요. 반면 저는 이윤율 하락의 법칙을 현상론을 매개로 하는 현실론이 아니라 본질론으로 해석하는 것이지요.

그래서 저는 본질론으로서 이윤율 하락의 법칙을 종 모양의 이론궤도로 모형화하는 것입니다. 반면 뒤메닐은 이론궤도를 별로 중시하지 않고 현실궤도의 추계에 주력하는 것이에요. 따라서 『자본』

의 변증법적 방법에 대한 해석의 차이로 인해 저는 수학적·구조적 방법을 이용하여 이윤율의 운동을 분석하고 뒤메닐은 통계학적·경험적 방법을 이용하여 이윤율의 운동을 분석하는 것이지요.

물론 뒤메닐은 본질-현상-현실이라는 '본질의 변증법'을 기각하고 있습니다. 그는 『자본』 1권의 이윤율 하락의 법칙과 2-3권의 이윤율 균등화의 법칙의 구조적 결합이나 위계적 관계를 부정하거든요. 이 대목에서는 『위기와 탈위기』가 아니라 『이윤율의 경제학』을 읽으셔야 합니다. 그런데 『위기와 탈위기』와 달리 『이윤율의 경제학』을 읽으려면, 수학이나 통계학을 알아야 하지요.

이 대목에서 뒤메닐이 바스카의 과학적 현실주의를 거부하고 있다는 사실에도 주목해야 합니다. 제가 늘 강조하는 것처럼, 바스카는 알튀세르에게 의지하여 마르크스주의적 인식론을 한 단계 발전시킨 바 있지요. 한 마디로 말해서 뒤메닐은 물리학과 달리 경제학에는 '기본적 원리'가 없다고 주장해요. 이윤율 하락의 법칙이나 이윤율 균등화의 법칙은 모두 '요소적 이론'일 따름이라는 것이에요.

그러나 거의 모든 측면에서 뒤메닐과 거의 비슷한 입장인 폴리는 그런 주장에 찬성하지 않습니다. 뒤메닐과 달리 폴리는 뉴튼의 역학과 마르크스의 역사과학의 친화성에 주목하거든요. 저는 폴리의 관점이 옳다고 생각하는데, 그래서 『마르크스의 '자본'』에서 마르크스의 『자본』과 뉴튼의 『프린키피아』의 이론적 구조가 동일하다고 주장한 것이지요.

그러나 뒤메닐이나 아리기가 브뤼노프나 폴리와 함께 마르크스주의 경제학을 둘러싼 100년 논쟁을 해결하는 데 기여했다는 저의 평가는 불변입니다. 다만 뒤메닐이나 아리기의 핵심적 기여를 선별하여 나름대로 종합할 줄 알아야 한다는 것이에요. 물론 알튀세르나 발리바르도 마찬가지이지요. 저는 『마르크스의 '자본'』이 이런 시도라고 자부하고 있어요.

객담 한 마디만 하겠습니다. 지적 수준이 낮을 때는 이 책을 읽으면 이 사람 말이 그럴 듯하고 저 책을 읽으면 저 사람 말이 그럴 듯하게 생각되는 법이지요. 그러나 어느 수준에 올라가면 모든 책을 비판적으로 읽게 되는 법이에요. 저도 마찬가지였는데, 학부나 대학원 시절의 책은 밑줄이 빽빽하게 그어져 있었지요. 그러나 요즘에는 책을 읽으면서 밑줄을 긋는 경우가 없어요. 메모 한두 쪽이 고작일 따름인데, 이미 제 나름대로 생각이 있거든요.

어쨌든 마르크스의 이론과 뉴튼의 이론의 구조적 동일성에 대해 간단하게 설명해보겠는데, 그렇게 하기 위해서는 먼저 '과학혁명'의 전개과정에 대한 설명이 필요할 것입니다. 과학역사가 쿠아레가 강조한 것처럼, 코페르니쿠스, 브라헤, 갈릴레이, 케플러의 업적을 선별하여 종합한 것이 바로 뉴튼의 과학혁명이에요. 과학혁명에 대해 잘 모르는 사람은 코페르니쿠스 혁명이라고도 하는데, 그러나 뉴튼 혁명이라고 부르는 것이 옳아요.

잘 아시다시피 코페르니쿠스는 지동설이라고도 불리는 태양중심설을 제시했는데, 이것은 사실 가설일 따름입니다. 반면 천동설이라고도 불리는 지구중심설은 프톨레마이오스의 가설이지요. 양자의 차이는 태양중심설이 지구중심설보다 좀 더 단순한 가설이라는 데 있어요. 그러나 문제는 태양중심설이나 지구중심설이나 모두 가설이라는 데 있는데, 달리 말해서 경험적 근거가 없다는 것이지요.

최초로 행성의 운동을 체계적으로 관찰한 사람은 브라헤입니다. 동시에 그는 지구-태양중심설이라는 새로운 가설을 제시하지요. 지구-태양중심설은 태양의 운동의 중심은 지구인 반면 다른 모든 행성의 운동의 중심은 태양이라는 것이에요. 달리 말해서 지구와 태양이라는 두 개의 중심이 있는 셈이지요. 그러나 그것도 경험적 근거가 없는 가설일 따름이에요. 브라헤의 지구-태양중심설은 그 자신의 자료와는 아무런 관련도 없거든요.

갈릴레이는 목성과 금성의 운동을 관찰하면서 코페르니쿠스의 태양중심설을 확신하게 됩니다. 그러나 그밖에 별다른 기여를 하지는 못해요. 대신 케플러가 아주 중요한 일보를 내딛게 되는데, 그는 갈릴레이처럼 태양중심설을 지지하는 데 그치는 것이 아니라 브라헤의 자료에서 행성운동의 법칙을 도출하거든요. 그 핵심이 바로 아리스토텔레스 이후 2000년 동안 견지되어온 원운동궤도를 대체하는 타원운동궤도이지요.

사실 태양중심설과 지구중심설은 그 자체로 결정적 쟁점이 아닙니다. 둘 다 경험적 근거가 없는 가설일 따름이거든요. 오히려 더 중요한 쟁점은 행성운동의 궤도가 원인가 아니면 타원인가라는 것이에요. 브라헤의 자료에서 도출되는 것은 원운동궤도가 아니라 타원운동궤도이거든요. 이것이 바로 케플러의 불멸의 업적인데, 갈릴레이는 타원운동궤도를 기각하고 원운동궤도를 고집하지요.

이제 뉴튼의 과학혁명을 설명할 수 있습니다. 갈릴레이에게서 영감을 얻은 가속도의 법칙과 자신이 발견한 중력의 법칙을 이용하여 케플러의 행성운동의 법칙을 수학적으로 증명한 것이 바로 뉴튼의 업적이에요. 여기서 '수학적 증명'이라는 데 방점을 찍어야 합니다. 그래서 미적분과 미분방정식이 필요한 것이지요. 뉴튼의 업적은 과학혁명과 동시에 수학혁명이라고 할 수 있어요.

그런데 뉴튼의 과학혁명을 둘러싸고 예상치 못한 논쟁이 전개됩니다. 이른바 '중력의 원인'을 둘러싼 철학적 논쟁이 전개되거든요. 『일반화된 마르크스주의 개론』이나 『마르크스의 '자본'』에서 설명한 것처럼, 모든 과학에서 원인은 힘이고 그 효과는 운동입니다. 그래서 뉴튼의 경우에 원인은 중력이고 그 효과는 행성의 운동인 것이지요. 그런데 아주 희한한 철학적 쟁점이 제기되는 것이에요. 중력의 원인, 즉 '원인의 원인' 또는 이른바 '제1의 원인'이라는 쟁점이 그것이지요.

그래서 뉴튼의 『프린키피아』가 출판된 직후에 데카르트주의자들, 특히 호이겐즈나 라이프니츠와의 논쟁이 전개되는 것입니다. 철학자일 따름인 라이프니츠와 달리 호이겐즈는 당대 최고의 과학자인데, 그러나 데카르트주의를 견지한 탓에 뉴튼의 과학혁명을 이해하지 못하지요. 알튀세르가 주목하는 '과학자의 자생적 철학'의 대표적 사례가 바로 호이겐즈의 데카르트주의라고 할 수 있어요.

어쨌든 이것이 바로 뉴튼의 역학과 데카르트의 기계론 사이의 논쟁입니다. 역학과 기계론을 구별할 줄 알아야 한다는 것이지요. 역학(力學)은 힘이라는 원인으로 운동이라는 효과를 설명하는 과학입니다. 『일반화된 마르크스주의 개론』이나 『마르크스의 '자본'』에서 설명한 것처럼, 다윈의 생명과학이나 마르크스의 역사과학도 이런 의미에서 본질적으로 역학이라고 할 수 있어요. 반면 기계론은 존재론적 철학일 따름이지요.

1687년에 출판된 뉴튼의 걸작의 제목은 약칭 『프린키피아』인데, 원제는 『자연철학의 수학적 원리』입니다. 달리 말해서 데카르트가 자연철학의 '철학적 원리'를 제시한 반면 자신은 '수학적 원리'를 제시한다는 것이에요. 1713년에 출판된 『프린키피아』 재판에서 추가된 '전반적 주석'(*scholium generale*)에서 뉴튼은 데카르트주의자들을 반비판하면서 '*hypotheses non fingo*'라는 유명한 경구를 제시하는데, 쿠아레는 '나는 가설을 조작해내지 않는다'로 번역하지요. 달리 말해서 데카르트의 철학적 원리와 달리 뉴튼 자신의 수학적 원리는 가설이 아니라는 것이에요.

이 경구는 뉴튼의 과학적 방법을 압축적으로 표현하고 있는 것입니다. 이미 설명한 것처럼, 뉴튼의 역학은 중력이라는 원인이 행성의 운동이라는 효과를 생산한다는 것을 수학적으로 증명하고 있는데, 호이겐즈나 라이프니츠도 인정한 것처럼 이런 수학적 증명 자체는 완벽한 것이에요. 결국 그들이 제기한 비판은 뉴튼이 중력이라는 원인 자체를 설명하지 않는다는 데 있어요. 그래서 제1의 원인에 대한 철학적 원리로서 데카르트의 '소용돌이' 개념이 필요하다는 것이지요.

그러나 뉴튼은 이미 데카르트의 소용돌이 이론이 가설일 따름이라고 반비판하고 있습니다. 뉴튼 자신은 그 대신 케플러가 제시한 행성운동의 법칙에서 중력의 법칙을 수학적으로 도출하고 있어요. 뉴튼은 이것을 현실에서 원리를 도출하는 '분석의 방법'이라고 부르는데, 보통 '발견의 방법' 또는 '연구의 방법'으로서 귀납법이라고 부르기도 하지요. 물론 과학적 방법은 분석의 방법만으로 구성되는 것은 아닙니다. 뉴튼은 원리를 통해 현실을 서술하는 '종합의 방법'을 추가하는데, 이것이 바로 '증명의 방법' 또는 '서술의 방법'으로서 연역법이에요.

그런데 헤겔처럼 뉴튼의 과학적 방법은 '추상적 동어반복'일 따름이라고 비판할 수도 있습니다. 『프린키피아』의 서두에서 몇 가지 물리학적 정의를 수학적 법칙으로 표현하는 운동의 법칙을 제시한 다음 1권에서 뉴튼은 행성운동의 법칙에서 중력의 법칙을 도출하는 동시에 중력의 법칙에서 행성운동의 법칙을 도출하거든요. 달리 말해서 두 법칙은 수학적으로 '동치'(equivalent)라는 것이에요. 마르크스도 헤겔의 비판에 동의하는데, 막내딸 엘러너에게 한 '고백'에 따르면, 그가 가장 존경하는 사람은 과학자로서 케플러와 혁명가로서 스파르타쿠스이거든요.

그러나 헤겔의 비판은 완전한 오해일 따름입니다. 뉴튼의 종합의 방법은 행성운동의 이론궤도를 설명하는 데서 그치는 것이 아니에요. 『프린키피아』 1권 '물체의 운동'에서는 이론궤도가 문제인 반면 3권 '세계의 체계'에서는 이론궤도와 현실궤도의 차이가 문제이거든요. 반면 2권 '저항하는 매질 속에서 물체의 운동'의 문제는 데카르트의 소용돌이 이론에 대한 비판이지요. 어쨌든 이론궤도와 현실궤도의 차이를 설명하는 것이 그 유명한 섭동(攝動)의 이론입니다. 섭동은 'perturbation'을 번역한 것인데, 좀 더 쉽게 말해서 간섭으로 인해 교란되는 운동이라는 의미이지요.

뉴튼이 섭동 이론으로 설명하려고 한 것은 달의 운동입니다. 달은 지구의 위성이므로 케플러의 법칙에 따라 타원운동을 하지요. 그러나 지구보다 훨씬 강력한 중력을 가진 태양이 간섭하므로 달의 운동은 교란될 수밖에 없어요. 이것이 바로 뉴튼의 '3체 문제'인데, 이 문제를 완전하게 해결하려면 수학에서 아인슈타인에 비견되는 푸앵카레의 카오스수학이 필요해요.

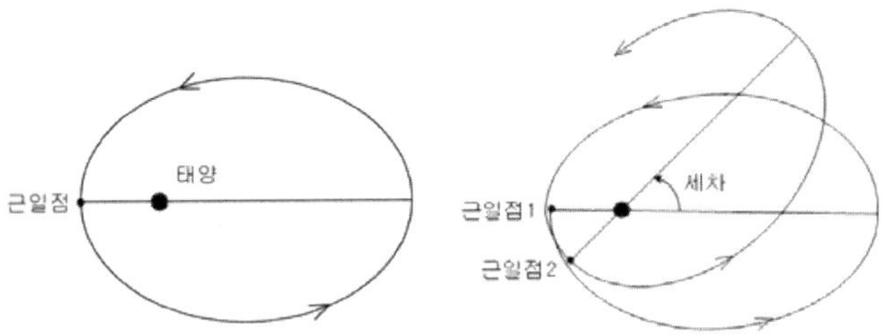

행성운동도 물론 섭동 이론의 대상이 되는데, 가장 유명한 경우가 바로 수성의 운동입니다. 수성의 운동은 금성과 목성의 중력의 간섭으로 인해 교란되거든요. 위의 그림처럼 수성의 이론궤도는 타원인 반면 현실궤도는 타원일 수 없는데, 태양에 가장 근접하는 근일점(近日点, perihelion)이 약간씩 전진하기 때문이에요. 이렇게 근일점이 전진하는 것이 세차(歲差, precession)인데, 팩션드라마 『선덕여왕』에서도 언급되더군요. 수성의 세차를 완전하게 설명하는 것이 바로 아인슈타인의 일반상대성이론이에요.

이렇게 장황한 철학적 설명이 필요한 이유를 이해하셨을 것입니다. 뒤메닐과 달리 제가 이윤율의 운동에서 이론궤도와 현실궤도를 구별한 이유를 설명한 것이에요. 『일반화된 마르크스주의 개론』이나 『마르크스의 '자본'』에서 설명한 것처럼, 고정자본의 이론궤도가 행성운동의 법칙에 해당하는 것이고, 기술진보가 중력의 법칙에 해당하는 것입니다. 물론 기술진보는 자본생산성으로 표현되고 또 자본생산성은 이윤율과 비례하지요. 따라서 자본생산성과 이윤율의 이론궤도가 중력의 법칙에 해당한다고 할 수도 있어요.

이미 설명한 것처럼, 뒤메닐과 저의 차이는 고정자본의 이론궤도에 정상상태가 존재하는가 여부에 있습니다. 누가 옳은지 판단해줄 수 있는 것은 물론 고정자본의 현실궤도에 대한 자료인데, 그러나 미국경제의 경우에도 그런 자료는 존재하지 않아요. 달리 말해서 불황기에 고정자본의 이론궤도가 뒤메닐의 주장처럼 J자형인지 아니면 제 주장처럼 S자형인지 판단해줄 만한 자료가 불충분하다는 것이지요. 역사과학은 아직도 '브라헤'를 기다리고 있는 셈이에요.

그럼에도 불구하고 고정자본과 이윤율의 이론궤도를 이용하여 신자유주의적 금융세계화가 종료되면서 자본주의가 붕괴되는 시점을 계산할 수 있습니다. 신자유주의적 금융세계화의 시기 t는 다음과 같아요.

$$t^* - \frac{1.1}{g} \leq t \leq t^* + \frac{1.1}{g}.$$

우선 파라미터 g를 구해야 하는데, 신자유주의적 금융세계화가 절정에 도달한 시점 t^*는 이미 제시한 이윤율의 그래프에서 1997년으로 추정할 수 있지요. 또 신자유주의적 금융세계화가 시작되는 시점 $t^* - 1.1/g$은 1981-82년으로 추정할 수 있어요. 따라서 g는 0.07이므로 신자유주의적 금융세계화가 종료되는 시점 $t^* + 1.1/g$은 2012-13년이 되지요.

물론 2012-13년이라는 시점은 이론궤도의 수학적 예측치이므로 현실궤도의 경험적 관측치와는 오차가 발생할 수 있습니다. 신자유주의적 금융세계화가 종료되면서 자본주의가 붕괴되는 시점에서도 뉴튼식으로 말해서 세차가 발생하거든요. 게다가 태양계의 세차와 달리 경제의 세차는 빨라질 수도 있고 늦어질 수도 있어요. 그래서 1990년대에 아리기가 주장한 것처럼, 2012-13년이라는 시점 대신 2010년대라는 기간을 제시할 수도 있겠지요.

19세기 영국경제에 대해서도 이런 계산을 해볼 수 있습니다. 영국경제에서 금융화가 절정에 도달한 시점 t^*는 1차 세계전쟁이 발발하는 1914년으로 추정할 수 있지요. 또 1873-96년이 대불황기이므로 금융화가 시작되는 시점 $t^* - 1.1/g$은 1896년으로 추정할 수 있어요. 따라서 g는 0.06이므로 금융화가 종료되는 시점 $t^* + 1.1/g$은 1932년입니다. 1930년대 대불황이 시작되는 것이 1929-32년이므로, 이 경우에는 수학적 예측치와 경험적 관측치의 오차는 거의 발생하지 않아요.

사실 19세기 영국경제에 대한 분석도 20세기 미국경제에 대한 분석과 거의 동일합니다. 옥스퍼드대학의 경제사학자 앨런에 의하면, 영국경제에서 이윤율은 1780년대 산업혁명 이후 상승하지요. 또 대불황기에 하락하다가 1차 세계전쟁 직전까지 상승해요. 반면 산업혁명 이후 나폴레옹 전쟁기까지 상승하는 이윤분배율은 1860년대까지 그 수준을 유지하지요. 또 대불황기에 하락하다가 1차 세계전쟁 직전까지 상승하는데, 그러나 그 변동폭은 아주 미미해요. 달리 말해서 20세기 미국경제처럼 19세기 영국경제에서도 이윤율의 운동은 이윤분배율이 아니라 자본생산성의 운동에 의해 지배된다고 할 수 있어요.

여담이지만, 『2012』라는 영화가 연말에 개봉된다고 하는데, 2-3년 전부터 세계적으로 관심을 끌고 있는 마야인의 예언과 관련된 영화라고 합니다. 하기야 2012년이 비상한 해인 것은 사실이에요. 미국, 중국, 러시아 같은 강대국에서 정권 교체의 가능성이 있거든요. 또 남한에서는 이 해에 총선과 대선이 있고, 북한이 김일성 주석 탄생 100주년과 김정일 위원장 칠순을 맞이하여 '강성대국'을 완성한다고 선언한 것도 바로 이 해이지요.

그러나 이미 10년 전에 제시된 저의 계산은 2012년 12월 21일이 '지구 종말의 날'이라는 마야인의 예언과는 아무런 관련도 없습니다. 『일반화된 마르크스주의 개론』이나 『마르크스의 '자본'』에서 설명한 것처럼, 저는 뒤메닐과 달리 뉴튼의 과학적 방법을 마르크스에게 적용하여 역사과학에서도 단지 요소적 이론이 아니라 기본적 원리를 발견할 수 있다고 생각하거든요.

사실 뒤메닐의 방법은 데카르트의 방법, 즉 '가설-연역법'과 친화성을 갖는다는 것이 제 생각입니다. 이미 설명한 것처럼, 뉴튼의 종합법도 연역법인 것은 마찬가지이지요. 즉 데카르트와 뉴튼의 차이는 가설법과 분석법의 대립에 있는 셈이에요. 그러니까 데카르트의 가설-연역법은 가설에서 연역법을 통해 경험적으로 검증할 수 있는 법칙을 도출할 수 있다고 주장하는 것이지요.

호이겐즈와 라이프니츠는 뉴튼의 중력도 데카르트의 소용돌이처럼 가설일 따름이라고 주장합니다. 그러나 중력의 법칙과 달리 소용돌이 가설을 이용하여 행성운동의 법칙을 증명할 수는 없고 또 섭동이나 세차도 설명할 수 없어요. 호이겐즈와 라이프니츠가 중력의 법칙을 가설로 오해한 것은 뉴튼이 그것에 대한 물리학적 설명을 제시하지 못했기 때문인데, 이런 설명을 제시하는 것은 물론 아인슈타인의 일반상대성이론이에요.

그런데 놀랍게도 물리학을 비롯한 거의 모든 과학의 주류적 방법은 뉴튼의 분석-종합법이 아니라 데카르트의 가설-연역법입니다. 그래서 뒤메닐도 그런 방법을 채택한 것 같아요. 예를 들어 포퍼의 실증주의는 과학성의 기준을 가설에서 연역된 경험적으로 반박가능한 명제로 설정하고 있지요. 그럴 경우 반박되는 가설은 새로운 가설로 변경될 것이므로 포퍼의 입장을 '가설 변경론'이라고 부를 수 있겠지요. 여기서 상대주의·구성주의의 입장에서 쿤이 제시하는 '패러다임 변경론'으로 나아가는 것은 단지 한 걸음일 따름이에요.

그러나 데카르트의 가설-연역법, 포퍼의 실증주의, 쿤의 상대주의·구성주의는 모두 알튀세르처럼 말해서 과학자의 자생적 철학을 착취하고 지배하는 관념론의 변종일 따름이라는 것이 제 생각입니다. 그런 전통은 결국 플라톤으로 소급하거든요. '현상을 구제하라'(save the phenomena)는 플라톤의 경구는 생각할 수 있는 모든 가설을 동원하여 현상을 설명해야 한다는 의미이지요.

물론 모든 철학자가 뉴튼에게 반대하는 것은 아닙니다. 뉴튼을 지지하는 대표적 사례가 바로 바스카가 주목하는 로크이지요. 뉴튼보다 연장자인 로크는 『프린키피아』를 읽고서 감명을 받아 1689년에 출판된 『인간오성론』의 서문에서 자신을 그의 'underlabourer'라고 부르지요. 이것은 사전에도 안 나오는 단어인데, '봉사자'라는 의미이겠지요. 달리 말해서 뉴튼의 과학적 방법을 최초로 이해한 철학자가 바로 로크라는 것이에요.

뒤메닐이 기각하는 바스카의 과학적 현실주의는 알튀세르를 매개로 해서 로크를 계승하려는 시도입니다. 이런 전통의 원조는 물론 아리스토텔레스이지요. 그에게서 메타피시카, 즉 형이상학적 존재론은 피시카, 즉 자연학에 선행하는 것이 아니라 후속하는 것이에요. 사실 과학적 방법으로서 분석과 종합의 결합이라는 관념 자체도 아리스토텔레스로 소급하는 것이지요.

그래서 과학적 방법을 둘러싼 철학적 논쟁은 플라톤과 아리스토텔레스의 논쟁을 반복할 따름이라고 할 수 있습니다. 사실 서양철학사 전체를 관통하는 것이 플라톤과 아리스토텔레스의 논쟁이라고 할 수도 있어요. 『마르크스의 '자본'』에서 설명한 것처럼, 마르크스의 변증법적 방법을 아리스토텔레스의 현실주의에 따라 재구성할 수 있다는 것이 제 생각이에요.

이왕 철학적 설명을 하는 김에 한 걸음 더 나아가 발리바르에 대해서도 언급해보겠습니다. 로크 이후 이른바 '계몽주의'가 출현하는데, 이것은 사실 『프린키피아』의 전반적 주석에서 뉴튼이 예상한 일이기도 하지요. 자연철학처럼 도덕철학에서도 자신 같은 사람이 나오리라는 그의 예상대로 과연 로크를 비롯해서 몽테스키외, 볼테르, 케네 같은 '도덕철학의 뉴튼', 즉 계몽주의자가 출현하거든요.

최근 발리바르(http://ciepfc.fr/spip.php?page=plan)가 지적한 것처럼, 계몽주의의 이상은 과학과 이데올로기, 달리 말해서 과학과 정치에서 보편주의를 추구하는 것입니다. 그런데 이런 보편주의는 그 자체로 모순적이므로 계몽주의에도 역사가 존재할 수밖에 없어요. 여기서 모순적이라는 것은 물론 헤겔처럼 말해서 결함을 갖고 있다는 의미이지요.

계몽주의에는 두 개의 경향이 존재합니다. 하나는 스코틀랜드 계몽주의인데, 여기서 로크의 정치철학이 스미스와 리카도의 고전파 경제학으로 발전하지요. 마르크스의 역사과학은 고전파 경제학의 모순에 대한 비판을 통해 형성되는 것이에요. 또 하나는 프랑스 계몽주의인데, 이것을 계승하는 것이 프랑스혁명의 '인권의 정치', 발리바르처럼 말해서 '현대 정치의 이데올로기 형태'이지요. 마르크스적 공산주의는 인권의 정치라는 이데올로기의 모순에 대한 비판을 통해 형성되는 것이에요.

『마르크스의 '자본'』에서 설명한 것처럼, 발리바르는 인권의 정치를 계기로 해서 스피노자-마르크스주의에서 헤겔-마르크스주의로 이행하고 있다는 것이 제 생각입니다. 달리 말해서 인권의 정치 또는 마르크스적 공산주의를 위한 철학을 스피노자가 아니라 헤겔에게서 발견한다는 것이에요.

먼저 헤겔에 대해 간단하게 설명해보겠습니다. 헤겔도 칸트처럼 자신의 철학을 형성하기 이전에 『프린키피아』의 역학을 연구한다는 데 주목해야 하지요. 1801년에 헤겔이 예나대학에 제출한 교수자격취득논문이 바로 『행성궤도론』이거든요. 여기서 뉴튼에 대한 비판을 제시하는데, 그런 비판은 1812-16년의 대표작 『대논리학』, 1817년의 강의록 『철학백과사전 개요』 2권 '자연철학', 1816-17년 이후의 강의록 『철학사 강의』로 발전하지요.

기계론이 아니라 유기체론의 관점에서 역학을 비판하는 헤겔은 결국 동역학을 기각하고 운동학을 채택합니다. 아까 힘이라는 원인으로 운동이라는 효과를 설명하는 것이 역학(mechanics)이라고 했는데, 역학에는 두 가지가 있지요. 시간을 고려하지 않는 아르키메데스의 정역학(statics)이 있고, 또 시간을 고려하는 뉴튼의 동역학(dynamics)이 있거든요. 반면 갈릴레이의 운동학(kinematics)은 아예 힘을 고려하지 않아요.

그래서 변증법이 고생하게 되는 것입니다. 헤겔은 중력의 법칙을 이용하지 않고 시간과 공간, 달리 말해서 속도와 위치의 '모순'을 이용하여 행성운동의 법칙을 증명할 수 있다고 주장하거든요. 변증법이 고생은 고생대로 하면서 '무지의 도피처'라고 조롱받는 것은 바로 이 대목이에요. 또 19세기 후반 독일에서 헤겔이 기각되고 칸트가 복권되면서 실증주의적 과학철학이 출현하는 것도 헤겔의 이런 오해 때문이지요.

뉴튼에 대한 마르크스의 오해는 헤겔로 소급하는 것입니다. 마르크스 자신의 과학적 방법은 오히려 뉴튼의 과학적 방법과 동일할 수밖에 없거든요. 이것은 다윈의 과학적 방법이 그럴 수밖에 없는 것과 같은 이유이지요. 달리 말해서 마르크스의 역사과학이나 다윈의 생명과학은 모두 역학, 그것도 동역학이라는 것이 제 생각이에요. 자세한 설명은 『일반화된 마르크스주의 개론』이나 『마르크스의 '자본'』을 참조하세요.

그런 것이 헤겔의 자연철학의 문제라고 한다면, 정신철학의 문제는 다른 곳에 있습니다. 그는 1821년 이후의 강의록 『법철학과 국가론의 기초 개요』에서 고전파 경제학을 '부르주아 시민사회론'으로 해석하고, 그 모순에서 자신의 국가론을 도출하지요. 반면 마르크스는 헤겔의 국가론에 대한 비판에서 '부르주아 시민사회의 해부학'으로서 고전파 경제학에 대한 비판으로 소급하면서 자신의 역사과학을 도출하는 것이에요.

발리바르가 주장하는 헤겔-마르크스주의는 이제까지 설명한 헤겔의 자연철학이나 정신철학이 아니라 전혀 다른 것에 주목하는 것입니다. 즉 헤겔의 처녀작인 1807년의 『정신현상학』에서 인권의 정치 또는 마르크스적 공산주의를 위한 철학으로서 '주인과 노예의 변증법'을 발견할 수 있다는 것이 그의 주장이에요.

『마르크스의 '자본'』에서 설명한 것처럼, 『자본』의 결론으로 제시되는 마르크스적 공산주의의 핵심은 개인적 소유와 사회적 소유의 동일성입니다. 그런데 『정신현상학』에서 헤겔은 개인적 주체와 공동체적 주체가 동일하다고 주장하거든요. 이런 의미에서 헤겔-마르크스주의는 계몽주의에 대한 비판을 의미하는 것이기도 합니다. 달리 말해서 로크의 자기소유론에 대한 마르크스적 비판과 루소의 인민주권론에 대한 헤겔적 비판을 결합하는 것이 바로 헤겔-마르크스주의라고 할 수 있다는 것이지요.

이 대목에서 마르크스의 'underlabourer'로서 왜 스피노자가 아니라 헤겔이 적합한가를 설명할 수 있습니다. 최근에 가장 주목받고 있는 스피노자론 중 하나가 프린스턴대학의 역사학자 겸 철학자 이즈리얼의 해석이에요. 그는 뉴튼-로크의 '온건한 계몽주의'에 반대하는 '급진적 계몽주의'에 주목하면서 스피노자부터 시작되는 그런 전통이 루소로 귀결된다고 주장하지요. 그런데 그런 주장에는 문제가 있어요. 발리바르의 주장처럼, 루소의 인민주권론은 로크의 자기소유론을 전제하거든요.

이즈리얼의 해석과 비교할 수 있는 것이 네그리가 제시하는 '반(反)현대적 낭만주의자'로서 스피노자에 대한 해석입니다. 여기서 반현대적이라는 것은 전(前)현대적 또는 탈(脫)현대적이라는 의미이지요. 만일 네그리의 해석이 옳다면, 로크와 루소의 계몽주의에 대한 두 가지 비판이 있는 셈인데, 하나는 헤겔-마르크스주의의 현대적 비판이고, 또 하나는 스피노자-니체주의의 전현대적·탈현대적 비판이지요. 네그리의 스피노자론은 사실 들뢰즈의 니체주의적 해석과 친화성이 아주 크거든요.

저는 아주 신나서 설명했는데, 여러분은 부척 지루하셨을지도 모르겠습니다. 하여튼 화장실 벽 낙서로 간주하면서도 아무렇지 않게 그냥 흘려버리기도 그다지 쉽지는 않군요. 어떤 인터넷 논객은 제가 인터넷 논쟁의 '논리'를 너무 모른다고 하던데, 그런 것도 논리라고 할 수 있을지는 잘 모르겠지만, 어쨌든 제 기질에 맞지 않는다는 것은 사실이에요.

인터넷 논쟁에서는 익명이든 실명이든 무고, 비방, 욕설이 난무하는 법인데, 한 마디로 말해서 시빌리테가 전혀 존재하지 않기 때문입니다. 그 결과 마치 경제학에서 말하는 '그레셤의 법칙'처럼, 악화(惡貨)가 양화(良貨)를 구축하기 마련이지요. 생각을 정리하기 위해 인터넷 논쟁을 참조하는 사람은 아무런 의견이 없다가 오히려 잘못된 의견을 갖게 되는 셈인데, 그것을 '포머의 법칙'이라고 부른답니다. 그래서 인터넷이 인민주의의 온상이 되는 것이에요.

뒤메닐의 대안

이제 뒤메닐이 제시하는 정치적 대안을 검토해보겠습니다. 몇 가지 이론적 비판을 제기하기는 했지만, 그럼에도 불구하고 뒤메닐에게서 이론적으로 많이 배웠다는 제 생각은 변함이 없어요. 그러나 공자처럼 말해서 '천명을 안다'(知天命), 즉 세상에서 할 일을 찾는다는 오십 줄에 들어섰기 때문에 제 나름대로 몇 가지 이론적 비판을 제시해본 것이지요. 반면 정치적 대안은 전혀 다른 문제예요. 사실 저는 그의 정치적 입장에 대해서는 별로 관심이 없었어요. 『자본』의 정치적 결론과는 너무나도 거리가 멀다고 생각했거든요.

이미 설명한 것처럼, 이번 금융위기를 신자유주의의 위기, 즉 실물경제의 수익성 위기가 아니라 금융의 헤게모니 위기로 해석하는 뒤메닐은 관리자계급의 헤게모니가 불가피하다고 주장하고 있습니다. 자본가계급이나 노동자계급의 헤게모니는 개연성이 없다는 것이지요. 따라서 자본가계급과 노동자계급은 각자 관리자계급과 동맹을 추구할 것인데, 관리자-자본가계급동맹은 중도우파적 금융규제를 당면목표로 하는 반면 관리자-노동자계급동맹은 중도좌파적 금융억압을 당면목표로 한다는 것이에요.

그래서 뒤메닐이 자본가계급과의 투쟁을 위해서는 노동자계급이 관리자계급의 헤게모니를 인정해야 한다고 주장하는 것입니다. 달리 말해서 신자유주의적으로 변질된 사회민주주의로서 사회자유주의가 아니라 본래의 사회민주주의를 비판적으로 지지하면서 점차 급진화할 수밖에 없다는 것이지요. 그가 제시하는 새로운 뉴딜과 새로운 브레튼우즈라는 일종의 케인즈주의적 대안의 핵심은 바로 여기에 있어요.

뒤메닐이 오바마 정부를 비판적으로 지지하면서 급진화해야 한다고 주장하는 것도 같은 맥락입니다. 그러나 이 대목에서는 존슨의 판단이 옳은 것 같아요. 오바마 정부가 중도우파적 금융규제에서 중도좌파적 금융억압으로 이행한다는 것은 실행가능성이 별로 없거든요. 게다가 오바마 자신도 인종적으로는 흑인이라고 할 수 있지만, 계급적으로는 하버드대학 로스쿨 출신의 엘리트이라고 할 수밖에 없거든요.

뒤메닐의 주장이 정세적으로 타당하다는 반론이 제기될 수 있을지도 모르겠습니다. 그런데 그가 재작년에 출판한 『대안마르크스주의』를 보면, 사회민주주의에 대한 비판적 지지는 정세적 문제가 아니라 원칙적 문제라는 생각이 들어요. 물론 재작년 대선에서 발리바르도 루아얄을 비판적으로 지지하는데, 그러나 그는 사회민주주의에 대한 비판적 지지는 원칙적 문제가 아니라 정세적 문제라고 강조한 바 있지요.

『대안마르크스주의』는 비데와의 공저인데, 여기서 뒤메닐은 자신이 이제까지 출판한 몇몇 저서의 내용을 대중적으로 정리하고 있습니다. 그러나 역시 관리자-노동자계급동맹이 아니라 노동자계급 자체의 단결을 위한 별다른 구상을 제시하지는 않아요. 달리 말해서 노동자운동의 쇠퇴를 기정사실로 예단한다는 것이에요. 그가 노동자계급이나 프롤레타리아 대신 '인민계급'(popular classes)이라는 개념을 사용하는 것도 이 때문이지요.

이 대목에서도 발리바르와 비교할 수 있을 것입니다. 아까 뒤메닐과 아리기의 입장 변화에 대해 설명했는데, 발리바르는 판단하기가 쉽지 않아요. 어떤 사람은 1990년대 이후 발리바르가 '포스트마르크스주의자'로 변모했다고 주장하는데, 사실 프랑스에서는 발리바르를 더 이상 마르크스주의자라고 간주하지 않는답니다. 하기야 프랑스 마르크스주의자 중 생존자는 거의 없지만요.

그러나 저는 발리바르가 아직도 마르크스주의자라고 생각합니다. 물론 1990년대 이후에는 이상한 발언도 많이 하는 편이므로 조심해서 읽어야만 하겠지요. 내년 봄에 출판될 예정인 논문집 『평등-자유 명제』의 구성을 보면, 마르크스주의에 대한 발리바르의 가장 중요한 기여는 역시 인권의 정치에 대한 철학적 연구라고 할 수 있어요. 방금 설명한 바 있는 스피노자-마르크스주의를 대체하는 헤겔-

마르크스주의에 대한 연구는 모두 2000년대에 발표된 것이니까 발리바르가 더 이상 마르크스주의자가 아니라고 할 수는 없겠지요.

발리바르가 포스트마르크스주의적으로 해석될 수 있는 발언을 하는 경우는 대체로 이주자 문제와 관련된 것입니다. 방금 언급한 논문집에서는 이 문제와 관련하여 인권의 정치의 한계를 검토하고 있어요. 어쨌든 관리자 문제에 주목하는 뒤메닐의 경우와 대칭적으로 발리바르는 이주자 문제에 주목하는데, 결국 두 사람 모두 노동자계급, 달리 말해서 착취라는 문제를 상대화하는 셈이지요. 그러나 발리바르의 그런 판단은 프랑스의 정세에서는 어떨지 몰라도 세계적 정세에서는 너무 편협하다는 것이 제 생각이에요.

어쨌든 뒤메닐의 정치적 대안에 대해 본격적으로 설명해보겠습니다. 방금 관리자-노동자계급동맹은 정세적 문제가 아니라 원칙적 문제라고 했는데, 뒤메닐은 자본주의나 공산주의와 구별되는 계급적 생산양식으로 '관리주의'(cadrisme, managerialism)를 설정하고 있어요. 불어의 'cadre'는 영어의 'manager'와 뉘앙스가 다른데, 미국과 달리 프랑스에서 '관리자'는 일종의 신분(status)이거든요. 그러나 여기서는 굳이 그런 뉘앙스까지 구별할 필요가 없겠지요.

뒤메닐은 『공산주의자 선언』 150주년을 기념하는 『자본주의를 넘어서?』(1998)에서 관리주의 개념을 체계화합니다. 그러나 이 책까지 읽으실 필요는 없고, 「마르크스주의 경제학의 현재성」이나 『마르크스주의적 자본주의 경제학』만 보셔도 충분하지요. 어쨌든 그는 『공산주의자 선언』과 수정주의-개량주의 논쟁, 나아가 소련사회주의와 미국자본주의의 역사적 경험을 비판하면서 관리주의라는 개념을 제시하고 있어요.

뒤메닐은 『공산주의자 선언』의 정정에 대해서는 별로 주목하지 않습니다. 그러나 발리바르가 강조하는 것처럼, 『자본』과 『프랑스 내전』은 『공산주의자 선언』을 정정하고 있지요. 또 『고타강령 비판』도 무시할 수는 없어요. 『역사적 마르크스주의』나 「현정세와 사회운동노조」에서 설명한 것처럼, 마르크스적 공산주의라는 관점에서 노동자연합과 평의회(코뮌·소비에트), 나아가 평의회노조나 사회운동노조에 주목할 수 있다는 것이 제 생각이에요.

뒤메닐은 미국경제를 '자본-관리주의'(capito-cadrisme), 영어로는 '관리자적 자본주의'(managerial capitalism)로 규정합니다. 그런데 문제는 그런 자본-관리주의가 자본주의에서 관리주의로 이행하는 경제라는 그의 주장에 있어요. 좀 더 정확하게 말해서 자본-관리주의는 이미 포스트자본주의이면서도 아직 이윤율이 최대화되는 자본주의이기도 하다는 것이지요.

뒤메닐은 그런 설명을 봉건제에서 자본주의로의 이행기에 출현한 중상주의에 대한 유비로 보충하고 있습니다. 따라서 이행기경제로서 자본-관리주의에서는 자본주의라는 생산양식의 우위 아래 관리주의라는 생산양식이 결합된다는 것이지요. 마치 이행기경제로서 중상주의에서 봉건제라는 생산양식의 우위 아래 자본주의라는 생산양식이 결합되는 것처럼 말이에요.

따라서 관리자-자본가계급동맹을 대체하는 관리자-노동자계급동맹은 정세적 문제가 아니라 원칙적 문제라고 할 수밖에 없습니다. 관리자-노동자계급동맹을 통해 자본주의에서 관리주의로 이행한 다음에야 비로소 관리주의에서 공산주의로의 이행이 가능하다는 것이 뒤메닐의 주장이거든요. 그러나 자본주의에서 공산주의로의 이행에 관리주의가 불가피하다는 뒤메닐의 주장은 마르크스적 공산주의와 아무런 관계도 없다는 것이 제 생각이에요.

뒤메닐의 주장은 소련경제에 대한 평가를 매개로 하는 것이기도 합니다. 그는 소련경제가 관리주의를 통해 자본주의를 제거하고 생산력을 발전시키는 데 성공한 반면 관리주의의 통제를 통해 생산관계를 변혁하고 공산주의로 이행하는 데는 실패했다고 주장하고 있거든요. 달리 말해서 스탈린주의는 일종의 '관료제적으로 타락한 관리주의'라는 것이에요.

그러나 뒤메닐의 그런 주장은 별로 색다를 것이 없습니다. 『역사적 마르크스주의』에서 설명한 것처럼, 그것은 리치의 주장과 거의 동일하거든요. 전간기에 이탈리아의 이단적 트로츠키주의자 리치는 트로츠키의 '관료제적으로 타락한 노동자국가' 개념에 반대하여 '자본주의도 사회주의도 아닌'(NCNS) 새로운 계급적 생산양식으로서 '관료제적 집산주의(collectivism)' 개념을 제시하지요. 그러니까 뒤메닐은 관료제적 집산주의를 관료제적 관리주의로 대체하는 셈인데, 양자는 대동소이한 개념이지요.

뒤메닐은 베틀렘의 국가자본주의 개념을 비판하고 있습니다. 이윤율의 최대화를 목적으로 하지 않는 소련경제는 자본주의의 변종일 수 없다는 것이에요. 베틀렘은 2006년에 93세로 사망했어요. 제가 마지막으로 본 글은 마르크스 사망 100주년을 기념한 심포지엄에서 발표한 1983년의 논문과 『현대』(*Les Temps Modernes*)에 실린 1985년의 인터뷰인데, 위키피디아(http://www.wikipedia.org/)의 기사를 보면 그 후로는 절필한 것 같아요. 소련사회주의와 프랑스 공산당의 붕괴에서 그만큼 큰 충격을 받은 탓이었겠지요.

그러나 『역사적 마르크스주의』에서 설명한 것처럼, 베틀렘의 국가자본주의 개념도 이윤율의 최대화보다는 오히려 완전고용이 목적이라는 사실에 주목하고 있습니다. 나아가 바로 이 때문에 소련경제와 미국경제에서 기술진보의 차이가 발생한다고 할 수 있지요. 미국경제에서는 이윤율의 최대화가 목적이므로 노동절약적 기술진보가 발생하는 반면 소련경제에서는 완전고용이 목적이므로 노동소비적 기술진보가 발생하거든요.

여기서 자본주의의 본질이 과연 무엇인가라는 문제를 제기할 수 있을 것입니다. 뒤메닐은 자본주의의 본질을 이윤율의 최대화에서 발견하는데, 그러나 베틀렘처럼 그 전에 노동력의 상품화에 주목해야 한다는 것이 제 생각이에요. 소련경제는 노동력이 상품화된다는 의미에서 자본주의적인 동시에 완전고용을 목적으로 한다는 의미에서 국가적이라는 것이지요.

사실 법인자본주의, 즉 뒤메닐이 주장하는 자본-관리주의에 대해서도 비슷한 논란이 있습니다. 여기서도 관리자가 이윤율을 최대화하는 것이 아니라 시장지배력을 최대화한다는 주장이 제기되거든요. 이것이 바로 법인자본주의의 독점적 성격을 둘러싼 논쟁이에요. 그러나 『마르크스의 '자본'』에서 설명한 것처럼, 법인자본주의에서 시장지배력의 최대화와 이윤율의 최대화 사이에는 모순이 없다는 것이 제 생각이에요. 관리자는 시장지배력을 이용하여 일종의 독점이윤율인 마크업률을 설정하거든요.

나아가 계급론과 관련된 문제를 제기할 수도 있을 것입니다. 우선 관리자계급이 새로운 계급이라는 뒤메닐의 주장이 엥겔스의 주장과 친화성을 갖는다는 데 주목해야 하지요. 엥겔스는 자본가를 소유자와 동일시하면서 부르주아지를 자본가-소유자로 환원하거든요. 그러니까 뒤메닐처럼 자본가-소유자와 구별되는 관리자는 부르주아지가 아니라 새로운 계급이라고 주장할 수도 있는 것이지요.

그러나 발리바르처럼 부르주아지를 자본가-소유자와 구별하는 것이 타당하다는 것이 제 생각입니다. 『마르크스의 '자본'』에서 설명한 것처럼, 소유로서 자본과 기능으로서 자본이 분리되면서 부르주아지는 소유로서 자본을 인격화하는 자본가와 기능으로서 자본을 인격화하는 관리자의 결합으로 확대된다고 할 수 있거든요. 달리 말해서 관리자가 부르주아지에 포함되는 것은 자본의 기능을 대행하기 때문이라는 것이지요.

나아가 발리바르처럼 국가의 억압적 기능과 이데올로기적 기능을 대행하는 관리자도 부르주아지라고 주장할 수 있을 것입니다. 달리 말해서 군인·정치인을 포함하는 관료와 좁은 의미의 지식인으로서 이데올로그도 부르주아지에 포함된다는 것이지요. 요컨대 부르주아지는 자본가-소유자와 넓은 의미의 지식인, 즉 관리자, 관료, 이데올로그로 구성된다는 것이 제 생각이에요.

그러나 지식인이 모두 부르주아지에 포함되는 것은 아닙니다. 저는 특히 관리자와 공학자를 구별해야 한다고 생각하거든요. 불어의 'cadre'는 'manager'와 'engineer'를 구별하지 않는데, 그래서 뒤메닐도 양자를 혼동하는 것 같아요. 그러나 마르크스가 예상한 '과학·기술혁명', 즉 보편적 지식으로서 과학의 직접적 생산력으로의 전환을 설명하려면 양자를 구별해야 하지요.

『마르크스의 '자본'』에서 설명한 것처럼, 관리자는 비생산적인 반면 공학자는 생산적입니다. 달리 말해서 공학자는 관리자와 달리 자본의 기능을 대행하는 것이 아니에요. 집단노동자 내부의 기술적 분업으로서 비숙련노동과 숙련노동의 분할을 육체노동과 지식노동의 분할이 대체하면서 숙련노동자 대신 공학자가 출현하거든요. 그래서 공학자는 숙련노동자처럼 집단노동자를 구성하는 생산적 노동자라고 할 수 있다는 것이에요.

이윤율의 최대화가 관리자의 기능이라는 뒤메닐의 주장에 대해서도 문제를 제기할 수 있습니다. 실물경제에서 관리자의 기능과 금융에서 관리자의 기능은 전혀 다르거든요. 산업이나 상업과 관련되는 기업과 은행이나 증권회사·보험회사 같은 금융기관을 구별해야 하는데, 특히 양자의 대차대조표는 전혀 다르게 구성되지요.

아까 연준의 스트레스테스트에 적용된 자산 대비 자본의 비율이 4%라고 했는데, 그럴 경우 자본 대비 부채의 비율은 24배이지요. 자산은 부채와 자본의 총계와 일치해야 한다는 것이 회계학의 원리이거든요. 달리 말해서 은행의 건전성은 부채비율이 24배를 초과하지 않는다는 의미이지요. 반면 이번 금융위기 이전에 은행의 부채비율은 30배를 초과하고 자본비율은 3%로 하락하지요.

그러나 기업의 부채비율은 그렇게 높을 수 없습니다. 쉬운 예를 들어보겠어요. 1997-98년 경제위기 이전의 남한경제에서 재벌의 부채비율은 400%를 초과하는데, 그래서 구제금융을 통해 200% 이하로 구조조정되지요. 달리 말해서 부채비율이 2배에 미달하고 자본비율이 1/3을 초과하는 기업이 건전하다는 것이에요.

그러니까 기업은 상대적으로 자본비율이 높고 부채비율이 낮은 반면 금융기관은 상대적으로 자본비율이 낮고 부채비율이 높다는 것입니다. 그래서 기업과 금융기관에서 관리자의 기능도 구별해야 한다는 것이지요. 기업과 달리 금융기관의 지배구조에서는 자본가-

소유자보다 오히려 관리자가 결정적인데, 그래서 이번 금융위기에서도 전자보다 오히려 후자의 책임이 부각되는 것이에요.

남한에서 나름대로 주목받고 있는 프랑스 경제학자가 아글리에타와 뒤메닐인데, 둘 다 금융화를 오해하고 있다는 것이 제 생각입니다. 연금기금 같은 노동자지주제를 통해 '금융자산자본주의'로 이행할 수 있다는 아글리에타의 사회자유주의적 입장에 대해 뒤메닐은 자본가-소유자의 부활, 좀 더 간단하게 말해서 '자본의 부활'일 따름이라고 비판하지요. 그러나 금융혁신을 주도하는 관리자의 역할을 무시한 채 금융화를 자본의 부활이라고 규정할 수는 없어요.

게다가 자본의 부활에는 노동자를 비롯한 대중도 광범위하게 연루됩니다. 남한에서 기관투자가를 대표하는 것은 국민연금인데, 외국인이 들락날락할 때마다 증시의 붕괴를 막는 것이 국민연금이거든요. 물론 공무원연금이나 교직원연금도 마찬가지이겠지요. 따라서 개인투자가가 아니더라도 노동자를 비롯한 광범위한 대중이 금융화에 참여하고 있는 셈이에요. 미국에서는 심지어 빈민도 동원되고 있는데, 그것이 바로 이번 금융위기를 촉발한 서브프라임 모기지론이지요.

마지막으로 한 마디만 더 하겠습니다. 5월에 방한했을 때 뒤메닐은 남한을 비롯한 동아시아의 대안으로 두 가지를 제안한 바 있지요. 우선 수출지향적 산업화가 아니라 수입대체적 산업화를 제안하면서 전간기 라틴 아메리카의 역사적 경험을 참고 사례로 제시하는데, 저는 동의할 수 없어요. 나아가 남북간 자유무역이 아니라 남남간 지역통합을 제안하면서 현재 형성중인 라틴 아메리카의 메르코주르(Mercosur, 남미공동시장)를 참고 사례로 제시하는데, 이것도 동의할 수 없어요.

동아시아가 라틴 아메리카의 수입대체적 산업화나 지역통합에서 배워야 한다는 뒤메닐의 제안은 유럽중심주의적 주장이라는 것이 제 생각입니다. 결국 동아시아와의 경쟁으로 인해 유럽에서 임금이 하락하고 노동이 신축화된다는 것이 그 핵심이거든요. 그러나 『일반화된 마르크스주의 개론』에서 설명한 것처럼, 유럽의 그런 상황은 오히려 독일이 주도하는 신보수주의적 화폐통합으로서 유럽연합 때문이라는 것이 제 생각이에요.

「현정세와 사회운동노조」에서 제시된 바 있는 대안자유무역협정이 좀 더 적합한 대안일 것입니다. 아까 전반부에서 설명한 것처럼, 동아시아에서 자유무역협정의 역전은 당분간 실행가능성이 없어요. 그런 상황에서 가장 큰 문제는 중국의 저임금과 위안의 평가절하이지요. 위안의 평가절상이 결국 미국과의 관계에서 해결될 수밖에 없는 문제라면, 저임금 문제는 대안자유무역협정의 노동표준을 통해서도 해결될 수 있겠지요.

뒤메닐은 라틴 아메리카와 달리 동아시아가 수출지향적 산업화를 채택하게 된 역사적 배경에 대해서는 제대로 인식하지 못하고 있습니다. 나아가 라틴 아메리카와 달리 동아시아에서 지역통합이 곤란한 현실적 이유에 대한 인식도 별로 없고요. 그러니까 동아시아가 라틴 아메리카의 수입대체적 산업화나 지역통합에서 배워야 한다는 그의 제안이 뜬금없을 수밖에요.

게다가 저는 뒤메닐이 발제문도 없이 민주노총의 토론회에 참석했다는 소문을 듣고 조금 불쾌한 생각이 들었습니다. 민주노총 활동가들은 어떻게 생각했는지 잘 모르겠지만, 돈을 안 받았다고 발제문도 안 냈다는 것은 남한의 제1노총에 대한 크나큰 결례라고 할 수밖에 없어요. 이탈리아제1노총 활동가를 비롯한 대부분의 토론자들은 모두 발제문을 제출했다고 하거든요.

아리기의 분석과 대안

이제 아리기에 대해 설명해보겠습니다. 그는 올해 6월에 사망했는데, 지난 1년 동안 암으로 투병해왔다고 해요. 그 와중에도 『장기 20세기』 재판을 위한 후기와 베이징 컨센서스에 대한 논문을 집필하고, 또 하비와 함께 자신의 일생을 회고하는 인터뷰도 하는데, 모두 그의 웹사이트(http://www.soc.jhu.edu/people/Arrighi/)에서 찾아볼 수 있어요.

아리기는 이번 금융위기가 미국 헤게모니에서 중국 헤게모니로의 이행을 가속화할 따름이라고 평가하고 있습니다. 이미 2001년에 신경제가 붕괴하면서 미국경제가 경착륙했고 또 신자유주의적 금융세계화도 종료되기 시작했기 때문이라는 것이지요. 한 마디로 말해서 이번 금융위기는 별다른 의미가 없다는 것이에요.

아까 아리기의 입장도 변화한다고 했는데, 새로운 입장을 집대성한 것이 『베이징의 애덤 스미스』입니다. 여기서 그는 노동이 부족하고 자본은 풍부한 영국과 미국에서 노동을 절약하고 자본은 소비하는 산업혁명(industrial revolution)이 발생한 반면 노동이 풍부하고 자본은 부족한 중국과 일본에서는 노동을 소비하고 자본은 절약하는 근면혁명(industrious revolution)이 발생한다고 주장하지요.

아리기는 결국 자본주의적 시장경제를 대상으로 하는 마르크스적 동역학은 영국과 미국의 산업혁명을 설명하는 데만 적합한 반면 중국과 일본의 근면혁명을 설명하는 데는 적합치 않다고 주장하는 셈입니다. 그래서 비자본주의적 시장경제를 대상으로 하는 스미스적 동역학을 복권하려고 시도하는 것이지요. 그러나 「마르크스의 '경제학 비판'과 경제학설사」(『일반화된 마르크스주의와 대안좌파』, 공감, 2008에 실림)에서 설명한 것처럼, 아리기의 그런 시도에는 문제가 많다는 것이 제 생각입니다.

먼저 일본은 물론이고 중국도 산업혁명을 경험합니다. 중국의 어떤 소장 경제학자의 연구에 따르면, 1978년 개혁·개방 이후 하락하던 이윤율은 1997-98년 동아시아 경제위기 이후 상승으로 반전하지요. 이윤율이 하락하는 것은 산업혁명에 따라 자본생산성이 하락한 데다가 자본주의로의 전환을 정당화하는 과정에서 이윤분배율이 하락하기 때문이고, 이윤율이 상승하는 것은 일종의 '신자유주의적 전환'에 따라 자본생산성과 이윤분배율이 상승하기 때문이에요.

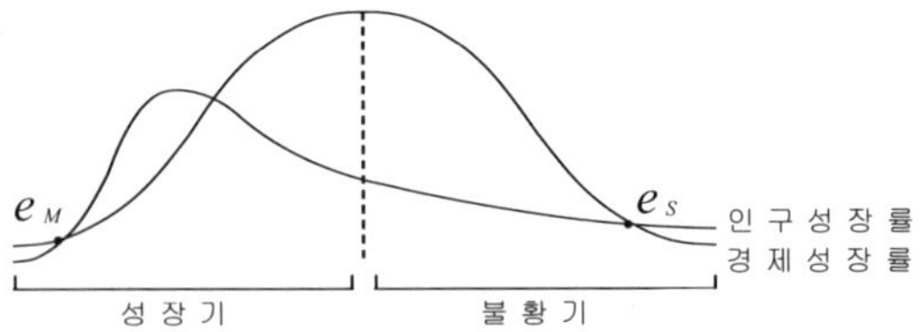

나아가 아리기가 제시하는 스미스적 동역학에도 문제가 있습니다. 그의 모형에서 독립변수는 1인당 국민소득인데, 노동생산성이나 1인당 임금과 일치한다고 가정할 수 있어요. 반면 종속변수는 인구성장률과 경제성장률인데, 경제성장률은 물론 국민소득의 성장률을 의미하지요. 위의 그래프에서처럼 아리기가 제시하는 인구성장률의 이론궤도는 왼쪽으로 편향된 종 모양인 반면 경제성장률의 이론궤도는 왼쪽과 오른쪽이 대칭인 종 모양이에요.

따라서 두 개의 안정적 평형 e_M과 e_S가 존재하는데, 아리기는 각각 맬서스적 평형과 스미스적 평형이라고 부릅니다. 여기서 평형은 인구성장률과 경제성장률이 일치하여 1인당 국민소득이 변화하지 않는다는 의미이지요. 또 안정적 평형은 평형으로부터 괴리되더라도 곧 평형으로 복귀된다는 의미이지요. 안정적 평형의 왼쪽에서는 경제성장률이 인구성장률보다 높아서 1인당 국민소득이 증가하는 반면 오른쪽에서는 그 반대이기 때문이에요. 따라서 아무런 표시도 하지 않은 중간의 평형은 불안정적이지요.

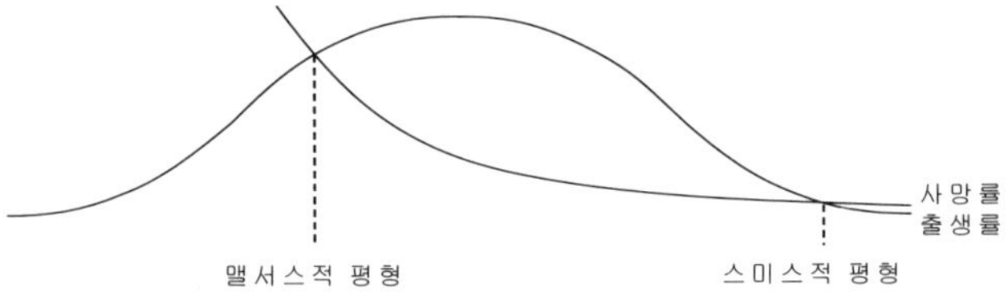

그러나 아리기의 스미스적 동역학에는 문제가 있습니다. 인구성장률의 이론궤도가 아니라 경제성장률의 이론궤도가 문제이지요. 위의 그래프에서처럼 출생률의 이론궤도는 왼쪽과 오른쪽이 대칭인 종 모양인 반면 사망률의 이론궤도는 오른쪽으로 하락하는 곡선이라는 것이 인구론의 정설이에요. 출생률과 사망률의 차이인 인구성장률의 이론궤도가 왼쪽으로 편향된 종 모양이 되는 것은 이 때문이지요. 인구론에서 평형은 인구성장률이 제로라는 것을 의미하는데, 고출생-고사망의 맬서스적 평형에서 저출생-저사망의 스미스적 평형으로의 이행을 '인구론적 전환'이라고 불러요.

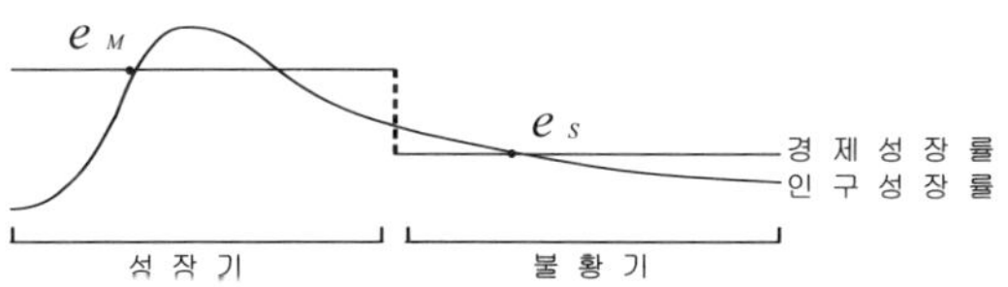

그러나 적어도 산업혁명 이후에는 경제성장률의 이론궤도가 종 모양일 수 없습니다. 1인당 국민소득은 시간에 대한 증가함수, 좀 더 정확하게 말해서 성장기에서 불황기로 이행하면서 성장률이 감소하는 지수함수라는 것이 경제성장론의 정설이거든요. 따라서 위의 그래프에서처럼 경제성장률의 이론궤도는 하향 단절이 발생하는 계단 모양이라고 할 수 있어요. 즉 e_M과 달리 e_S는 불안정적이라는 말이지요.

아리기는 스미스적 동역학에서 21세기의 '새로운 반둥'을 위한 논거를 발견하고 있습니다. 그는 부시의 신보수주의를 계기로 신자유주의적 '워싱턴 컨센서스'를 대체하는 사회민주주의적·사회자유주의적 '베이징 컨센서스'가 출현하고 있다고 주장하지요. 나아가 그런 새로운 컨센서스를 새로운 반둥으로 발전시킬 가능성에 주목하면서 1950-60년대의 반둥과 달리 이번에는 단순한 이데올로기가 아니라 경제적 토대를 갖기 때문에 성공할 가능성이 그만큼 크다고 예상하고 있어요.

그런데 문제는 베이징 컨센서스를 새로운 반등으로 발전시키기 위해서는 중국이 앵글로-색슨식 마르크스적 동역학, 즉 산업혁명이 아니라 자신에게 고유한 스미스적 동역학, 즉 근면혁명을 전개해야 한다는 조건에 있습니다. 그러나 방금 설명한 것처럼, 중국은 이미 산업혁명을 경험하지요. 게다가 스미스적 동역학 자체가 별로 근거가 없다는 것이 제 생각이에요.

『일반화된 마르크스주의 개론』에서 설명한 것처럼, 중국 헤게모니를 예상하는 아리기의 시나리오는 너무나도 비현실적입니다. 그는 초민족자본의 국제하청망으로의 포섭, 국영기업과 금융기관의 개혁 부진, 농민공과 여성에 대한 과잉착취, 나아가 생태적 지속불가능성 같은 개혁·개방의 다양한 한계에 대해서는 거의 맹목적이에요. 게다가 중국을 비롯한 동아시아의 수출달러가 미국으로 환류되는 메커니즘을 일종의 '조공', 즉 '제국'의 경제외적 강제로 오해하고 있거든요.

브뤼노프와 폴리에 대해서도 간단하게나마 언급하겠습니다. 올해 80세인 브뤼노프는 이미 은퇴한 것 같습니다. 제가 마지막으로 본 글이 2007년 3월의 인터뷰인데, 그 후로는 글이 없거든요. 그러나 부고 기사도 없는 것을 보면, 사망한 것이 아니라 은퇴한 것 같아요. 또 폴리(http://homepage.newschool.edu/~foleyd/)는 올해 4월에 이번 금융위기에 대한 강연을 한 적이 있는데, 별다른 내용이 없어서 조금 아쉬워요.

다른 마르크스주의자들의 경우

다른 마르크스주의자들도 금융위기에 대한 다양한 분석과 대안을 제시하고 있는데, 몇 개의 사이트에서 구해볼 수 있습니다. 예를 들어 http://modkraft.dk/spip.php?article7858이 아주 유용하고, 그 밖에도 http://sites.google.com/site/radicalperspectivesonthecrisis/, http://marxandthefinancialcrisisof2008.blogspot.com/, http://www.workersliberty.org/marxists-crisis가 참조할 만하지요.

앵글로-색슨 마르크스주의 학술지 『월간평론』(*Monthly Review*)과 『역사유물론』(*Historical Materialism*)에 주목할 수 있습니다. 그런데 『월간평론』의 논문들은 대체로 스위지와 바란의 독점자본론의 입장을 채택하는 반면 『역사유물론』의 논문들은 대체로 힐퍼딩의 『금융자본』과 파인의 『자본』 해석을 결합하는 입장이에요. 그러나 『마르크스의 '자본'』에서 설명한 것처럼, 힐퍼딩이나 파인, 스위지와 바란의 입장은 마르크스의 관점과 거리가 있다는 것이 제 생각이에요.

최근 남한의 몇몇 인터넷 논객과 진보주의 지식인이 발췌·번역을 시도하고 있는 『신좌파평론』(*New Left Review*)에도 이번 금융위기에 대한 분석이 몇 편 게재됩니다. 그러나 그 내용은 좌파 저널리즘에 불과하다는 것이 제 생각이에요. 제가 늘 강조하는 것처럼, 부르주아지의 힘은 주먹과 돈인 반면 마르크스주의자의 힘은 머리라고 할 수 있어요. 그런데 좌파 저널리즘으로 어떻게 이 난국을 돌파하겠다는 것인지 알다가도 모르겠어요.

아까 뒤메닐과 관련하여 아글리에타를 언급했는데, 최근에 그의 분석도 번역·소개된 적이 있습니다. 예전에 셰네를 번역·소개한 바 있는 경남대 서익진 교수가 요즘은 아글리에타에게 관심이 많더군요. 1990년대 초반 서울사회과학연구소 시절에는 저와도 교류가 있던 사람인데, 조금 아쉽다는 생각이 들어요.

아글리에타의 포스트조절이론적 분석은 프랑스에서 큰 영향력을 갖고 있습니다. 「현정세와 사회운동노조」에서 설명한 것처럼, 2005년 유럽연합헌법조약 비준반대투쟁 이후 프랑스 좌파는 쇠퇴하고 있지요. 그 와중에 아탁의 입장도 변질되고 있는데, 이제는 브뤼노프는 물론이고 셰네나 뒤메닐도 거의 활동을 중지한 것 같아요. 대신 아글리에타나 그와 유사한 입장이 대세를 형성하지요.

아글리에타의 입장은 본질적으로 과소소비설인데, 이번 금융위기를 분석하면서도 그런 입장을 견지하고 있습니다. 따라서 그의 대안은 임금인상이나 소득재분배일 따름이지요. 그런 좌파케인즈주의적 대안에 대해 뒤메닐은 '정치적으로 올바를지'(politically correct) 몰라도 '경제학적으로는 오류'라고 비판한 적이 있어요. 달리 말해서 이론적으로는 근거가 없지만 대중적으로는 지지를 받을 수 있는 입장이라는 것이에요.

아글리에타에 대한 뒤메닐의 이런 비판은 아주 정확하다는 것이 제 생각입니다. 이번 금융위기의 원인은 저임금이나 소득불평등에 있는 것이 아니거든요. 따라서 임금인상이나 소득재분배가 그 해결책이 될 수도 없겠지요. 그러나 나중에 설명할 것처럼, 남한의 진보주의자들도 대체로 아글리에타와 비슷한 입장인 것 같아요. 그러나 잘못하면 빚잔치로 경제만 거덜이 날 수도 있어요.

프랑스의 상황에 대해 한 마디만 더 하겠습니다. 1992-94년에 제가 『이론』의 편집에 참여하면서 모델로 삼은 것은 알튀세르의 제자인 비데가 편집하던 반년간지 『마르크스의 현재성』(*Actuel Marx*)인데, 2006년에 40호까지 나온 다음 그가 은퇴하지요. 그러면서 편집 방향이 변화하고 레이아웃도 변화하는데, 그래서 창간 독자인 저도 더 이상 구독하지 않아요. 아까 언급한 『신자유주의의 위기』라는 새로운 저서에 대한 뒤메닐의 인터뷰는 『마르크스의 현재성』 가을호에 실릴 예정인데, 그밖에는 별다른 분석이 없어요.

이제 다함께 그룹의 이론적 대변자를 자임하는 경상대의 정성진 교수가 편집·소개한 국제사회주의(IS) 그룹의 하먼의 논문집에 대해서도 설명해보겠습니다. 하먼은 실물경제와 금융을 분리하면서 이번 위기는 금융의 위기라기보다는 오히려 실물경제의 위기라고 주장하고 있어요. 정 교수는 하먼의 입장에 따라 이번 금융위기에 대한 뒤메닐의 분석을 비판할 수 있다고 생각하는 것 같아요. 지난 5월에 뒤메닐의 방한을 주도한 사람도 정 교수인데, 막상 토론회에서는 어떻게 발언했는지 모르겠지만요.

그러나 하먼의 입장에 대해서는 비판이 아주 많습니다. 예를 들어 요즘 국제사회주의 그룹이 관심을 보이고 있는 하비는 하먼이 금융위기의 진정한 의미를 무시한다고 비판하고 있어요. 그러나 하비 자신은 신자유주의적 금융세계화를 '수탈', 즉 자본의 본원적 축적과 동일시하지요. 사실 그는 가치법칙과 이윤율 하락의 법칙을 기각하거든요.

심지어 하먼이 자신의 논거로 동원하는 브레너조차 실물경제의 위기와 금융의 위기를 분리해서는 안 된다고 비판하고 있습니다. 물론 가치법칙과 이윤율 하락의 법칙을 기각하는 브레너도 실물경제와 금융이 결합되는 메커니즘을 제대로 분석하는 것은 아니에요. 그의 '자산가격케인즈주의론'은 포스트케인즈주의처럼 금융화를 거품화로 단정할 따름이거든요.

그럼에도 불구하고 정성진 교수나 다함께 그룹이 이번 위기를 분석한 거의 유일한 마르크스주의자로 하먼을 선전하고 있으니까, 그의 입장에 대해 좀 더 자세하게 비판해보겠습니다. 미리 말씀드리자면, 하먼이 국제사회주의 그룹의 대표적 이론가일지는 몰라도 마르크스주의자로서는 문제가 많다는 것이 제 생각이에요. [하먼은 11월에 향년 67세로 사망한다.]

먼저 뒤메닐의『위기와 탈위기』에 대한 하먼의 서평을 보면, '마르크스주의 경제학의 기초에 대한 불충분한 이해'라고 비판하고 있습니다. 그렇지만 저로서는 그가 도대체 무슨 말을 하고 있는 것인지 알다가도 모르겠어요. 그의 동료인 캘리니코스를 비롯해서 거의 모든 마르크스주의자가 뒤메닐을 생존하는 최고의 마르크스주의 경제학자라고 평가하고 있거든요. 캘리니코스에 대해서는 조금 이따가 설명하겠어요.

그런데 그런 평가를 위해 하먼이 제시하는 몇 가지 논거를 보면, 오히려 그가 뒤메닐의 이론을 이해하지 못한다는 것을 알 수 있습니다. 그가 뒤메닐의 이론에 대해 제기하는 쟁점은 두 가지인데, 하나는 이윤율이 하락하는 원인인 기술진보의 메커니즘, 즉 수익성 있는 기술진보의 곤란성과 관련되지요. 그런데 이것은 이미 설명한 것처럼 수학적 이론이에요. 스스로 수학은 잘 모른다고 고백하는 하먼이 어떻게 이런 이론을 '마르크스주의 경제학의 기초에 대한 불충분한 이해'라고 비판할 수 있는지 알다가도 모를 일이지요.

또 다른 쟁점은 이윤율 하락의 효과로서 금융화와 관련됩니다. 이미 설명한 것처럼, 금융화에 대한 뒤메닐의 분석은 약점을 갖고 있어요. 그래서 아리기의 분석과 결합할 필요가 있다고 한 것이지요. 그러나 하비나 브레너가 비판한 것처럼, 하먼 자신은 금융화를 아예 무시하고 있어요. 그러면서 어떻게 뒤메닐의 분석을 '마르크스주의 경제학의 기초에 대한 불충분한 이해'라고 비판할 수 있는지 알다가도 모를 일이지요.

하먼은 마치 인터넷 논객처럼 논쟁과 화장실 벽 낙서를 혼동하는 것 같습니다. 그러나 굳이 마르크스주의자가 아니더라도 논쟁을 무고, 비방, 욕설과 혼동해서는 안 되겠지요. 다함께에 소속된 트로츠키주의자 중 어떤 사람들도 논쟁을 하면서 먼저 남의 기분을 나쁘게 만드는 잘못된 버릇을 갖고 있는 것 같아요. 그래서 인터넷 논객과 마찬가지로 그들과도 논쟁을 할 수 없다는 것이지요.

이번 위기가 금융이 아니라 실물경제의 위기라고 주장하는 하먼은 사실 브레너의 주장을 반복할 따름입니다. 브레너를 따라 2001년에 미국경제가 경착륙했다고 주장하는 셈이거든요. 방금 설명한 것처럼, 아리기도 브레너와 비슷하게 주장하고 있지만요. 그런 주장이 옳다면, 2000년대에 새로이 전개되는 금융세계화, 특히 미국경제의 이중적자와 이번 금융위기는 별로 중요할 것이 없겠지요.

2001년 경착륙을 주장하면서 하먼은 아주 테크니컬한 쟁점을 제기하고 있습니다. 그는 브레너의 미발표자료를 동원하여 2005년의 이윤율이 1969-70년 수준, 달리 말해서 1997년 수준에 미달한다고 주장하거든요. 반면 모즐리는 이미 2004년에 이윤율이 1969-70년과 1997년 수준을 초과한다고 주장하지요.

아까 제가 제시한 이윤율 운동의 그래프는 사실 뒤메닐의 분석과 모즐리의 분석을 결합한 것입니다. 이미 설명한 것처럼, 뒤메닐은 2000년대 이후 이윤율의 운동을 분석하지 않기 때문에 어쩔 수 없이 모즐리의 분석으로 보충한 것이지요. 구체적 수치는 달라도 그 추세는 비슷하기 때문에 벤치마킹을 위해서는 그래도 상관이 없거든요. 그래서 양자의 분석을 결합하여 도식화한 것이에요.

모즐리는 2004년까지만 분석하는데, 그 후 이윤율이 계속 상승했다고 판단할 수 있는 방증은 많습니다. 우선 경제분석국(BEA)이 발표하는 비금융법인자본의 영업이익률은 2006년에 고점에 도달하지요. 영업이익과 고정자본의 비율인 영업이익률은 이윤과 고정자본의 비율인 이윤율의 대리변수인데, 그러나 영업이익률은 이윤율을 과소평가해요. 영업이익은 이윤에서 판매비와 관리비를 공제하거든요. 어쨌든 모즐리의 분석이 옳다면, 2006년의 이윤율이 1969-70년과 1997년 수준을 상당히 초과했을 수 있어요. 나아가 이번 경기순환에서 호황의 절정은 2006년 중반인데, 주택가격이나 이중적자도 이 해에 고점에 도달하지요.

여기서 문제가 되는 것은 물론 이윤율의 이론궤도가 아니라 현실궤도라는 사실에 주목해야 합니다. 그러니까 브레너는 2001년에 경착륙한 이후 이윤율이 별로 회복되지 못했다고 주장하는 것이지요. 반면 모즐리의 주장은 그 반대인데, 그럴 경우 이윤율은 충분히 회복되었다고 할 수 있어요.

이번 금융위기는 실물경제의 수익성 위기가 아니라 금융의 헤게모니 위기라고 주장하는 뒤메닐도 모즐리의 주장에 찬성할 것 같습니다. 또 모즐리도 뒤메닐처럼 이번 위기는 이윤율의 하락으로 인한 위기라는 의미에서 마르크스적 위기가 아니라 폰지금융으로 인한 위기라는 의미에서 민스키적 위기라고 주장하지요. 물론 뒤메닐과 모즐리의 그런 주장은 문제가 있다는 것이 제 생각이에요.

하먼은 또 다른 테크니컬한 쟁점도 제기합니다. 그는 이윤율을 추계할 때 금융이윤에 포함되어 있는 '허구적'(fictive) 요소, 좀 더 구체적으로 말해서 자본이득(capital gains)이라고도 불리는 시세차익을 공제해야 한다고 주장하지요. 이 때문에 그는 브레너의 추계가 옳은 반면 모즐리의 추계는 틀리다고 예단하는 것이에요.

만일 이윤율을 추계하면서 시세차익까지 포함했다면, 마르크스주의 경제학이 아니라 '경제학 일반의 기초에 대한 불충분한 이해'라고 비판받을 수도 있을 것입니다. 그러나 물론 모즐리가 그랬을 리가 없는데, 그도 역시 생존하는 일급의 마르크스주의 경제학자이거든요. 사실 하먼의 비판에 대한 모즐리의 반비판이 있는데, 무슨 이유인지 모르겠지만 정성진 교수는 누락시켰더군요.

모즐리는 금융이윤에 허구적 요소가 존재하는 것은 사실이지만, 자신의 추계에서 그런 요소는 공제된다고 반비판합니다. 그러니까 브레너가 추계한 이윤율보다 자신이 추계한 이윤율이 더 높은 것은 금융이윤의 허구적 요소를 포함하기 때문은 아니라는 것이지요. 뒤메닐도 마찬가지입니다. 그도 역시 금융이윤의 허구적 요소를 인정하면서 '가공잉여'(fictitious surplus)라고 부르거든요. 그의 이윤율 추계에서도 그런 요소는 물론 공제되지요.

모즐리의 가장 중요한 반비판은 브레너의 이윤율 추계에 초민족 자본의 이윤율이 누락되어 있다는 사실에 있습니다. 달리 말해서 브레너는 해외이윤율을 무시하고 국내이윤율만 추계한다는 것이지요. 뒤메닐도 국내제조업에 대한 분석을 경제 전체에 대한 분석으로 확대하는 브레너의 오류를 지적한 적이 있어요. 그래서 브레너가 추계한 이윤율이 뒤메닐이나 모즐리가 추계한 이윤율보다 낮을 수밖에 없는 것이지요. 한 마디로 말해서 브레너는 미국경제가 금융화되는 동시에 초민족화된다는 사실을 무시하거든요.

그런데 그런 논쟁은 하먼이 인용한 브레너의 미발표자료의 불충분함에서 기인하는 것이기도 합니다. 브레너가 올해 5월에 출판한 『세계적 위기의 경제학』(1998; 재판, 2006)의 스페인어판 서문에서 자신의 자료를 수정하거든요. 수정된 자료에서는 2000년대 국내제조업의 이윤율이 1990년대에 비해서는 하락하지만, 1980년대는 물론이고 1970년대보다 상승하지요. 반면 2000년대 비금융법인자본의 이윤율은 1990년대와 1970년대에 비해서는 하락하지만, 1980년대에 비해서는 상승하지요.

스페인어판 서문에서 브레너는 이번 금융위기에 대한 나름대로의 분석도 제시하고 있습니다. 그는 1990년대 정보기술거품과 2000년대 주택거품을 비교하고 있어요. 그는 이윤율의 운동에서 보듯이 전자보다 후자가 더 비생산적이라고 주장하면서 정보기술거품의 붕괴로 인한 2001년의 경착륙을 연기시킨 것이 주택거품이라고 주장하고 있지요. 포스트케인즈주의자처럼 금융화와 거품화를 동일시하는 관점에서 1990년대와 2000년대를 비교 분석하는 것이에요.

그래서인지는 잘 몰라도, 하먼은 클리먼의 분석에 대해서도 관심을 갖고 있습니다. 클리먼은 마르크스와 달리 고정자본을 재생산가격이 아니라 역사적 가격으로 평가해야 한다고 주장하지요. 아까 스트레스테스트를 설명하면서 시가평가제와 원가평가제를 비교했는데, 은행뿐만 아니라 기업의 자산에 대해서도 시가평가제가 아니라 원가평가제가 합리적이라고 주장하는 셈이에요. 어쨌든 클리먼은 자신의 방식대로 추계한 이윤율은 전후에 지속적으로 하락하므로 하먼의 주장을 지지하는 데 브레너의 추계보다 더 적합하다고 주장하고 있지요.

사실 브레너에 대한 국제사회주의 그룹의 평가는 미묘한 부분이 있습니다. 브레너의 경제위기론은 이론적으로 오류인데, 그러나 이윤율에 대한 그의 자료는 이용할 수 있다는 입장이거든요. 그래서 하먼이 이번 위기를 분석하면서 브레너의 자료를 동원한 것이에요. 그러나 정성진 교수는 다함께 그룹의 이론적 대변자를 자임하면서도 그런 평가는 무시하고 있어요. 정 교수는 사실 열렬한 브레너 지지자이거든요.

브레너의 경제위기론에 대해 가장 체계적으로 비판한 국제사회주의 그룹의 이론가는 캘리니코스입니다. 캘리니코스의 비판의 요지는 가치법칙과 이윤율 하락의 법칙을 부정하는 브레너의 경제위기론이 마르크스주의적일 수 없다는 것이지요. 『마르크스의 '자본'』에서 설명한 것처럼, 브레너는 아리기처럼 스미스를 복권시키려고 시도하거든요. 물론 양자의 차이에도 주목해야 합니다. 『베이징의 애덤 스미스』에서 아리기는 브레너의 경제위기론을 역사적 관점에서 비판하고 있는데, 정성진 교수의 주장과는 달리 이런 비판은 대체로 타당하다는 것이 제 생각이에요.

브레너는 사실 봉건제에서 자본주의로의 이행론을 전공한 경제사학자일 따름입니다. 그런데 부아는 이행론에 대한 그의 주장을 '정치적 마르크스주의'라고 비판한 적이 있어요. 달리 말해서 계급투쟁으로 이행을 설명하려는 의지주의일 따름이라는 것이지요. 이런 비판은 네그리에 대한 브뤼노프의 비판과도 친화성을 갖는다는 것이 제 생각이에요. 경제학에 대한 비판이 아니라 반대도 의지주의일 따름이거든요. 물론 네그리는 브레너와 달리 낭만주의적 아나키스트이지만요.

역사과학은 계급투쟁을 표현하는 역사동역학을 분석하는 것입니다. 『마르크스의 '자본'』에서 설명한 것처럼, 자본주의에서 계급투쟁은 노동을 절약하고 자본을 소비하는 기술진보로 표현되지요. 그리고 그런 기술진보가 이윤율 하락의 법칙과 고정자본 성장의 법칙 같은 경제법칙으로 표현되는 것이에요. 마찬가지로 봉건제에서 자본주의로의 이행을 분석하기 위해서는 먼저 봉건제에서 계급투쟁을 표현하는 역사동역학을 분석해야 하는데, 그런 분석을 최초로 시도한 사람이 바로 부아라고 할 수 있지요.

어쨌든 캘리니코스는 브레너의 경제위기론에 대한 뒤메닐의 비판의 타당성을 인정하면서 『이윤율의 경제학』을 '미국 자본주의를 마르크스주의적으로 연구한 대작(the major Marxist study)'이라고까지 극찬하고 있습니다. 여기서 부정관사 'a'가 아니라 정관사 'the'를 사용한다는 데 주목할 수 있겠지요. 하먼의 평가와는 정반대로 최고의 걸작이라고 상찬하는 셈이에요.

반면 캘리니코스는 아리기의 『장기20세기』를 '순환론적 역사철학'

또는 '사이비 마르크스주의적 국제정치경제론(IPE)'이라고 폄하하고 있습니다. 그러나 최근에는 하비를 수용하면서 아리기에 대한 재평가를 시도하고 있어요. 하비 자신이 신자유주의를 비판하면서 아리기의 역사적 자본주의 분석을 광범위하게 원용하거든요. 물론 하먼은 캘리니코스의 이런 시도에 대해 반대하겠지만요.

사실 하먼은 연구자라기보다는 활동가일 따름입니다. 마르크스주의 경제학에 대한 그의 기여는 본질적으로 국제사회주의 그룹의 청년 활동가를 교육하기 위한 팜플렛을 작성한 정도라고 할 수 있지요. 게다가 그는 국제사회주의 그룹 내부에서도 구좌파적 성향을 대표하고 있어요. 그래서 클리프의 유언에 따라 2000년대 이후 캘리니코스와 리즈가 주도하고 있는 국제사회주의 그룹의 방향 전환에 반대한 것이에요.

반면 캘리니코스는 알튀세르에게 큰 영향을 받은 나름대로 주목할 만한 마르크스주의 철학자입니다. 캘리니코스의 알튀세르주의를 둘러싸고 국제사회주의 그룹 내부에서 논쟁이 전개된 적이 있는데, 당시 가장 열렬한 반대자가 얼마 전에 지도부에서 퇴출당한 리즈이지요. 정성진 교수의 주장과 달리 캘리니코스야말로 국제사회주의 그룹을 대표하는 이론가라는 것이 제 생각이에요.

물론 캘리니코스의 입장에 문제가 없다는 것은 아닙니다. 알튀세르 해석의 문제에 대해서는 이미 몇 번 비판한 적이 있으니까 논외로 하겠어요. 관심이 있는 분은 「알튀세르를 어떻게 읽을 것인가?(재론)」(『일반화된 마르크스주의의 쟁점들』, 공감, 2007에 실림)과 작년에 알튀세르 탄생 90주년을 기념하기 위해 출판한 『알튀세르의 철학적 유산』(공감, 2008)을 참조하세요.

캘리니코스는 뒤메닐이나 아리기뿐만 아니라 한 걸음 더 나아가 그로스만도 원용하고 있습니다. 『마르크스의 '자본'』에서 설명한 것처럼, 그로스만이 이윤율 하락의 법칙에 대한 반작용요인으로 제국주의에 주목하고 있기 때문이지요. 캘리니코스는 그로스만의 입장에서 제국주의론을 재구성할 수 있다고 주장하는데, 이윤율 하락의 법칙에 대한 반작용요인으로서 고전적 제국주의가 냉전적 제국주의를 거쳐 탈냉전적 제국주의로 이행한다는 것이에요.

문제는 냉전적 제국주의를 설명하는 이른바 '영구군비경제론'에 있습니다. 영구군비경제론은 이윤율의 하락에 반작용하기 위해 고정자본의 일부를 군비라는 형태로 낭비할 수밖에 없다고 주장하거든요. 달리 말해서 군비는 '사치품'이라는 것이에요. 그러나 만일 군비라는 사치품을 통해 고정자본을 낭비한다면, 1910-60년대는 고정자본이 성장하는 자본주의의 황금기가 아니라 고정자본이 탈성장하는 일종의 불황기라고 할 수밖에 없지요.

그러나 『일반화된 마르크스주의 개론』에서 설명한 것처럼, 성장기에 이윤율이 상승하는 것은 고정자본을 낭비하는 것이 아니라 절약하는 기술진보 때문입니다. 반면 불황기에 이윤율이 하락하는 것은 고정자본을 절약하는 기술진보의 곤란성 때문이에요. 어느 경우에도 고정자본의 낭비는 쟁점이 아니라는 것이지요.

『마르크스의 '자본'』에서 설명한 것처럼, 자본주의의 역사동역학을 구성하기 위해서는 이윤율 하락의 법칙과 동시에 고정자본 성장의 법칙에 주목해야 합니다. 아까 뒤메닐과 저의 차이를 설명하면서 불황기에 고정자본의 이론궤도가 J자형이 아니라 S자형이라고 했어요. 그런데 캘리니코스는 성장기에 고정자본의 이론궤도가 수평선이라고 주장하는 셈이에요.

따라서 영구군비경제는 진정한 반작용요인이 아닙니다. 하먼도 인정하는 것처럼, 사실 군비라는 사치품은 이윤율을 상승시키는 것이 아니라 일정한 수준에서 유지할 따름이거든요. 그러나 이미 설명한 것처럼, 1910-60년대에 이윤율이 장기적으로 상승한다는 것은 누구나 인정하는 경험적 사실이에요. 따라서 이윤율의 이런 상승은 고정자본을 낭비하는 군비가 아니라 고정자본을 절약하는 기술진보로 설명할 수밖에 없다는 것이지요.

그로스만의 제국주의론을 계승하여 고전적 제국주의, 냉전적 제국주의, 탈냉전적 제국주의라는 세 단계의 제국주의론을 재구성할 수 있다는 캘리니코스의 주장은 논거가 빈약하다고 할 수밖에 없습니다. 오히려 뒤메닐이나 아리기처럼 그로스만의 제국주의론을 법인자본주의론으로 발전시키는 것이 훨씬 더 합리적이라는 것이 제 생각이에요. 캘리니코스가 무시하는 뒤메닐의 기술진보론이나 아리기의 금융화론이 핵심이거든요.

이데올로기정세

이제까지 뒤메닐과 아리기를 비롯한 다양한 마르크스주의자들의 분석과 대안에 대해 설명했는데, 이제부터 이데올로기정세에 대한 설명을 간단하게 보충하겠습니다. 「2007-08년 금융위기의 분석과 전망」에서 우려한 것처럼, '투쟁하는 두 계급의 공멸', 나아가 '신중세적 무질서'라는 시나리오가 현실화될 가능성이 점차 커지는 것이 아닌가라는 것이 제 생각이에요.

먼저 이탈리아에서는 경제정세와 이데올로기정세의 과소결정이 심화되고 있습니다. 벤돌라와 조르다노를 중심으로 하는 베르티노티 그룹은 올해 1월에 공산주의재건당(PRC)에서 탈당하지요. 「현정세와 사회운동노조」의 서론에서 설명한 것처럼, 작년 7월에 개최된 7차 당대회에서 신좌파 성향의 베르티노티 그룹은 구좌파 성향의 에르네스토 그룹과 연합한 페레로의 프롤레타리아민주주의 그룹에게 패배해요. 당내에서의 투쟁 대신 탈당을 결행한 것은 무지개좌파연합 또는 다원좌파연합을 계승하는 좌파를위한운동(MpS)을 결성하기 위한 것이지요.

베르티노티 자신은 벤돌라와 조르다노의 입장을 지지하면서도 막상 탈당하지는 않습니다. 「현정세와 사회운동노조」에서 설명한 것처럼, 잉그라오의 선례를 참조한 것 같아요. 잉그라오는 탈당하지 않은 상태에서 베르티노티가 잉그라오 그룹을 이끌고 공산주의재건당에 입당하거든요. 어쨌든 베르티노티 그룹이 모두 탈당한 것은 아닌데, 적절한 기회에 탈당파와 잔류파가 결합하여 베르티노티 그룹이 재건될 수 있을지 어떨지는 잘 모르겠어요.

어쨌든 좌파를위한운동은 6월의 유럽의회(EP) 선거에서 의석을 모두 상실합니다. 공산주의재건당도 물론 마찬가지예요. 그래서 공산주의재건당이 결국 이렇게 쇠퇴하고 마는 것이 아닌가라는 의문이 제기되는 것이지요. 만일 그렇다고 한다면, 사회운동노조와 함께 대안세계화운동의 주체라고 할 수 있는 사회운동정당은 결정적으로 약화될 수밖에 없겠지요. 아무튼 아주 심각한 상황이에요.

노조도 상황이 좋을 턱이 없습니다. 1993년에 체결된 노사정 합의를 개악하려는 시도가 최근에 더욱 적극화되고 있거든요. 「현정세와 사회운동노조」에서 설명한 것처럼, 트렌틴의 평의회노조를 상징하는 연동제를 소득정책으로 대체하고 나아가 기존의 집권적 교섭을 분권적 교섭과 결합하는 1993년의 노사정 합의는 노조의 쇠퇴를 의미하지요. 그래서 1994년에 베르티노티를 비롯한 잉그라오좌파가 공산주의재건당에 합류하게 된 것이에요.

그런데 작년과 올해에 들어와 분권적 교섭을 강화하고 집권적 교섭을 약화하려는 적극적 시도가 출현합니다. 집권적 교섭은 총연맹과 산업별연맹의 중앙교섭을 의미하고, 분권적 교섭은 대기업노조의 기업별 교섭과 중소기업노조의 지역별 교섭을 의미하므로, 결국 총연맹과 산업별연맹을 약화시키려는 시도인 셈이지요. 달리 말해서 총연맹과 산업별연맹을 강화함으로써 기존의 노조를 사회운동노조로 변모시키려는 전망이 쇠퇴한다는 것이에요.

한편 올해 2월에 창당된 프랑스의 '새로운반자본주의정당'(NPA)은 정통적 트로츠키주의 그룹 제4 인터내셔널의 기함조직인 혁명적공산주의자동맹(LCR)의 확대판입니다. 「현정세와 사회운동노조」 서론에서 설명한 것처럼, 공산주의재건당의 분당은 제4 인터내셔널의 그런 방향 전환과 무관한 것이 아니지요. 제4 인터내셔널의 마이탄 그룹과의 결별로 인해 베르티노티 그룹이 결국 당권을 상실하게 되거든요.

혁명적공산주의자동맹이 주도하는 새로운반자본주의정당의 목적은 프랑스공산당을 대체하고 사회당과 경쟁하는 새로운 전위정당의 건설에 있습니다. 당대표인 브장스노의 대중적 인기가 상당하다고 하는데, 그러나 과연 정치세력화에 성공할 수 있을지는 아직 미지수라고 할 수밖에 없어요. 새로운반자본주의정당도 이번 유럽의회 선거에서 완패하고 말거든요.

반면 이단적 트로츠키주의 그룹인 국제사회주의의 상황은 위기라고 할 수밖에 없습니다. 그 기함조직인 영국의 사회주의노동자당(SWP)에서 내분이 전개되거든요. 처음에는 하먼과 몰리뉴가 캘리니코스와 리즈의 집단지도에 대해 이견을 제기했는데, 최근에는 캘리니코스와 리즈 사이에서도 분파 투쟁이 발생하여 리즈가 지도부에서 배제되거든요. 캘리니코스가 그런 위기를 어떻게 해결할 수 있을지는 두고 볼 일이에요.

하여튼 프랑스에서도 그렇고 영국에서도 그렇고, 전위정당을 건설하려는 전망도 그렇게 밝은 것만은 아니라고 할 수 있습니다. 사회운동정당이나 사회운동노조가 쇠퇴하는 상황에서 전위정당이 오히려 대안이라고 주장하는 것은 교조주의적이고 종파주의적인 입장일 따름이라는 것이 제 생각이에요. 제4 인터내셔널이나 국제사회주의를 준거로 하는 노동자의힘이나 다함께의 활동가들이 주목해야 할 대목이지요.

마지막으로 사회운동과 관련하여 아탁(ATTAC)에 대해서도 간단하게 언급해보겠습니다. 아글리에타와 관련하여 이미 설명한 것처럼, 이번 금융위기에 대한 아탁의 이론은 과소소비설이고 그 대안은 임금인상과 소득재분배라고 할 수 있어요. 아탁의 대표적 지식인들은 대체로 새로운반자본주의정당과 친화성을 갖는다고 하는데, 어떻게 그렇게 주장할 수 있는지 알다가도 모를 일이에요. 더욱 황당한 것은 아탁 일각에서 기후온난화를 완화하기 위해서는 이번 금융위기와 경기침체를 계기로 해서 아예 '탈경제성장'으로 이행할 필요가 있다는 주장도 제기된다는 사실이지요.

남한의 경우

마지막으로 남한의 정세에 대해서도 간단하게 설명해보겠습니다. 금융위기에 대한 마르크스주의적 분석은 별로 없는 것 같아요. 그렇다고 해서 무슨 대단한 부르주아적 분석이 있는 것도 아니지만요. 하여튼 이번 금융위기에 대해 마르크스주의적 입장에서든 부르주아적 입장에서든 제대로 된 논쟁은 거의 없는 것이 아닌가라는 것이 제 생각이에요. 그러다 보니까 이데올로기정세가 지극히 혼란스러울 수밖에 없겠지요.

먼저 상반기 이데올로기정세에서 주목해야 할 것은 노무현 전대통령의 자살로 촉발된 5월 말의 '조문정국'입니다. 이 때부터 진보주의자들이 2012년 재집권 시나리오를 적극적으로 모색하게 되거든요. 물론 당면목표는 올해 10월의 재·보선과 내년 6월의 지방선거에서 승리하는 것이겠지요. 그러나 뜻대로 하기 쉽지만은 않은 것이 올해는 몰라도 내년에는 대통령 중임제와 이원집정부제를 둘러싼 개헌론이 제기될 가능성이 아주 크거든요.

어쨌든 진보주의자들은 김대중-노무현 정부의 신자유주의적 정책개혁에 대한 기왕의 비판에 대해 반비판하면서 이명박 정부를 독재, 심지어 파시즘으로 규정하고 있습니다. 그런데 그런 것이야말로 전형적인 인민주의적 데마고기라고 할 수 있지요. 2007년 대선과 2008년 총선에서 압도적 지지를 받은 정부가 독재이고 파시즘이라면, 대표제 자체가 무의미하기 때문이에요.

이명박 정부는 독재나 파시즘이 아니라 무능한 정부일 따름입니다. 이명박 정부가 독재나 파시즘이라고 주장하는 진보주의자들은 1970년대의 박정희 정부나 1980년대의 전두환 정부는 과연 어떻게 생각하는지 질문하고 싶어요. 군사독재나 군사파시즘과 민간독재나 민간파시즘을 구별하기만 하면 된다는 편리한 답변을 준비하고 있을까요. 이명박 정부는 그냥 무능한 정부일 따름이고, 그런 정부를 자신의 대표로 선출한 것은 남한 인민이에요.

여기서 제기되어야 할 것은 과연 남한에서도 대표제를 통한 신자유주의가 실행가능한가라는 질문입니다. 반주변부에서 대표제를 통해 신자유주의를 실현하고 있는 것은 브라질의 룰라 정부, 하나만 더 추가하면 남아프리카공화국의 만델라 정부밖에 없는 것 같아요. 그러나 남한은 그럴 수 없지요. 그래서 김대중 정부나 노무현 정부가 신자유주의의 실행가능성을 확보하기 위해 인민주의를 동원하여 대표제를 상대화할 밖에 없었던 것이에요.

남한의 신자유주의는 브라질의 신자유주의와 비교할 필요가 있는 것이 아니라 아르헨티나의 신자유주의와 비교할 필요가 있습니다. 『인민주의 비판』(공감, 2005)에서 설명한 것처럼, 김대중 정부는 메넴 정부와 유사하고, 노무현 정부는 키르치네르 정부와 유사하거든요. 인민주의적 정부를 거치면서 경제가 껍데기만 남은 것은 아르헨티나나 남한이나 마찬가지이지요.

게다가 아르헨티나나 남한에서는 부르주아지가 초민족화되는 특수한 메커니즘이 작용하고 있습니다. 그것이 바로 경제적 도피, 즉 자본도피와 두뇌도피이지요. 농반진반이지만, 김흥국 씨 같이 한물간 연예인도 하와이에 100만달러가 넘는 호화저택을 갖고 있고 자식들을 미국으로 유학 보내는 상황이거든요. 그러면서 '기러기 아빠'입네 어쩌네 하고 떠드는 것을 보면 아니꼽기 그지없어요.

또 아르헨티나나 남한에서는 초민족화된 부르주아지의 정치적 사보타주도 출현하고 있습니다. 달리 말해서 진보주의자가 집권하든 보수주의자가 집권하든 신자유주의만 잘 실행한다면, 부르주아지에게는 별로 상관이 없다는 것이에요. 그런 정치적 사보타주로 인해 10년만에 재집권한 한나라당에 대해서도 특별한 애착 같은 것은 없는 것 같아요. 노무현 정부가 추진하던 이중국적이 마침내 허용된다고 하던데, 그렇게 된다면 정말 가관이겠지요.

그러나 안타까운 일은 진보주의자들의 준동에 민주노동당이 부화뇌동하고 있다는 사실입니다. 그러다 보니까 김대중 정부와 노무현 정부의 신자유주의나 인민주의에 대한 비판은 약화될 수밖에 없고 '반MB 연대' 같은 몰개념적 구호만 난무하는 실정이지요. 중장기 계획으로 제시한 2017년 집권 시나리오라는 것도 1980년대 이래 전가의 보도로 사용해온 '자주적 민주정부'(자민정)의 반복일 따름이라는 것이 제 생각이에요.

진보신당은 더 한심합니다. 민주노동당은 좌파의 기본은 지키려고 노력하는 반면 진보신당은 그것도 헷갈리는 것 같거든요. 작년 촛불집회의 후유증으로 인해 진보신당은 무정형화되었다고 할 수 있지요. 이번에 노회찬 대표가 '반MB 연대'에 대한 대안으로 제시한 '민(民)들레 연대'도 그런 상황을 타개하는 데 역부족일 것 같아요. 작년 총선에서 제시한 민생정치를 재탕하는 말장난일 따름이거든요. 그저 안타까울 따름이에요.

진보신당이 특히 그렇지만, 좌파 전체가 진보주의자들처럼 인민주의화되었는데, 「현정세와 사회운동노조」에서 설명한 것처럼, 촛불집회가 결정적 계기였습니다. 그러다 보니까 민주노총도 계속 표류할 수밖에 없는 것이지요. 그래서 마치 뒤메닐처럼 진보주의자들의 재집권을 위한 '반MB 연대'밖에 대안이 없다고 생각하는 것 같아요. 그래서는 절대로 안 된다는 것이 제 생각이에요.

경제정세와 관련하여 민주노총이 주목해야 할 몇 가지 쟁점에 대해 간단하게 설명해보겠습니다. 먼저 7대 은행 중 국유화된 우리은행만 제외하고 모두, 또 4대 자동차회사 중 현대자동차만 제외하고 모두 외국계라고 할 수 있는데, 그것은 물론 김대중-노무현 정부가 10년간 집권한 결과물이지요. 이번 금융위기에서 제기된 가장 중요한 쟁점은 외국계 은행과 자동차회사에 대한 구제금융이라고 할 수 있어요. 그러나 구제금융과 관련하여 민주노총이 제기한 대안은 정리해고 반대라는 조건밖에 없는데, 그것은 오류라고 할 수밖에 없지요.

물론 정리해고에 찬성해야 한다는 것은 아니고, 정리해고 반대라는 조건만으로 금융위기에 대한 대안을 모색할 수는 없다는 것입니다. 아까 임금인상이나 소득재분배가 정치적으로 올바를지 몰라도 경제학적으로는 오류라고 했는데, 정리해고 반대도 마찬가지라는 것이에요. 너무나도 당연한 말이지만, 정리해고 반대로 이번 금융위기를 해결할 수 있는 것은 아니거든요.

그래서 전반부에서 구제금융과 관련된 논쟁을 자세하게 설명한 것입니다. 미국의 사례가 그런 것처럼, 구제금융의 조건으로 추가해야 할 것이 아주 많거든요. 한 가지 조건은 지배구조의 변화, 즉 소유자 청산과 관리자 교체이고, 또 다른 조건은 정리해고와는 다른 의미에서의 구조조정, 예를 들어 은행의 경우에는 겸업화 해체, 자동차회사의 경우에는 국제하청 탈피 같은 조건이에요. 만일 이런 조건을 제기하지 못하고 정리해고 반대라는 조건만 제기한다면, 악순환만 반복되겠지요.

구제금융을 위해 남한에서도 미국처럼 재건금융공사와 정리신탁공사가 신설되었다는 사실에 주목해야 합니다. 진보주의자들이 인민주의적 쟁점으로 제기하는 재정정책, 즉 '4대강 살리기'를 비롯한 남한판 재건재투자계획이 별로 큰 의미가 없는 것은 미국과 마찬가지이지요. 미국처럼 남한에서도 재정정책으로 이번 금융위기를 해결할 수 있는 것은 아니거든요.

작년 12월에 신설된 20조원 규모의 은행자본확충펀드와 올해 3월에 신설된 10-20조원 규모의 금융안정기금이 바로 재건금융공사입니다. 달리 말해서 은행을 비롯한 금융기관이 파산할 위험이 발생하면, 구제금융을 통해 증자에 참여한다는 것이지요. 반면 정리신탁공사는 올해 2월에 신설된 40조원 규모의 구조조정기금이에요. 그 대상은 금융기관의 부실자산뿐만 아니라 기업의 부실자산도 포함하고 있어요.

그런데 문제는 70-80조원에 달하는 구제금융기금이 한국은행이나 기획재정부, 나아가 국회의 통제를 받는 것이 아니라는 사실에 있습니다. 그것은 금융감독원도 아니고, 금융위원회의 소관사항이거든요. 그러나 금융감독원까지는 몰라도 금융위원회는 일반 시민에게 아주 생소하지요. 제가 늘 강조하는 것처럼, 재무부로부터 중앙은행의 독립을 둘러싼 논쟁에 주목할 필요가 있는 것이 바로 이 대목이에요.

한국은행을 독립시킨 것은 김대중 정부인데, 그러나 동시에 한국은행을 무력화시킵니다. 중앙은행의 권력은 두 가지인데, 하나는 발권력이고 또 하나는 은행감독권이에요. 그런데 독립된 한국은행은 은행감독권이 없어요. 은행감독원이 분리되어 금융감독원이 되거든요. 게다가 금융위원회라는 옥상옥도 신설하는데, 그러나 금융위원회는 한국은행이나 금융감독원과 달리 실행능력이 없는 위원회일 따름이에요.

따라서 70-80조원에 달하는 구제금융기금이 금융위원회의 소관사항이라는 것은 그것의 관리를 포기한다는 의미라고 할 수밖에 없습니다. 달리 말해서 외국계 은행이나 자동차회사의 파산을 예방하기 위해 지배구조나 구조조정에 대한 아무런 조건 없이 구제금융이 제공될 가능성이 높다는 것이에요. 따라서 민주노총이 정리해고 반대라는 조건에만 집착하는 것은 오류라고 할 수밖에 없어요.

쌍용자동차가 대표적 사례입니다. 구제금융의 조건으로 정리해고 반대, 나아가 그 규모와 방법을 둘러싼 아주 지루한 투쟁이 전개되었을 따름이거든요. 상하이자동차가 이미 경영권 포기를 선언한 상태에서는 결국 정부와 채권자인 산업은행이 구제금융을 제공하겠지요. 그러나 구제금융을 통해 회생한 쌍용자동차가 독자적으로 생존할 가능성은 별로 없을 것이므로 외국인에 의한 인수·합병이라는 악순환이 반복될 수밖에 없겠지요.

그런데 상하이자동차가 쌍용자동차의 경영권을 포기한 것을 '먹튀', 즉 먹고 튀는 것으로 비판하는 것은 문제가 있습니다. 인수·합병의 목적 중 하나는 기술이전에 있다는 것이 부르주아 경제학의 주장이거든요. 마찬가지로 제너럴모터스가 지엠대우의 자금을 활용한 것도 문제는 아닌데, 그것도 인수·합병의 또 다른 목적이에요.

따라서 외국인의 인수·합병을 허용한 것 자체에 대해 비판을 제기해야 한다는 것이 제 생각이에요.

민주노총의 가장 큰 문제는 신자유주의에 대한 투쟁을 거시경제적 차원이 아니라 미시경제적 차원에서 인식한다는 데 있습니다. 그래서 금융화에 대한 투쟁은 무시하고 정리해고에 대한 투쟁에 몰두하는 것이지요. 한-미자유무역협정도 그렇지만 그것을 보완하는 자본시장통합법도 노무현 정부의 업적인데, 그러나 별다른 비판이 제기된 적은 없어요. 그 결과 은행의 겸업화는 순조롭게 진행되어 심지어 농협조차 겸업화되고 있는 실정이지요.

그렇다고 해서 정리해고 반대 투쟁이 성공한 것도 아닙니다. 「현정세와 사회운동노조」에서 설명한 것처럼, 1997-98년 경제위기 이후 '제도를 통한 대장정'이라는 구실 아래 노사정위원회를 들락날락거리면서 노동의 신축화에 하나하나 합의해주거든요. 처음에는 정리해고제와 파견근로제, 나중에는 변형근로제에 합의해주면서 결국 노동을 신축화하는 이른바 '3제'가 완성되지요. 정리해고에 대한 투쟁조차 실패한 것은 물론 '노동시간단축을 통한 일자리나누기'라는 선험적 가설 때문이에요.

이명박 정부가 비정규직법 시행의 유예를 시도하면서 노무현 정부가 제정한 비정규직법이 과연 비정규직 보호법인가 아니면 양산법인가라는 불모의 논쟁이 또다시 제기되고 있습니다. 그러나 「현정세와 사회운동노조」에서 설명한 것처럼, 비정규직은 정리해고처럼 실업의 하나의 형태이지요. 정리해고 문제처럼 비정규직 문제도 '제도를 통한 대장정'으로는 해결할 수 없는데, 잘못하다가는 정규직과 비정규직의 노노갈등만 악화될 따름이거든요.

그러다 보니까 아주 기발한 정책이 제안되기도 합니다. 총고용보장을 위해 재벌의 축적기금, 부르주아적으로 말해서 잉여금을 고용안정기금으로 활용하자는 것이에요. 그런데 다만 한 가지 문제는 실행가능성이 없다는 것이지요. 삼성전자나 현대자동차에 대한 외국인의 지분이 엄청난 데다가 외국인의 이익을 대변하는 소액주주운동도 아주 활발하거든요. 잉여금을 고용안정기금으로 전환하여 총고용을 보장할 수 있다는 구상이야말로 탁상공론의 전형이에요.

『마르크스의 '자본'』에서 설명한 것처럼, 금융화는 금융만이 아니라 실물경제와도 관련되는 문제입니다. 그래서 외국인의 증권투자뿐만 아니라 직접투자에도 주목해야 하는 것이지요. 예전에는 공장 신설을 직접투자라고 불렀지만, 요즘에는 10% 이상의 지분을 획득하는 증권투자를 직접투자라고 부르거든요. 심지어 경영권을 목적으로 하는 인수·합병도 금융화와 관련되는 것이에요.

지배구조의 문제를 무시한다고 해도 산업구조의 문제가 여전히 존재합니다. 삼성전자는 물론이고 현대자동차도 국내시장이 아니라 세계시장, 그것도 미국시장에 의존하고 있거든요. 게다가 쌍용자동차나 지엠대우는 독자적으로 생존할 수 없는 국제하청공장에 불과하고요. 아까 뒤메닐의 대안에 대해 라틴 아메리카처럼 수입대체산업화나 남남간 지역통합의 실행가능성이 희박하다고 비판한 것은 이 때문이지요.

총고용보장을 임금인상이나 소득재분배와 결합할 수도 있을 것입니다. 물론 이미 설명한 것처럼, 임금인상이나 소득재분배는 정치적으로 올바를지 몰라도 경제학적으로는 오류이지요. 그러나 올해 초에 민주노총이 제안한 기본소득보장은 이런 비판을 무색하게 만들 정도로 너무나도 황당할 따름이에요. 『마르크스의 '자본'』에서 설명한 것처럼, 기본소득은 노동과 무관한 소득이므로 결국 노조이기를 포기하겠다는 의미이거든요.

그렇다면 당신의 대안은 무엇인가라는 질문이 제기될 수도 있겠습니다. 저라고 뭐 뾰족한 수가 있다는 것은 물론 아니에요. 게다가 저는 활동가가 아니라 연구자일 따름이거든요. 제 수준에서 제기할 수 있는 대안은 평의회노조 또는 사회운동노조이고, 제 주장은 민주노총이 이런 방향으로 변모해야 한다는 것이지요.

평의회노조나 사회운동노조가 본고장인 이탈리아에서도 이미 쇠퇴했다는 사실은 별로 큰 문제가 아닙니다. 『마르크스의 '자본'』이나 「현정세와 사회운동노조」에서 설명한 것처럼, 평의회노조나 사회운동노조는 마르크스의 『자본』과 『공산주의자 선언』에서 도출되는 노동자계급의 원칙적 조직형태이거든요. 달리 말해서 이탈리아의 역사적 경험을 일반화한 것은 아니에요.

임금 문제가 되든 고용 문제가 되든 노조의 목적은 연대, 쉽게 말해서 단결과 투쟁이라는 것이 평의회노조나 사회운동노조의 핵심입니다. 노조의 목적은 경제투쟁의 직접적 성과에 있는 것이 아니라는 말이에요. 그러니까 임금투쟁은 임금인상률 같은 직접적 성과에 있는 것이 아니라 노동자간 경쟁을 지양하고 연대를 쟁취하는 데 있다는 것이지요. 정리해고나 비정규직에 대한 투쟁, 총고용보장을 위한 투쟁도 마찬가지이지요. 이것이 바로 평의회노조나 사회운동노조가 주장하는 연대임금이나 연대고용이에요.

모든 계급투쟁은 경제투쟁을 토대로 하는 것입니다. 물론 경제투쟁을 통해 노동자의 개인적 생활이 직접적으로 향상되기 때문이기도 하지만, 그러나 더 중요한 이유는 집단적 투쟁을 통해 개인적 이익을 실현할 수 있다는 노동자의 의식 향상에 있는 것이지요. 그래서 민주노총과 금속노조의 중앙교섭권을 강화하여 연대임금과 연대고용을 위해 투쟁하는 것이 평의회노조나 사회운동노조로 변모하는 지름길이라고 주장하는 것이에요.

마지막으로 남북 문제에 대해서도 간단하게 설명해보겠습니다. 며칠 전에 노환으로 사망한 햇볕정책의 전도사 김대중 전대통령에 대해 저는 늘 애증이 교차해왔어요. 제가 단 한번 투표한 적이 있었는데, 그것이 바로 1987년 대선이었지요. 당시 민중후보론 내부에서도 세 가지 입장이 있었는데, 유세과정에서는 민중후보의 정당성을 선전·선동하다가 각자의 판단에 따라 투표하기로 했거든요. 그래서 대부분 비판적 지지나 후보단일화, 즉 김대중 후보 지지나 김영삼 후보 지지를 선택했고, 극히 일부가 기권을 선택했지요. 예를 들어 민중후보 백기완 선생 자신은 김영삼 후보를 지지했지만, 저는 김대중 후보를 지지했어요.

1970-80년대에 남한 인민이 김대중 전대통령에게 희망을 걸었다는 것은 역사적 사실입니다. 박현채 선생이 늘 강조하시던 것처럼, 김대중 전대통령이 개인적으로 어떤 인물인가는 별로 상관없는 일이에요. 지난 대선에서 사회당의 루아얄 후보를 지지하면서 발리바르도 비슷한 지적을 한 적이 있지요. 인민이 자신의 희망을 투사하는 그런 사람은 자신의 기질과 무관하게 역사적 역할을 할 수 있거든요. 적어도 1980년대까지 김대중 전대통령이 그런 역할을 했다는 것은 누구도 부정할 수 없어요.

그러나 1990년대 이후 김대중 전대통령의 행적에 대해서는 전혀 달리 평가해야 합니다. 신자유주의로의 전향의 역사이고 남한 인민에 대한 배신의 역사이거든요. 심지어 광주항쟁까지도 자신의 정치적 이익을 위해 이용하는 몰염치한 정치인으로 변신한 것이지요. 박현채 선생이 뇌졸중으로 그렇게 일찍 돌아가신 데는 소련사회주의의 붕괴와 함께 김대중 전대통령에 대한 실망도 작용했다는 것이 제 생각이에요.

이 점에서 김대중 전대통령과 노무현 전대통령은 전혀 다른 사례입니다. 저는 노무현 전대통령이 어떤 역사적 역할을 했다는 것인지 알다가도 모르겠어요. 노무현 전대통령은 자신이 고백한 대로 초지일관 '좌파 신자유주의자'일 따름인데, 여기서 좌파는 물론 인민주의자로 해석해야 하겠지요. 그런데 노무현 전대통령과 비교할 때 김대중 전대통령의 추도 인파는 너무나도 초라할 정도입니다. 과연 어떤 희망을 투사했기에 그 많은 사람이 노무현 전대통령을 추도했는지 궁금할 따름이에요.

어쨌든 김대중 전대통령이 유일한 업적으로 자랑할 만한 것이 햇볕정책이니까, 오늘 영결식을 맞아 추도사를 겸해서 간단하게 평가해보겠습니다. 햇볕정책은 본질적으로 미국의 정책이에요. 1995년 봄에 입안된 국무부의 대중국 교류정책(engagement policy)을 1997년 봄에 외교관계협의회(CFR)가 한반도에 적용한 것을 남한에서는 햇볕정책이나 포용정책이라고 부르거든요. 그런데 이번에 『한겨레신문』에 실린 추도기사를 보니까 김대중 전대통령이 1994년에 이미 '태양정책'이라는 표현을 사용한 적이 있더군요. 햇볕정책이 교류정책을 표절한 것만은 아니라는 것이지요.

그런데 제가 늘 강조하는 것처럼, 포용정책이 모순적이라는 데 문제가 있습니다. 포용정책은 본질적으로 통일정책이 아니라 평화공존정책이에요. 그러나 평화공존을 위해서는 미군 철수라는 조건이 충족되어야 하지요. 김대중 전대통령은 2000년 남-북한 정상회담을 회고할 때마다 자신이 어떻게 김정일 위원장에게 미군 주둔의 필요성을 설득했는지 자랑하는 버릇이 있어요. 그러나 그것이 어떻게 자랑거리일 수 있는지 저로서는 알다가도 모르겠어요. 미군 주둔이야말로 평화공존을 지향하는 포용정책의 모순이고, 그 결과가 바로 북한의 핵무장이거든요.

[11월에 일본에서 공개된 2002년 9월과 2004년 5월 두 차례의 북-일 정상회담의 녹취록에 따르면, 김정일 위원장은 고이즈미 당시 총리에게 한반도의 군사정세를 이라크의 군사정세와 비교하면서 '생존권을 지키기 위해서는' 핵을 포기할 수 없다고 발언했다고 한다. 2002년 9월에 발표된 이른바 '부시 독트린'에서 전쟁억지론을 폐기하고 예방전쟁론을 채택한 부시 정부는 2003년 3월에 2차 이라크전쟁을 감행한다.]

아무튼 전반부에서 설명한 것처럼, 미국은 남한을 쉽게 포기하지 않을 것입니다. 남한 자체가 아니라 일본을 보호하기 위해서이지요. 남한을 포기하면 일본이 위험해지고, 결국 하와이나 본토까지 후퇴할 수밖에 없게 될 수도 있거든요. 남한을 포기하느니 한반도 전체를 잿더미로 만들어버릴 수도 있겠지요. 그래서 한반도의 군사정세가 아주 엄중하다는 것이에요. 이 대목에서는 주일 미군의 동향에도 주목할 필요가 있는데, 오키나와가 아니라 도쿄로 그 중심이 이동하고 있는 중이거든요.

[11월에 오바마 정부는 2012년으로 예정된 전시작전통제권 반환과 한-미연합사령부 해체에 대비하여 2010년에 한국사령부를 신설

할 예정이라고 발표한다. 한국사령부는 미군의 일곱 번째 지역전투사령부인데, 하와이 이전이 취소되어 평택에 주둔할 8군과 오산·군산의 8공군의 작전은 물론이고, 전시에는 일본 요코스카에 주둔하는 7함대의 작전도 통제한다. 따라서 한국사령부가 위치할 평택은 미군의 동북아허브기지로 기능하는데, 그 결과 부시 정부의 해외주둔미군재배치계획(GPR)이 얼마간 수정되는 것 같다.]

어쨌든 미-중 전략및경제대화와 관련하여 설명한 놀랜드의 입장을 한두 가지 보충하면서 오늘 강의를 마무리하겠습니다. 8월 초에 새로운 상황이 출현하는데, 클린턴 전대통령이 3월부터 북한에 억류 중이던 두 기자의 석방을 위해 방북한 것이지요. 포용정책의 모순을 전혀 인식하지 못하는 남한의 진보주의자들은 그런 상황에서 북한 핵문제를 해결할 수 있는 북-미 양자회담이라는 전망을 도출하고 있어요. 이번에 김대중 전대통령의 조문을 계기로 김정일 위원장이 '특사조의방문단'까지 파견했으니까 그런 전망이 점차 확산될 수도 있겠지요.

그러나 진보주의자들처럼 클린턴의 이번 방북을 카터의 1994년 방북과 유비하는 것은 아전인수일 따름이라는 것이 제 생각입니다. 카터의 방북은 포용정책 이전의 일이고, 그의 방북이 포용정책의 출현에 기여하기도 한 것은 사실이지요. 반면 현재의 군사정세는 포용정책의 모순에 기인하는 것인데, 클린턴의 방북이 그런 모순을 해결하기에는 역부족이거든요. 게다가 포용정책을 입안한 것이 바로 클린턴 정부이거든요.

전반부에서 설명한 것처럼, 북한 핵문제를 해결하는 데 중국의 중재 역할이 점차 중요해지고 있다는 사실에도 주목해야 할 것입니다. 그런데 놀랜드에 따르면, 북한에 대한 중국의 입장은 분열되어 있다고 해요. 대체로 기성 세대는 아직까지도 북한을 혈맹으로 생각하는 반면 일부 신세대는 심지어 가상적국으로 생각한다는 것이지요. 그래서 앞으로는 미-중 전략및경제대화에 대해서도 상당한 주의를 기울일 필요가 있다는 것이 제 생각이에요.

[부시 정부의 일방주의에서 클린턴 정부의 다자주의로 복귀한 오바마 정부는 7월에 러시아와 전략무기감축협정(START)의 후속 협정을 위한 핵탄두 감축에 합의하고 9월에 동유럽 미사일방어(MD) 계획을 폐기함으로써 이란 핵문제를 해결하기 위한 러시아의 중재 역할을 유도한다. 북한 핵문제를 해결하기 위한 다자회담이 6자회담인 것처럼, 이란 핵문제를 해결하기 위한 다자회담은 유엔 안전보장이사회 상임이사국(P5)과 독일을 포함하는 이른바 'P5+1'이다.

[또 오바마 대통령은 9월에 유엔 안전보장이사회 특별정상회의에서 핵확산금지조약(NPT) 강화를 위한 결의안의 채택을 주도한다. 그가 10월에 노벨평화상 수상자로 결정된 것은 '핵무기 없는 세상을 위한 비전과 노력' 덕분이다. 이런 맥락에서 오바마 정부가 부시 정부보다 훨씬 더 엄격한 비핵화 기준, 즉 2006년 1차 핵실험 이후 개최된 2007년 6자회담에서 도출된 비핵화 기준을 초과하는 '복원 불가능하고 검증가능한 비핵화' 기준을 요구한다는 사실을 결코 무시해서는 안 된다.]

포용정책의 모순을 해결하기 위해서는 남한의 평화운동이 다시 활성화되어 미군 철수를 비롯하여 남한의 일방적 군축을 요구하는 수밖에 없다는 것이 제 생각입니다. 물론 민족주의자들이 주장하는 것처럼 북한의 핵보유를 기정사실화할 수는 없어요. 그렇지만 한반도의 군사정세를 돌파하는 열쇠를 쥐고 있는 것이 남한의 평화운동이라는 사실에는 역시 변함이 없지요.

질의와 응답

마르크스주의적 분석·대안과 관련된 쟁점들

— 뒤메닐을 비판하면서 신경제의 본질은 산업혁명이 아니라 교통·통신혁명이라고 하신 이유를 설명해주세요.

— 산업혁명과 교통·통신혁명을 구별해야 한다는 것은 저의 지론입니다. 이렇게 양자를 구별하는 것은 신경제와 그것을 추동한 정보기술의 성격을 둘러싼 논쟁에 개입하기 위해서이지요. 신경제의 한계를 둘러싼 논쟁은 1990년대 후반부터 부르주아 경제학에서 활발하게 전개되는데, 대표적 논자가 바로 노스웨스턴대학의 고든이에요. 고든의 주장을 마르크스주의적으로 해석한다면, 신경제는 본질적으로 산업혁명이 아니라 교통·통신혁명이라고 할 수 있지요. 『마르크스의 '자본'』에서 설명한 것처럼, 산업혁명과 교통·통신혁명은 본래 마르크스주의적 개념이거든요.

나아가 『일반화된 마르크스주의 개론』에서 설명한 것처럼, 정보기술이 추동한 신경제의 핵심은 금융화라고 할 수 있습니다. 물론 신경제에도 실물경제와 관련되는 측면이 존재하는데, 가장 중요한 것은 세계무역기구(WTO)가 상징하는 세계시장의 확대이지요. 그런 과정에서 초민족기업이 변모하여 제너럴모터스처럼 수직통합을 해체하고 국제하청에 참여하는 것이에요. 그러나 신경제의 핵심은 역시 금융화라고 할 수 있어요. 초민족기업 자체가 금융화되는데, 제너럴일렉트릭은 셰네처럼 말해서 '산업을 지배적 요소로 갖는 금융그룹'이거든요. 그래서 셰네가 신경제를 '금융을 지배적 요소로 갖는 축적'으로 특징짓는 것이에요.

그런데 산업혁명은 교통·통신혁명과 전혀 다른 것입니다. 19세기 영국의 산업혁명은 면직물이라는 선도산업에서 출발하지요. 별것 아닌 것 같지만, 런닝이나 팬티를 안 입는 사람이 거의 없다는 사실을 한번 생각해보세요. 최초의 대량생산·대량소비가 왜 면직물산업에서 발생하는지 금방 알 수 있지요. 한 마디로 말해서 산업혁명은 금융적 축적은 물론 아니고, 단지 기존의 상품을 판매하기 위한 세계시장의 확대도 아니라는 것이에요.

게다가 20세기 미국에서는 전혀 다른 차원의 산업혁명이 발생합니다. 면직물 같은 소모재가 아니라 자동차 같은 내구재가 새로운 선도산업이 되거든요. 자동차산업으로 인해 경제구조가 근원적으로 변화하는 것을 경제학에서는 전후방연쇄효과라고 부르지요. 자동차는 수많은 부품을 조립하여 완성되는 것이고, 그래서 부품을 생산할 수 있는 공작기계산업을 비롯해서 다양한 산업이 발전한다는 것이 후방연쇄효과예요. 반면 전방연쇄효과는 자동차로 인해 새로운 소비활동이 출현한다는 의미이지요.

신경제를 상징하는 정보산업이 새로운 선도산업이 아니라는 고든의 주장이 타당한 것은 결국 자동차산업 같은 전후방연쇄효과가 없기 때문입니다. 신경제를 추동하는 정보기술이 금융의 혁신은 몰라도 실물경제의 진정한 기술혁신에는 별로 기여한 바가 없다는 포젠이나 존슨의 주장도 비슷한 맥락에서 이해할 수 있지요.

— '금융을 지배적 요소로 갖는 축적'과 '금융이 주도하는 축적체제'는 같은 개념인가요?

— '금융이 주도하는 축적체제'는 아글리에타의 포스트조절이론적 개념입니다. 조절이론의 핵심 개념은 본래 축적체제와 조절양식인데, 1950-60년대 자본주의의 황금기를 특징짓는 것이 포드주의적 축적체제와 케인즈주의적 조절양식이라고 주장하기 때문이지요. 본질적으로 과소소비론이라고 할 수 있는 조절이론의 정치적 함의는 사회민주주의라고 할 수 있어요. 그런데 1970년대 이후 자본주의의 황금기가 종료되면서 축적체제와 조절양식의 변모를 둘러싸고 내부 논쟁이 전개되면서 조절학파는 결국 해체되지요.

그 후 아글리에타가 '금융자산자본주의'라는 이론을 제기하면서 그 토대가 금융이 주도하는 축적체제라고 주장하는 것입니다. 그러나 그런 새로운 이론은 과거의 조절이론을 상당히 수정하는 것이므로 포스트조절이론적이라고 해야겠지요. 그 정치적 함의도 신자유주의화된 사회민주주의라는 의미에서 사회자유주의라고 할 수 있어요. 노동자가 더 이상 임금에만 의존하지 않고, 연금기금 같은 '노동자지주제'를 통해 금융화에 동참해야 한다는 것이거든요.

— 금융위기에 대한 『월간평론』의 분석을 비판하신 이유를 설명해주세요.

—『월간평론』의 분석을 비판하는 것은 그것이 본질적으로 바란과 스위지의 독점자본론에 근거하기 때문입니다. 그들의 독점자본론은 경제위기를 설명하기 위해 이윤율 하락의 법칙을 부정하고 과소소비론을 채택한다는 데 특징이 있어요. 과소소비로 인한 정체경향을 극복하기 위해 독점자본주의가 '군사케인즈주의'와 결합한다고 주장하거든요.

본래 샤흐트만이 주장한 영구군비경제론도 군사케인즈주의론처럼 과소소비론이라는 사실에 주목할 수 있습니다. 그런데 브레너는 샤흐트만의 이단적 트로츠키주의를 계승하면서도 영구군비경제론은 기각하지요. 국제사회주의 그룹의 클리프가 차용한 샤흐트만의 영구군비경제론을 이윤율 하락의 법칙에 반작용하는 사치재로 재해석한 것은 키드론이에요.

어쨌든 1980년대 이후 스위지는 금융화라는 새로운 현실이 출현하는 데 주목하면서 금융화가 군사케인즈주의를 대체한다고 주장합니다. '군산복합체'(military-industrial complex) 대신 '금산복합체'(financial-industrial complex)가 형성된다는 주장이에요. 스위지의 입장은 브레너의 입장과 친화성을 갖는 것이므로 군사케인즈주의를 자산가격케인즈주의가 대체한다고 할 수도 있겠지요.

—『역사유물론』에 게재된 금융위기에 대한 분석을 비판하신 이유에 대해서도 설명해주세요.

—『역사유물론』의 분석은 대체로 파인의 『자본』 해석과 친화성을 갖는데, 가장 커다란 문제는 역시 이윤율 하락의 법칙에 대한 해석에 있다고 할 수 있습니다. 파인은 이윤율 하락의 법칙을 실증할 수 없다고 주장하거든요. 따라서 이윤율의 현실궤도를 분석할

필요가 없다는 것인데, 그렇다고 해서 그가 이윤율의 이론궤도를 분석하는 것도 물론 아니에요. 그 결과 이윤율의 이론궤도와 현실궤도의 괴리에 주목하면서 금융화를 설명할 수도 없는 것이지요. 김수행 선생과 막역한 사이인 파인의 『자본』 해석은 국역되어 있으니까 한번 읽어보세요.

따라서 『역사유물론』의 분석은 금융위기를 분석하기 위해 마르크스의 『자본』이 아니라 힐퍼딩의 『금융자본』을 원용합니다. 그러나 『마르크스의 '자본'』에서 설명한 것처럼, 힐퍼딩의 화폐·금융론은 마르크스의 화폐·금융론과 아무런 관계도 없는데, 금융과 구별되는 화폐의 본질이 보편적 등가물이라는 사실을 부정하거든요. 그래서 브뤼노프가 마르크스의 '화폐적 금융론'과 힐퍼딩의 '금융적 화폐론'을 구별하는 것이에요.

게다가 그로스만이 비판한 것처럼, 힐퍼딩의 경제위기론은 이윤율 하락의 법칙을 기각하고 불비례설을 채택하고 있지요. 『마르크스의 '자본'』에서 설명한 것처럼, 불비례설은 러시아 합법마르크스주의의 이론적 대변자이자 최초의 마르크스 비판가인 투간-바라노프스키가 제기한 것이에요. 힐퍼딩의 『금융자본』도 김수행 선생의 이름으로 국역되어 있으니까 한번 읽어보세요.

— 제가 토론해본 다함께 활동가들은 정성진 교수처럼 브레너를 높이 평가하지는 않던데요.

— 이미 설명한 것처럼, 국제사회주의 그룹의 공식적 입장은 브레너의 경제위기론이 오류라는 것입니다. 심지어 캘리니코스는 브레너에 대한 뒤메닐의 비판을 지지하기도 하지요. 하면도 브레너의 경제위기론은 오류라고 비판하는데, 다만 뒤메닐을 지지하는 것은 아니에요. 그래서 제가 정성진 교수는 다함께의 이론적 대변자를 자임할 따름이라고 하는 것이지요. '자임'(自任)은 남들이야 뭐라고 하든 간에 스스로 그렇게 여긴다는 말이에요.

다함께 활동가들이 브레너의 이론적 오류를 인식하고 있다는 것은 다행스런 일입니다. 노동자의힘도 물론 그렇지만 다함께도 아주 진지한 활동가들이라는 것이 평소의 제 생각이에요. 다만 전위정당 건설을 비롯한 몇 가지 교조주의적이고 종파주의적인 요소만 척결한다면, 여러분과 연대할 수 있는 가장 중요한 세력이 노동자의힘과 다함께라고 할 수 있어요.

— 남한경제에 대한 정성진 교수의 분석을 비판하시는 이유는 무엇입니까?

—『마르크스의 '자본'』에서 설명한 것처럼, 정 교수는 표학길 교수가 추계한 고정자본 자료에 대해 무비판적이기 때문입니다. 고정자본의 성장률이 거의 일정한 표 교수의 자료를 이용하여 이윤율의 하락을 실증할 수는 없어요. 고정자본의 성장률은 이윤율에 비례한다는 것이 '자본축적론의 기본방정식'이거든요. 반면 「이윤율의 경제학」에서 저는 고정자본의 성장률이 하락하는 한국은행의 자료를 이용하여 이윤율의 하락을 실증하지요.

게다가 정 교수는 이윤율의 하락을 자본생산성의 하락보다는 오히려 이윤분배율의 하락으로 설명해요. 이윤율의 고점은 1978년이고 저점은 1996년인데, 그 동안 자본생산성은 2/3로 하락하고 이윤분배율은 1/2로 하락한 결과 이윤율이 1/3로 하락한다는 것이에요. 특히 1980년대 이후에는 이윤분배율의 변동이 이윤율의 변동을 압도한다는 것이 정 교수의 주장이에요.

정 교수가 미국식 조절이론이라고 할 수 있는 사회적 축적구조론과 함께 제4 인터내셔널의 지도자였던 만델이 주장한 바 있는 이윤율의 장기파동론을 자신의 논거로 원용하는 것은 바로 이 때문입니다. 1986-88년의 '3저 호황'을 전후로 해서 이윤율의 상승 추세가 하락 추세로 반전되고 1997-98년 경제위기를 전후로 해서 하락 추세가 상승 추세로 반전되는 원인은 다름 아니라 문민화로의 이행과 신자유주의로의 이행으로 인한 이윤분배율의 변동이라는 것이 그의 주장이거든요.

과소소비설을 계승하는 조절이론과 달리 사회적 축적구조론은 이윤율 하락에 주목합니다. 그러나 그 원인에 대한 분석은 구구해요. 일반적으로는 이윤분배율의 하락을 그 원인으로 제시하는데, 정 교수처럼 자본생산성의 하락이나 이윤율의 장기파동과 절충하는 경우도 있지요. 사실 남한경제론 전공자일 따름인 정 교수는 마르크스주의 이론에 대해서는 아주 실용주의적인 입장을 갖고 있어요. 그래서 세계경제론에서는 브레너를 지지하다가 남한경제론에서는 사회적 축적구조론이나 만델의 장기파동론을 지지하는 것이에요.

— 달러위기에 대해 설명해주세요.

—『마르크스의 '자본'』에서 설명한 것처럼, 달러는 연준의 부채인 반면 그 자산은 재무부증권이기 때문에, 결국 달러는 미국의 국가부채라고 할 수 있습니다. 그래서 관리통화제는 본질적으로 '국부본위제'라고 한 것인데, 통화의 가치를 결정하는 것은 결국 국부, 즉 국가가 소유하는 자본의 가치이거든요. 그래서 국가의 지불능력, 흔히 말하는 국가신인도에 문제가 발생할 때 통화위기가 발생하는 것이지요.

그런데 「현정세와 사회운동노조」의 서론에서 설명한 것처럼, 달러가치의 하락이 모두 달러위기를 의미하는 것은 아니라는 사실에 주목해야 합니다. 중요한 차이는 관리할 수 있는 하락인지 아니면 관리할 수 없는 하락, 즉 무질서한 자유낙하인지에 있다는 것이지요. 1973-79년의 하락이 후자의 사례인 반면 1985-95년의 하락이나 2002-08년의 하락은 전자의 사례라는 것이 제 생각이에요. 그래서 1979년 최초의 달러위기 이후 아직까지 달러위기가 발생한 것은 아니라는 것이지요.

그래서 1980년대 이후 달러가치의 변화는 미국의 환율정책을 반영한다고 주장하는 것입니다. 1985년 플라자합의 이후의 평가절하는 말할 것도 없고, 2002년 이후의 평가절하도 마찬가지라고 할 수 있어요. 요즘 버그스텐이 이중적자를 해결하고 달러위기를 예방하기 위해서는 '아시아판 플라자합의'가 필요하다고 주장하는 것도 마찬가지이지요.

— 달러위기를 설명하면서 금값의 변동에 주목하시는 이유는 무엇입니까?

— 만일 미국의 국채시장이 붕괴하고, 그 결과 달러시장도 붕괴한다면, 결국 금값이 폭등할 것이라고 예상할 수 있습니다. 1979년 1차 달러위기가 석유달러의 '금으로의 도피'로 귀결된 것처럼 말이에요. 그래서 달러위기를 예상하기 위해서는 금값의 변동에 주목해야 한다고 한 것이지요. 1979년에 금값이 2000달러를 돌파한 반면 현재의 금값은 1000달러이므로 아직 달러위기가 발생한 것은 아니라고 할 수 있어요.

— 미-중 전략및경제대화가 아리기가 예상한 스페인-제노바 동맹의 부활을 의미하는 것일까요?

— 『장기20세기』에서 아리기는 미국 헤게모니 이후에 전개될 수 있는 몇 가지 시나리오 중 한 가지로 미-일 동맹을 제시하면서 그것을 초기 자본주의를 특징짓는 스페인-제노바 동맹에 유비한 적이 있습니다. 쉽게 말해서 자신의 경제력만으로 헤게모니를 행사할 수 없었던 제노바가 스페인의 군사력을 필요로 했듯이, 일본도 헤게모니를 행사하기 위해서는 자신의 경제력과 미국의 군사력을 결합해야 한다는 것이지요.

그러나 『베이징의 애덤 스미스』에서는 미-일 동맹이 아니라 중국 헤게모니에 주목하고 있습니다. 1990년대 이후 일본의 장기불황으로 인해 미-일 동맹의 가능성은 소멸한 반면 중국의 경제력이 새로이 부상하고 있다고 판단하는 것 같아요. 그러나 중국이 미국과의 동맹을 필요로 하는 것은 아닌데, 일본과 달리 보호비용을 외부화할 필요가 없기 때문이지요.

미-중 전략및경제대화가 미-중 동맹을 의미하는 것은 물론 아닙니다. 미국의 군사력과 중국의 경제력이 결합되는 것은 아니거든요. 그러나 중국으로 헤게모니가 이행하고 있다는 아리기의 주장도 별로 근거는 없어요. 중국의 경제력을 과대평가해서는 안 되는데, 저임금과 평가절하를 토대로 하는 중계무역이 그 핵심이거든요. 이미 설명한 것처럼, 1997-98년 경제위기 이후 동아시아 역내분업구조의 변화에 주목해야 하는 것은 이 때문이지요. 어쨌든 미-중 전략및경제대화가 미-일 동맹을 대체하는 미-중 동맹을 예고하는 것은 아니라는 것이 제 생각이에요.

이 대목에서 중국의 개혁·개방을 두 단계로 구별하여 인식할 필요가 있습니다. 1978년 이후 덩샤오핑이 시작한 개혁·개방은 농촌을 중심으로 한 것이었지요. 인민공사가 해체되고 향촌기업이 설립되면서 농민의 수입이 상승한 결과 개혁·개방에 대한 지지도 확산되었어요. 그러나 경제와 달리 정치에서의 개혁·개방은 답보하면서 꼭 20년 전인 1989년에 천안문사건이 발생한 것이에요. 경제는 몰라도 정치의 개혁·개방을 허용할 수 없었던 덩샤오핑은 천안문사태를 폭력적으로 진압할 수밖에 없었지요.

덩샤오핑은 1992년의 '남순강화'(南順講話)에서 개혁·개방의 새로운 방향을 제시하게 되는데, 홍콩, 대만, 동남아시아의 화교자본을 중심으로 중화경제권을 구축하겠다는 것이 그 핵심입니다. 그러나 1997-98년 동아시아 경제위기 이후에 장쩌민은 초민족자본을 광범위하게 수입하여 저임금과 평가절하를 토대로 하는 중계무역체계를 구축해요. 아까 수출기업의 절반이 외국계자본이라고 했는데, 그 중에는 물론 화교자본도 있겠지만, 대부분 초민족자본이라는 것이 일반적 평가라고 할 수 있어요. 그래서 아리기의 『베이징의 애덤 스미스』를 비판하면서 그것을 일종의 '신자유주의적 전환'이라고 부른 것이에요.

— 북한의 개혁·개방에 대한 전망은 어떻습니까?

— 포용정책의 목적은 본질적으로 평화공존정책을 모색하면서 북한의 개혁·개방을 유도하는 데 있습니다. 그러나 놀랜드가 주장하는 것처럼, 북한이 중국식 개혁·개방을 추진하는 것은 쉬운 일이 아니에요. 개혁·개방 이전의 중국은 농촌과 농업의 비중이 압도적이었던 반면 북한은 도시와 공업의 비중이 훨씬 더 크거든요. 따라서 개성공단 같은 경제특구를 통해 개혁·개방을 추진하는 것은 적합하지 않다고 할 수 있지요.

게다가 북한에서는 정치적 개혁·개방이 중국보다 훨씬 더 어려울 것입니다. 개인숭배로 인해 집단적 지도체제가 거의 존재하지 않거든요. 만일 주요 도시나 공업 거점에서 개혁·개방이 진전된다면, 천안문사건을 능가하는 민주화 요구가 제기될 가능성이 아주 크겠지요. 그런 것이 북한이 당면한 딜레마라는 것이 제 생각입니다. 그래서 선군정치가 출현한 것이고, 김정은 씨로의 권력 승계가 시도되는 것이겠지요.

— 북한의 2차 핵실험 이후 조성된 한반도의 군사정세에 대해 남한의 평화운동은 별다른 대응을 못하고 있습니다.

— 저는 발리바르가 프랑스공산당에서 출당당한 직후인 1982년에 발표한 「평화를 향한 대장정」에서 평화운동에 대한 영감을 얻을 수 있었는데, 2006년에 『사회운동』에도 번역된 적이 있으니까 여러분도 아마 읽어보셨을 것입니다. 당시는 레이건 집권 초기였는데, 미국과 소련의 군비경쟁이 다시 격화되면서 이른바 '2차 냉전'이 시작되는 상황이었지요.

발리바르는 핵무기를 비롯한 대량살상무기(WMD)를 둘러싼 미-소의 군비경쟁은 인류의 절멸을 예고한다고 주장합니다. 이런 주장은 군비경쟁에 대한 경제주의적 설명의 오류를 지적하는 것이기도 하지요. 이미 설명한 것처럼, 군비경쟁이 유효수요의 부족을 보충한다는 바란과 스위지의 군사케인즈주의론이나 아니면 이윤율의 하락에 대해 반작용한다는 키드론의 영구군비경제론이 가장 대표적인 경제주의적 설명이에요.

군비경쟁에 대한 비판에서 발리바르가 도출하는 평화주의의 구호는 단순한 '반전'(反戰)이 아니라 '군사동맹 폐기'와 '일방적 군비축소'입니다. 달리 말해서 전쟁의 부재라는 의미에서 부정적·수동적 평화가 아니라 극단적 폭력으로서 전쟁을 비판한다는 의미에서 긍정적·능동적 평화를 추구할 필요가 있다는 것이 평화주의의 핵심적 주장이에요.

발리바르가 평화주의와 생태주의의 연결고리를 반핵(反核)에서 찾으려는 시도를 비판한다는 데도 주목할 필요가 있습니다. 핵의 군사적 사용과 평화적 사용을 구별하자는 것이지요. 그렇게 함으로써 핵무기 비판에 역량을 집중하는 동시에 핵발전소와 핵폐기장에 대한 민주주의적 통제를 모색할 수 있다는 것이에요. 남한의 반전·반핵운동이 이런 비판에서 아주 중요한 시사를 발견할 수 있다는 것이 제 생각이지요.

어쨌든 소련이 붕괴하면서 세계전쟁의 가능성은 소멸한 셈입니다. 캘리니코스가 우려하는 제국주의적 전쟁의 가능성도 별로 없어요. 대신 국지전쟁이나 지역전쟁의 가능성은 훨씬 더 커졌지요. 서아시아를 제외한다면, 가장 유력한 후보지는 동아시아, 특히 한반도라고 할 수 있겠지요. 그래서 포용정책의 모순에 대해 더욱 주목할 수밖에 없다는 것이에요.

물론 현재 남한의 상황에서 군사동맹 폐기나 일방적 군축을 주장하는 것은 쉬운 일이 아닐 것입니다. 남한에서는 진보주의자조차 본질적으로 반공주의자이거든요. 그러나 미국이 핵우산 보장을 공언하고 일본이 핵무장을 모색하는 상황에서 한반도의 군사정세가 악화되는 것을 그대로 두고볼 수만은 없겠지요.

물론 북한의 핵무장에 대해서도 문제를 제기할 필요가 있습니다. 발리바르가 프랑스공산당을 비판하면서 강조하듯이, 미국과 나토를 비판하는 동시에 소련도 비판해야 하거든요. 포용정책의 모순이 핵무장을 초래했다고 하더라도, 북한의 그런 선택이 과연 적합한 것인가에는 의문이 존재하기 때문이에요.

— 수입대체산업화와 남남간 경제통합을 주장하는 뒤메닐을 비판하면서 대안자유무역협정을 주장하시는 이유는 무엇입니까?

— 이번 금융위기로 인해 세계화가 점차 쇠퇴한다고 해도 세계시장이 하루아침에 붕괴하는 것은 아닐 것입니다. 그 대신 지역화가 점차 진전될 수 있거든요. 물론 세계화가 일방적으로 진행되어온 것도 아닌데, 세계화는 지역화와 결합되어온 것이거든요. 그래서 좀 더 정확하게 말하자면, 세계화가 쇠퇴하기 이전의 지역화와 그 이후의 지역화로 구별할 수 있겠지요.

지역화, 즉 지역적 경제통합의 대표적 사례 중 하나는 유럽연합 같은 화폐동맹이고, 또 다른 하나는 북미자유무역협정 같은 자유무역협정입니다. 유럽연합의 핵심은 단지 자유무역을 추구하는 것이 아니라 화폐까지 통합하는 화폐동맹에 있어요. 그래서 유럽연합의 회원국은 수출경쟁력을 확보하기 위해 더 이상 평가절하를 활용할 수 없고 임금인하나 정리해고 같은 다양한 노동신축화에 의존할 수밖에 없는 것이지요.

존슨은 이번 금융위기를 계기로 유럽연합이 해체될 수도 있다고 예상하는데, 예를 들어 이탈리아경제가 붕괴하면서 유럽연합에서 탈퇴할 수도 있기 때문입니다. 물론 유럽연합이 그렇게 쉽게 붕괴하지는 않겠지만, 중요한 논점은 평가절하를 활용하지 못하는 상황에서 노동신축화에만 의존하여 수출경쟁력을 확보하는 것이 점점 곤란해진다는 사실이지요.

반면 자유무역협정은 화폐동맹이 아니므로 노동신축화 이외에도 평가절하를 활용할 수 있습니다. 그러다 보니까 한-미 자유무역협정이 비준된다고 해도 남한이 수출경쟁력을 확보하기 위해 노동신축화에만 의존할 필요는 없는 것이지요. 게다가 대안자유무역협정이 주장하는 노동표준의 개선은 노동신축화에 대한 제한을 의미하기도 하거든요.

뒤메닐이 주장하는 수입대체산업화와 남남간 경제통합은 라틴 아메리카의 사례를 준거로 하는 것인데, 동아시아의 상황에 적용하기에는 너무 추상적이라는 것이 제 생각입니다. 라틴 아메리카와 동아시아의 역내분업구조에 차이가 있고, 또 미국시장에 대한 의존도에 차이가 있기 때문이지요. 게다가 동아시아와 라틴 아메리카의 역사적 조건에도 차이가 있음은 물론이에요.

— 브라질의 룰라 정부가 대표제를 통해 신자유주의를 실행할 수 있는 이유는 무엇입니까?

— 한 마디로 말해서 브라질의 노동자당(PT)이 유럽의 사민당과 아주 비슷하기 때문입니다. 노동자당은 사민당처럼 사회민주주의를 표방하면서 신자유주의를 실행한다는 의미에서 사회자유주의적이라고 할 수 있어요. 그러나 그런 경우는 라틴 아메리카는 물론이고 다른 지역의 반주변부에서도 아주 예외적이지요. 예를 들어 김대중 정부와 노무현 정부는 신자유주의를 실행하기 위해 인민주의를 동원하면서 대표제를 상대화할 수밖에 없었거든요.

『역사적 마르크스주의』에서 설명한 것처럼, 대안세계화운동은 혁명과 개량의 모순을 지양합니다. 그래서 심지어 국제사회주의 그룹의 캘리니코스조차도 사회민주주의에 대한 재평가가 필요하다고 주장하는 것이지요. 그러나 베르티노티가 주장하는 것처럼, 사회민주주의가 사회자유주의로 변질되는 것에도 역시 주목해야 한다는 것이 제 생각이에요.

어쨌든 브라질에서는 룰라 정부가 이번 금융위기를 성공적으로 극복했다는 것이 일반적 평가라고 합니다. 그래서 룰라에게 3선을 허용하자는 의견까지 제기되고 있는 실정이라고 해요. 그러나 룰라 정부를 진정한 좌파라고 할 수는 없을 것 같아요. 게다가 미국이 라틴 아메리카를 분할·지배하는 가장 중요한 축이 브라질이에요. 차베스의 베네주엘라가 치고 나가면, 룰라의 브라질이 딴죽을 걸거든요. 그렇다고 해서 물론 차베스 정부가 진정한 좌파라는 것도 아니지만요.

남한의 정세와 관련된 쟁점들

— 이명박 정부와 달리 박정희 정부는 파시즘일까요?

— 1980년대 후반 한국사회성격논쟁에서 피디(PD)는 신식민지국가독점자본주의라는 사회성격에 조응하는 국가형태를 신식민지파시즘 또는 군사파시즘으로 특징지은 바 있습니다. 달리 말해서 박정희 정부는 진보주의자들이 주장한 것처럼 단순한 군사독재였던 것이 아니라 군사파시즘이기도 했다는 것이지요. 박정희 정부가 군사독재였던 것은 사실이지만, 그러나 파시즘처럼 대중적 지지도 존재한 군사파시즘이었거든요.

박정희 정부에 대한 대중적 지지는 여러 가지로 설명할 수 있을 것입니다. 박정희 정부의 경제개발로 인해 보릿고개가 없어졌다는 것이 대중적 인식이었으니까요. 게다가 한국전쟁을 거치면서 남한에서 마르크스주의자가 발본색원된 상황이었으니까요. 어쨌든 박정희 정부가 경제적으로는 공이 있었지만, 정치적으로는 과가 많았다는 진보주의자들의 주장은 아전인수일 따름이에요.

쉬운 예를 들어보겠습니다. 노 대통령이 죽었을 때 400-500만명이 모였다고 하지만, 박 대통령이 죽었을 때는 훨씬 더 했어요. 전국이 온통 하얀 색이었으니까요. 모두 다 소복을 입고 나왔거든요. 그것이 대중적 지지가 아니면 무엇이었겠습니까. 당시에는 강제적 동원이었지만, 이번에는 자발적 참여였다는 진보주의자들의 주장은 별로 근거가 없어요.

이명박 정부가 민간파시즘이라는 진보주의자들의 주장은 터무니없다는 것이 제 생각입니다. 대중적 지지가 별로 없거든요. 물론 민간독재도 아니지요. 불과 얼마 전에 압도적 표차로 대선과 총선에 승리한 이명박 정부가 민간독재이고 민간파시즘이라고 한다면, 대표제는 별다른 의미가 없는 것이지요. 이명박 정부는 그냥 무능한 정부일 따름이라는 것이 제 생각이에요.

— 최근에 한국은행이 금융안정을 위해서는 금융감독권이 필요하다고 주장하는 이유는 무엇입니까?

— 아까 설명한 것처럼, 이번 금융위기에 대처하면서 연준은 수량완화정책을 통해 2008년에만 1조달러를 신규 발행합니다. 미국에서는 연준의 그런 권력에 대해 새삼 놀라면서 연준을 '제4부'라고 부르고 버냉키를 '경제대통령'이라고 부른다고 해요. 그래서 의회에서 연준 자체를 어떻게 통제할 수 있는가를 둘러싸고 논쟁이 전개되는 중이지요. 게다가 존슨은 한 걸음 더 나아가 연준과 재무부에 대한 금융과두제의 영향력을 차단해야 한다고 주장하고 있어요.

마찬가지로 아까 설명한 것처럼, 김대중 정부가 독립시킨 한국은행은 발권력만 있고 금융감독권은 없습니다. 금융감독원이 한국은행으로부터 독립된 데다가 금융위원회까지 신설되었거든요. 그래서 한국은행이 물가안정이라는 목적에 금융안정이라는 목적을 추가하는 방향으로 한국은행법의 개정을 추진하면서 금융안정을 위해서는 금융감독권이 필요하다고 주장하는 것이에요. 그러나 한국은행의 독립에 대한 문제를 제기할 필요가 있는데, 방금 설명한 것처럼, 미국에서도 연준의 독립이 아니라 오히려 통제가 쟁점이거든요.

— 구제금융을 비판하면서 지배구조나 구조조정을 쟁점으로 제기하는 것이 그렇게 발본적인 주장일까요?

— 구제금융에 대한 이런 비판을 별로 대단치 않게 생각하는 것은 현정세에 대한 인식이 구체적이지 못하기 때문입니다. 예를 들어 쌍용자동차 문제의 핵심적 쟁점은 바로 지배구조나 구조조정에 있거든요. 어차피 쌍용자동차는 구제금융을 통해 회생될 것이고, 국내에서는 원매자가 별로 없을 것이므로 외국인에게 매각될 것 같아요. 그럴 경우 쌍용자동차 문제는 발본적으로 해결되는 것이 아니라 악순환을 반복할 따름이라는 것이 제 생각이에요.

물론 저의 이런 주장은 민족주의와 아무런 관련도 없습니다. 그렇다고 해서 제가 뉴라이트처럼 민족 문제를 무시하는 것은 아니지만요. 저는 오히려 『공산주의자 선언』에서 마르크스와 엥겔스가 주장한 것처럼, 노동자계급의 투쟁은 내용적으로 국제적이지만, 그러나 그 형태는 민족적일 수 있다고 주장할 따름이에요.

어쨌든 구제금융이라는 악순환을 단절하기 위해서는 지배구조와 구조조정이라는 쟁점을 제기할 수밖에 없습니다. 그리고 그렇게 하기 위해서는 무엇보다도 먼저 민주노총을 재건해야 하는 것이지요. 저 같은 연구자로서는 그 이상으로 주장하는 것은 역시 무리일 것이고, 여러분 같은 활동가가 제 주장을 더욱 창발적으로 발전시켜 주었으면 하는 것이 제 생각이에요.

— 지배구조와 구조조정이라는 쟁점에 대해 좀 더 구체적으로 설명해주세요.

— 아까 설명한 것처럼, 지배구조라는 쟁점은 구제금융의 조건으로 소유자 청산과 관리자 교체를 요구한다는 것이 핵심입니다. 구제금융을 통한 국유화는 두 가지가 있을 수 있는데, 미국처럼 소유

자는 국가인 반면 관리자는 민간인 국유화-민영화일 수도 있겠고, 아니면 국가가 소유자인 동시에 관리자인 국유화-국영화일 수도 있겠지요.

그런데 어떤 의미에서든 국유화의 대전제는 구조조정이라는 데 주목할 필요가 있습니다. 예를 들어 쌍용자동차는 국제하청기업인데, 국유화를 한다고 해서 독자적으로 생존할 수는 없거든요. 내수로 전환하는 것은 쉽지 않을 것인데, 지금도 국내에 자동차가 넘쳐나고 있어요. 저는 심층생태론은 옳지 않다고 생각하고, 또 기후온난화론도 과장되었다고 생각하면서도, 자동차문화에 대해서는 생각할 점이 많다고 생각해요.

그렇다면 쌍용자동차를 청산하자는 것이냐라는 질문이 제기될 수도 있을 것입니다. 쌍용자동차의 상태를 정확하게 모르기 때문에 단정할 수는 없겠지만, 독자생존이 곤란한 경우에는 물론 청산이 불가피할 수도 있겠지요. 그럴 경우 해고노동자 문제나 지역경제 문제는 구제금융과는 다른 방식으로 해결하는 것이 오히려 더 적절하다는 것이 제 생각이에요.

이번 쌍용자동차 투쟁에서 가장 아쉬운 점은 구제금융에 대한 비판이 별로 없었다는 데 있습니다. 그런 비판을 통해 구제금융의 악순환을 단절하려고 노력할 수 있었을 뿐만 아니라 한 걸음 더 나아가 자본주의가 무엇이고 신자유주의가 무엇인지에 대해 노동자나 지역주민에게 교육하려고 시도할 수도 있었거든요. 정리해고에 반대하는 투쟁만이 능사는 아니라는 말이에요.

— 노동자로서는 정리해고에 반대하는 투쟁이 우선적 과제가 아닐까요?

— 노동자가 고용 문제에 집착하는 것을 두고 시니컬하게 '자발적 복종'이라고 하는 사람도 있습니다. 자발적 복종은 현대 초기 프랑스 철학자 보댕이 제기한 개념인데, 마치 중세의 신민이 '자발적

으로' 군주에게 예속당하는 것처럼 노동자도 '자발적으로' 자본에게 착취당한다는 것이지요.

그러나 저는 그렇게 생각하지 않습니다. 노동자가 잘 먹고 잘 살게 된 것은 그 자체로 좋은 일이거든요. 『공산주의자 선언』에서 마르크스와 엥겔스가 주장한 것처럼, '사슬밖에 잃을 것이 없는' 상태로 되돌아가야 한다고 주장하는 것은 시대착오일 따름이에요. 마르크스 자신이 『자본』을 집필하면서 그런 주장을 폐기하는데, 「임금, 가격, 이윤」이 그 증거이지요.

게다가 경제위기로 인해 기업이 파산할 위험이 커지면서 노동자가 고용 문제에 집착하게 되는 것은 너무나도 당연한 일입니다. 노동자에게 해고는 곧 자신과 가족의 생존 자체가 걸려 있는 문제이거든요. 제가 정리해고에 반대하는 투쟁만이 능사는 아니라고 한 것은 그렇게 해서는 악순환을 단절할 수 없다는 사실을 강조하기 위한 것일 따름이에요.

— 현재의 상태에서는 민주노총이 강화된다고 해도 오히려 관료제만 강화될 수 있다는 생각이 듭니다.

— 민주노총 강화론이 관료제 강화론을 의미하는 것은 물론 아닙니다. 저는 단지 연구자일 따름이니까 이렇게 주장할 수밖에 없는데, 「2007-08년 금융위기의 분석과 전망」에서 설명한 것처럼, 민주노총이 약화된 것은 이념이 쇠퇴한 때문이에요. 관료제라는 것도 그 결과일 따름이지요. 그래서 초심으로 돌아가서, 1970-80년대 민주노조운동에서처럼 이념을 위한 투쟁이 필요하다는 것이에요.

방금 설명한 것처럼, 저는 노동자가 잘먹고 잘사는 것은 무조건 좋은 일이라고 생각합니다. 그러나 노조의 목적은 단지 잘먹고 잘사는 데 있는 것만은 아니에요. 마르크스가 주장한 것처럼, '노동자계급은 혁명적인데, 그렇지 않다면 아무 것도 아니기 때문이다'라고 할 수밖에 없거든요. 노조 활동가들이 명심해야 할 경구라는 것이

제 생각이에요.

자본주의에서 노동자가 잘먹고 잘살아 봤자 얼마나 잘먹고 잘살겠습니까. 김흥국 씨 같은 한물 간 연예인도 자식들을 미국으로 유학 보내고 하와이에 호화주택을 갖고 있는데 말이에요. 노동자가 잘먹고 잘살아 봤자 서민아파트에 살면서 가끔 삼겹살 파티를 하는 것밖에 별다른 것이 있을 리가 없어요. 그래서 1970-80년대 운동권에서 많이 부르던 「사노라면」의 가사처럼, '쩨쩨하게 굴지말고 가슴을 쫙 펴라'는 것이에요.

남한에서 노동자가 근로자니 뭐니 하면서 나름대로 대우받기 시작한 것은 1970-80년대 민주노조운동, 특히 1987년 노동자대투쟁 이후일 따름입니다. 그리고 그 성과로 건설된 것이 민주노총이지요. 그러나 민주노총이 이 상태로 표류한다면, 공돌이·공순이로 되돌아가는 것은 다만 시간 문제일 따름이에요.

누군가 저에게 카산드라 같다고 한 적이 있는데, 그러나 중요한 것은 카산드라의 경고가 옳았다는 것입니다. 저로서도 제가 틀리는 편이 오히려 좋겠다는 생각이 들기도 하지만, 그러나 현재의 상황이 참으로 절박하다는 생각에는 변함이 없어요. 그래서 몇 년 남은 시간 동안 열심히 잘해보자는 뜻에서 드리는 말씀이지요.

물론 제가 민주노총을 강화할 수 있는 현실적 경로를 제시할 수 있는 입장은 아닙니다. 다만 연대임금이나 연대고용이라는 쟁점을 제기할 수 있을 따름인데, 이런 쟁점을 제기하기 위해서라도 이념의 복원이 필요하지요. 연대임금이나 연대고용이라는 쟁점을 통해 민주노총을 강화할 수 있는 현실적 경로를 발견하는 것은 역시 여러분 같은 활동가의 과제라는 것이 제 생각이에요.

— 민주노총의 재건을 위해 필요한 이념은 무엇입니까?

— 「현정세와 사회운동노조」에서 설명한 것처럼, 평의회노조 또는 사회운동노조가 바로 그런 이념입니다. 사회운동노조는 노조가

경제투쟁에 국한되는 것이 아니라 정치투쟁, 즉 마르크스처럼 말해서 광범위한 사회운동에 개입해야 한다는 이념이지요. 또 경제투쟁에서도 단지 직접적 성과가 아니라 노동자의 단결을 목적으로 해야 한다는 이념이에요.

민주노총을 사회운동노조로 변모시키기 위해서는 우선 총연맹과 산업별연맹의 중앙교섭권을 강화해야 합니다. 아까 설명한 이탈리아의 사례가 반면교사라고 할 수 있는데, 이번 금융위기를 계기로 총연맹이나 산업별연맹의 중앙교섭권을 약화시키려고 시도가 출현하거든요. 연대임금이나 연대고용을 통해 노동자의 단결을 쟁취하기 위해도 민주노총과 금속노조의 중앙교섭권을 강화하는 것이 필수적이에요.

발리바르가 강조하는 것처럼, 부르주아지가 헤게모니를 행사할 수 있는 조건은 노동자계급의 분열입니다. 그래서 노동자계급의 일부가 부르주아지에게 포섭되는 것이에요. 반면 노동자계급이 단결할 경우에는 부르주아지가 분열할 수 있어요. 그럴 경우 뒤메닐의 대안과는 반대로 노동자계급이 헤게모니를 행사하면서 부르주아지의 일부인 관리자를 포섭할 수 있는 것이지요.

— 연대임금보다 연대고용의 실천은 더 곤란할 것 같습니다.

— 이탈리아의 사례를 봐도 연대임금이 주요한 쟁점으로 제기되는 반면 연대고용은 역시 부차적 쟁점인 것 같습니다. 하기야 「현정세와 사회운동노조」에서 설명한 것처럼, 마르크스의 『자본』에서 도출할 수 있는 노조론에서도 임금 인상에 비해 노동일 단축은 훨씬 더 어려운 과제이지요. 그러니까 고용 보장은 더더욱 말할 것도 없겠지요.

그래서 궁극적 대안은 자본주의의 변혁일 수밖에 없습니다. 연대임금이나 연대고용은 그 자체로 변혁은 아니에요. 그러나 변혁으로 나아가는 첫걸음, 마르크스주의의 역사에서 '이행강령'이라고 불리던 그런 첫걸음이라고 할 수 있지요. 이 때문에 연대임금이나 연대고용을 위한 투쟁의 목적은 직접적 성과에 있는 것이 아니라 노동자의 단결에 있는 것이에요. 처음에는 달걀로 바위를 치는 것 같은데, 그러나 달걀도 점점 더 단단해질 수 있거든요. 『선덕여왕』에서 유신랑이 드디어 목검으로 바위를 깨지 않습니까.

이런 대목에서 활동가의 책임이 더욱 막중해지는 것입니다. 저 같은 연구자가 제시할 수 있는 대안은 책을 보고 공부한 것일 따름이에요. 여러분 같은 활동가가 직접 그렇게 할 수는 없을 것이니까요. 그러나 그런 대안의 적합성을 검토하고 구체화하는 것은 역시 활동가의 과제이지요.

— 공공노조에서 주장하는 사회임금, 즉 교육이나 보건의료 같은 사회복지와 관련된 공공서비스도 연대임금이라고 할 수 있을까요?

— 사회복지에는 두 가지 종류가 있습니다. 우선 비스마르크가 도입한 독일식 사회복지는 저임금을 보충하기 위해 국가가 제공하는 사회복지이지요. 대신 노동자운동은 억압하는데, 아시다시피 비스마르크는 반(反)사회주의법을 제정하기도 하거든요. 반면 미국식 사회복지는 케인즈적인 것인데, 한 마디로 말해서 노동자운동의 합법화를 통해 고임금을 보장하는 것입니다. 그 대신 미국에는 국가가 제공하는 사회복지가 취약하게 되지요.

「현정세와 사회운동노조」에서 설명한 것처럼, 사회운동노조는 미국에서 발원하여 이탈리아에서 발전한 것입니다. 공공노조가 주장하는 사회임금은 사회운동노조가 주장하는 연대임금보다는 오히려 독일식 사회복지와 친화성이 있는 것 같아요. 민주노총을 건설하면서 채택한 노동자운동의 모델이 총연맹을 희생하면서 산업별연맹을 특권화한 것도 그렇지만, 이 대목에서도 민주노총이 과도하게 독일편향적이라는 생각이 드는군요.

— 사회진보연대로서는 민주노총뿐만 아니라 민주노동당이나 진보신당과의 연대에 대해서도 고민하게 됩니다.

— 사회진보연대가 실천해온 연대는 대체로 활동가간 연대인 것 같은데, 물론 대중과의 결합이 쉽지 않은 일이라는 것은 잘 알고 있습니다. 그러나 기존의 인맥을 유지하면서도 그것을 매개로 해서 대중과 결합할 수 있는 방법에 대해 좀 더 고민해볼 필요가 있을 것 같아요. 그리고 그렇게 하기 위해서는 일단 자신의 실력을 키우는 것이 급선무라고 할 수 있어요. 사회진보연대로서도 앞으로 몇 년이 거의 마지막 기회라고 할 수 있거든요.

이런 맥락에서 사회진보연대의 입장을 정리하는 동시에 객관화할 수 있는 세계노동자운동이나 남한노동자운동의 교과서를 집필해보는 것도 중요한 작업일 것 같습니다. 이런 작업의 목적은 노동자운동의 구체적 상황 속에서 제기되는 구체적 쟁점을 파악하는 데 있는 것이지요. 그러면서 제가 제기한 연대임금·연대고용이나 대안자유무역협정이 남한의 상황에서 과연 적합한 것인지, 그렇지 않다면 다른 대안은 무엇인지에 대해서도 검토해볼 수 있겠지요.

「현정세와 사회운동노조」에서 설명한 것처럼, 활동가와 연구자는 둘 다 지식인이긴 한데, 그러나 종류가 다른 지식인입니다. 연구자와 활동가의 관계를 과학자와 공학자의 관계에 유비할 수 있겠지요. 과학자가 발견한 역학적 지식을 이용하여 비행기나 우주선을 제작하는 것이 공학자인데, 그러나 그렇게 하기 위해서는 기계공학이나 재료공학 같은 별도의 지식이 필요하거든요.

어쨌든 연구자와 활동가는 다른 종류의 지식인이라는 사실을 명심할 필요가 있습니다. 그래서 연구자가 활동가처럼 처신해서도 안 되고, 활동가가 연구자를 모방해서도 안 되는 것이지요. 박하순 위원장을 비롯한 여러 선배활동가를 중심으로 해서 앞으로 몇 년 동안 열심히 노력해보면 좋겠다는 것이 제 바램이에요.

— 전위정당 건설을 지향하는 노동자의힘이나 다함께 같은 정파에 대해서는 어떻게 생각하시는지 궁금합니다.

— 노동자대중에 대한 지도를 자임하는 것이 바로 전위정당입니다. 잘 아시다시피 그 대표적 사례가 바로 레닌이 건설한 볼셰비키 정당, 즉 과거의 공산당이에요. 그러나 꼭 20년 전인 1989년에 냉전기 동·서분단을 상징하던 베를린장벽이 해체되고 그 직후에 소련이 붕괴되기 시작하면서 공산당의 역사는 실패로 끝났다고 할 수밖에 없어요.

『역사적 마르크스주의』나 「현정세와 사회운동노조」에서 설명한 것처럼, 이탈리아의 사례에 주목할 필요가 있는 것은 이 때문입니다. 전위정당에 대한 자기비판을 통해 사회운동정당이나 사회운동노조로의 변모가 시도되거든요. 그러면서 대안세계화운동을 나름대로 성과적으로 추동하게 된 것이지요.

이미 설명한 것처럼, 2005년 이후 이탈리아에서 사회운동노조나 사회운동정당이 쇠퇴한다는 것은 별로 큰 문제가 아닙니다. 대신 우리가 할 수도 있거든요. 저는 발리바르와 뒤메닐에게 이론적으로 많이 배웠으면서도 그들보다 못하다고 생각한 적은 한번도 없어요. 여러분도 마찬가지로 생각해야 하는데, 누구든지 베르티노티처럼 될 수 있거든요.

'과천연구실 세미나' 개관

I. 일반화된 마르크스주의와 성적 차이의 페미니즘

윤소영, 『마르크스주의의 전화와 '인권의 정치': 알튀세르를 위하여』, 과천연구실 세미나 1, 문화과학사, 1995; 『마르크스의 '경제학 비판'』(개정판), 과천연구실 세미나 15, 공감, 2005; 『마르크스의 '경제학 비판'과 소련사회주의』, 과천연구실 세미나 16, 공감, 2002; 『마르크스의 '경제학 비판'과 평의회 마르크스주의』, 과천연구실 세미나 18, 공감, 2003; 『마르크스의 '경제학 비판'과 대안세계화 운동』, 과천연구실 세미나 20, 공감, 2003.

윤소영, 『일반화된 마르크스주의 개론』(개정판), 공감개론신서 1, 공감, 2008; 『알튀세르를 위하여』(개정판), 공감개론신서 6, 공감, 2010(예정); 『마르크스의 '자본'』, 공감개론신서 3, 공감, 2009; 『역사적 마르크스주의: 이념과 운동』(개정판), 공감개론신서 4, 공감, 2009(예정); 권현정, 『마르크스주의 페미니즘의 현재성』, 과천연구실 세미나 17, 공감, 2002; 권현정 외, 『페미니즘 역사의 재구성: 가족과 성욕을 둘러싼 쟁점들』, 과천연구실 세미나 19, 공감, 2003.

에티엔 발리바르, 『마르크스의 철학, 마르크스의 정치』, 과천연구실 세미나 2, 문화과학사, 1995; 에티엔 발리바르·피에르 마슈레, 『스피노자의 철학, 스피노자의 정치』 (윤소영, 『알튀세르의 현재성: 마르크스, 프로이트, 스피노자』, 과천연구실 세미나 5, 공감, 1996에 실림); 에티엔 발리바르 외, 『'인권의 정치'와 성적 차이』, 과천연구실 세미나 21, 공감, 2003; 뤼스 이리가레 외, 『성적 차이와 페미니즘』, 과천연구실 세미나 8, 공감, 1997.

II. 포스트구조주의 비판

윤소영, 「발리바르의 『마르크스의 철학』에 관하여」(윤소영, 『알튀세르를 위한 강의: '마르크스주의의 일반화'를 위하여』, 과천연구실 세미나 3, 공감, 1996에 실림); 「알튀세르와 라캉: 마르크스주의 전화를 위한 쟁점들」(루이 알튀세르 외, 『알튀세르와 라캉: '프로이트-마르크스주의'를 넘어서』, 과천연구실 세미나 4, 공감, 1996에 실림); 「뤼스 이리가레의 '성적 차이의 윤리'」(윤소영, 『마르크스주의의 전화와 '인권의 정치': 알튀세르를 위하여』, 과천연구실 세미나 1, 문화과학사, 1995에 실림); 「데리다의 『마르크스의 유령들』에 관한 단상들」(윤소영, 『알튀세르를 위한 강의: '마르크스주의의 일반화'를 위하여』, 과천연구실 세미나 3, 공감, 1996에 실림); 「스피노자-마르크스주의와 포스트구조주의 비판」(메이너드 솔로몬 외, 『베토벤: '윤리적 미' 또는 '승화된 에로스'』, 공감, 1997에 실림).

윤소영, 『알튀세르를 위하여』(개정판), 공감개론신서 6, 공감, 2010; 『일반화된 마르크스주의 세미나』, 공감개론신서 5, 공감, 2009.

에티엔 발리바르, 『마르크스의 철학, 마르크스의 정치』, 과천연구실 세미나 2, 문화과학사, 1995; 에티엔 발리바르·피에르 마슈레, 『스피노자의 철학, 스피노자의 정치』(윤소영, 『알튀세르의 현재성: 마르크스, 프로이트, 스피노자』, 과천연구실 세미나 5, 공감, 1996에 실림); 메이너드 솔로몬 외, 『베토벤: '윤리적 미' 또는 '승화된 에로스'』, 공감, 1997; 루이 알튀세르 외, 『알튀세르와 라캉: '프로이트-마르크스주의'를 넘어서』, 과천연구실 세미나 4, 공감, 1996; 뤼스 이리가레 외, 『성적 차이와 페미니즘』, 과천연구실 세미나 8, 공감, 1997; 에티엔 발리바르 외, 『'인권의 정치'와 성적 차이』, 과천연구실 세미나 21, 공감, 2003.

III. 신자유주의 비판

윤소영, 「쉬잔 드 브뤼노프의 신자유주의 비판」 및 「뤼스 이리가레의 '성적 차이의 윤리'」 (윤소영, 『마르크스주의의 전화와 '인권의 정치': 알튀세르를 위하여』, 과천연구실 세미나 1, 문화과학사, 1995에 실림); 『일반화된 마르크스주의와 역사적 자본주의 분석』, 과천연구실 세미나 6, 공감, 1998; 『이윤율의 경제학: 헨릭 그로스만(1881-1950)을 위하여』 (『이윤율의 경제학과 신자유주의 비판』, 과천연구실 세미나 13, 공감, 2001에 실림); 『마르크스의 '경제학 비판'』(개정판), 과천연구실 세미나 15, 공감, 2005.

윤소영, 「브뤼노프의 신자유주의 비판」 및 「이리가레의 '성적 차이의 윤리'」 (윤소영, 『알튀세르를 위하여』(개정판), 공감개론신서 6, 공감, 2010(예정)에 실림); 『신자유주의적 '금융 세계화'와 '워싱턴 콘센서스': 마르크스적 비판의 쟁점들』, 과천연구실 세미나 11, 공감, 1999; 『신자유주의 비판』 (『이윤율의 경제학과 신자유주의 비판』, 과천연구실 세미나 13, 공감, 2001에 실림); 『마르크스의 '자본'』, 공감개론신서 3, 공감, 2009; 『일반화된 마르크스주의 개론』(개정판), 공감개론신서 1, 공감, 2008; 『금융위기와 사회운동노조』, 공감개론신서 2, 공감, 2008; 김석진 외, 『자본주의의 위기와 역사적 마르크스주의』, 과천연구실 세미나 14, 공감, 2001; 이미경, 『신자유주의적 '반격' 하에서 핵가족과 '가족의 위기': 페미니즘적 비판의 쟁점들』, 과천연구실 세미나 12, 공감, 1999.

장 로블랭 외, 『세계화와 신자유주의 비판을 위하여』, 과천연구실 세미나 7, 공감, 1997; 조반니 아리기 외, 『발전주의 비판에서 신자유주의 비판으로: 세계체계론의 시각』, 과천연구실 세미나 9, 공감, 1998; 다이앤 엘슨 외, 『발전주의 비판에서 신자유주의 비판으로: 페미니즘의 시각』, 과천연구실 세미나 10, 공감, 1998.